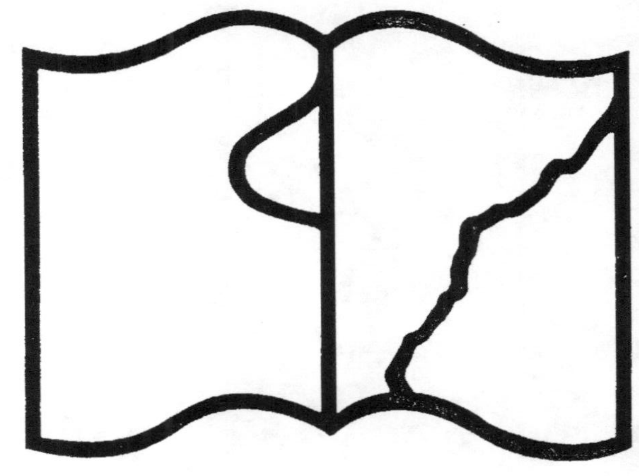

Texte détérioré — reliure défectueuse

NF Z 43-120-11

LA POLICE A PARIS

SON ORGANISATION — SON FONCTIONNEMENT

PAR

Un Rédacteur du Temps

ORGANISATION : Les COMMISSAIRES de POLICE. — Leur ROLE EFFACÉ. — Le CHEF de la POLICE MUNICIPALE, maître des forces de Police. — La BRIGADE de SÛRETÉ ; la SECTION des MŒURS. — La BRIGADE des GARNIS. — Les BRIGADES de RECHERCHES, improprement dites POLITIQUES. — La BRIGADE de l'ÉLYSÉE. — Le SERVICE des JEUX. — Les TRIPOTS. — Les BONNETEURS. — Le PRÉFET de POLICE. — Le CONTROLE GÉNÉRAL. — La POLICE SECRÈTE.

FONCTIONNEMENT : Les COMMISSARIATS. — MÉCANISME des RECHERCHES étudié sur des ESPÈCES : ROULOTTIERS, CAMBRIOLEURS, CASSEURS de PORTES. — Les GRANDS CRIMES. — L'ÉTAT et la POLICE PARISIENNE. — La GARDE RÉPUBLICAINE. — CONCLUSIONS.

ANNEXES : Les ILOTS par QUARTIERS dans les VINGT ARRONDISSEMENTS. — RÈGLEMENT du SERVICE de la POLICE à PARIS. — RÈGLEMENT du SERVICE des MŒURS.

PARIS

Librairie du Temps

5, BOULEVARD DES ITALIENS, 5

—

1887

LA

POLICE A PARIS

———

SON ORGANISATION — SON FONCTIONNEMENT

LA POLICE

A PARIS

SON ORGANISATION — SON FONCTIONNEMENT

PAR

Un Rédacteur du Temps

ORGANISATION : Les COMMISSAIRES de POLICE. — Leur ROLE EFFACÉ. — Le CHEF de la POLICE MUNICIPALE, maître des forces de Police. — La BRIGADE de SURETÉ ; la SECTION des MŒURS. — La BRIGADE des GARNIS. — Les BRIGADES de RECHERCHES, improprement dites POLITIQUES. — La BRIGADE de l'ÉLYSÉE. — Le SERVICE des JEUX. — Les TRIPOTS. — Les BONNETEURS. — Le PRÉFET de POLICE. — Le CONTROLE GÉNÉRAL. — La POLICE SECRÈTE.

FONCTIONNEMENT : Les COMMISSARIATS. — MÉCANISME des RECHERCHES étudié sur des ESPÈCES : ROULOTTIERS, CAMBRIOLEURS, CASSEURS de PORTES. — Les GRANDS CRIMES. — L'ÉTAT et la POLICE PARISIENNE. — La GARDE RÉPUBLICAINE. — CONCLUSIONS.

ANNEXES : Les ILOTS par QUARTIERS dans les VINGT ARRONDISSEMENTS. — RÈGLEMENT du SERVICE de la POLICE à PARIS. — RÈGLEMENT du SERVICE des MŒURS.

PARIS

Librairie du Temps

5, BOULEVARD DES ITALIENS, 5

1887

PRÉFACE

Ce livre est le recueil des articles publiés dans le Temps, *sous le titre :* **La Police à Paris**, *et qui ont paru intéresser le public. Ce n'est point une œuvre de critique, mais un travail d'observation et d'exposition. En décrivant l'organisation et le fonctionnement de la police à Paris, nous avons rapporté ce que chacun pourrait apprendre, nous avons montré ce que chacun peut voir. Qu'on ne cherche donc pas dans ce livre de révélations imprévues, on n'en trouverait point. Notre dessein a été d'exposer [au public, qui l'ignore, le mécanisme d'une institution honnête entre toutes, et qui n'a pas à redouter la lumière.*

Nous aimons la Préfecture de police, comme tous les bons citoyens doivent l'aimer, car elle est leur sauvegarde. Nous tenons ses agents pour des serviteurs courageux et dévoués. D'où vient-il, cependant, que tant d'efforts, souvent héroïques, ne parviennent pas à procurer une plus grande certitude de sécurité aux Parisiens? Pourquoi les auteurs des crimes et délits, toujours plus nombreux, échappent-ils si fréquemment aux recherches? C'est, à notre avis, que l'organisation de la police est surannée, et qu'il est temps d'y introduire les améliorations que le progrès, en cette matière, comme en tout autre, oblige de réaliser; sous peine, pour le fonctionnaire immobile, de rester inférieur à sa tâche. La vieille machine de Marly, elle aussi, est faite d'éléments excellents; bois et fers y sont au-dessus de toute comparaison; et pourtant, à ce mécanisme admirable et formidable, il n'est pas un industriel qui ne préférât aujourd'hui, pour produire le même travail, une machine à vapeur, facile à diriger, simple en son action, rapide et précise en ses mouvements.

A côté de ces progrès nécessaires, il est un autre ordre d'idées qu'il importait de mettre en évidence. De même que dans une armée en campagne, l'unité de commandement est la première condition d'une action sûre, de même à la Préfecture de police, il est essentiel qu'il n'y ait qu'un chef. Ce chef incontesté, non seulement en principe — ce qui n'est pas en question — mais en fait, ce qui ne se concilie pas toujours avec l'organisation actuelle — doit être le Préfet, seul représentant de l'État dans la maison. La Préfecture de police est, du moins aujourd'hui, une institution d'ordre municipal, ayant à sa tête un fonctionnaire de l'État. Jusqu'au jour, vivement désiré par nous, où la Préfecture de police deviendra une institution d'État, il importe que son chef y exerce l'autorité dans sa plénitude, au nom du gouvernement de la République, qu'il représente, et devant lequel, seul, il est responsable.

L'objet de ce travail serait atteint si le lecteur, après avoir étudié l'organisation de la Préfecture de police, estimait davantage les braves gens qui la servent. Les idées du public ont été singulièrement faussées à l'égard de ce personnel, contre lequel les calomnies les plus basses se sont donné carrière. Il n'en est pas, nous l'affirmons, de plus vaillant ni de plus honnête. Ses chefs sont dignes de toute considération, et si parfois il nous arrive de critiquer telle ou telle fonction, jamais il n'entrera dans notre pensée de contrister l'homme qui la remplit avec tout son cœur et tout son dévouement.

On ne trouvera point dans ce livre de noms propres, sauf dans quelques cas, bien rares, où le nom est attaché à un souvenir, invoqué par nous comme un témoignage. Nous tenons pour affligeantes et injustes les attaques contre des hommes que leur passé, leurs services, leur honorabilité, recommandent à l'estime de tous. Ces attaques, nous n'hésitons pas à le dire, ont été l'une des causes les plus certaines de la stérilité des divers plans de réorganisation de la Préfecture développés par la presse. Comment aurait-on pu prendre au sérieux des études où les fonctionnaires étaient plus critiqués que les fonctions, et où les personnalités se mêlaient sans cesse aux idées, pour les obscurcir ou les rendre suspectes. Aussi, ces polémiques sont-elles demeurées sans effet appréciable et les outrages n'ont-ils déconsidéré que leurs auteurs.

A notre sens, on ne perfectionnera l'organisation de la Préfecture de police qu'en s'intéressant à son œuvre et en secondant les hommes qui l'accomplissent. Cet intérêt, ce concours, ils le méritent, et tous les citoyens doivent le leur apporter sans réserve. Loin de vouloir ruiner cette institution, il faut la rajeunir et lui donner une vie nouvelle; mais, pour cela, il faut lui garantir la paix du jour et la durée du lendemain.

Sans stabilité, point de réformes.

Paris, 25 décembre 1886.

LA
POLICE A PARIS

PREMIÈRE PARTIE

L'ORGANISATION

PRÉLIMINAIRES

Les polémiques soulevées ces temps derniers, dans la presse, au sujet de la Préfecture de police, ont offert un caractère tout particulier. Au lieu de rester, comme naguère, le thème favori et quelque peu rebattu d'un ou de deux journaux, elles sont devenues générales, et le public s'y est intéressé.

D'autre part, bien que nées d'incidents de personnes, ces polémiques se sont vite dégagées de la banalité de leur origine pour s'attacher à l'étude même de l'organisation de la police à Paris. Il n'a bientôt plus été question de savoir si M. Taylor, chef de la Sûreté, avait plus de malechance que d'habileté, ou si M. Caubet, chef de la Police Municipale, lésinait trop sur les notes de frais des agents, mais bien de s'enquérir si le fonctionnement de la police n'était pas plutôt gêné que servi par l'organisation actuelle des services qui la composent.

Prise de ce point de vue, la question a conquis aussitôt un intérêt et une ampleur qui ont frappé le public. Il ne s'agissait plus, en effet — œuvre toujours stérile — de quereller ou de mortifier certains hommes, mais bien d'examiner si la machine dont ils se servent n'est pas surannée dans sa construction, lourde à mettre en branle, peu précise dans les mouvements combinés qu'elle doit fournir.

Toute la question de la Préfecture de police est là et nullement dans les dissentiments, ressentiments, reproches ou imprécations qui s'élèvent autour d'elle et l'obscurcissent. C'est du mécanisme de la police qu'il faut s'occuper, afin de savoir si l'agent qui cherche a le moyen de courir aussi vite que le malfaiteur qui fuit, si instantanément les issues peuvent se fermer sur l'homme poursuivi ou si, au contraire, elles restent béantes devant lui. En un mot, il importe de se rendre compte des rouages de la police à Paris, en les décrivant isolément d'abord, en les mettant ensuite en mouvement sur des espèces bien choisies. Le public appréciera lui-même si le mécanisme est bon ou s'il ne devrait pas être simplifié.

C'est donc une œuvre d'exposition pure que nous entamons dans cette étude, et s'il y a des critiques à formuler, c'est le lecteur qui s'en chargera. Nous décrirons les choses dans leur exactitude et parfois dans leur banalité. Quant aux fonctionnaires qui sont placés aujourd'hui à la tête des services de la police à Paris, nous n'en prononcerons pas même les noms, les laissant absolument en dehors du débat, convaincus qu'ils se servent du mieux qu'ils peuvent de l'instrument mis à leur disposition.

CHAPITRE PREMIER

Position de la question. — Antagonisme entre les Commissaires de police et la Police Municipale. — Deux polices parallèles.

La Préfecture de police se compose de deux organes absolument distincts : le service sédentaire, d'une part, et le service actif, de l'autre.

Le service sédentaire comprend les bureaucrates groupés autour du Préfet de police, au nombre de 283, et formant l'administration centrale sise, à la Cité, plus les 80 commissaires de police de la ville de Paris, qui, avec le personnel de leurs bureaux, situés dans chaque quartier, atteignent un total de 422 employés (1).

Ce sera une surprise pour le lecteur d'apprendre que les commissaires de police sont compris dans le service sédentaire, telle qu'est organisée aujourd'hui la police à Paris. Qu'y a-t-il, dira-t-on, de plus actif qu'un commissaire de police ? N'est-il pas perpétuellement en l'air, en quête, en recherches ?

Cet homme, mais il doit être partout à la fois, avoir l'œil à tout ! Et la rue à surveiller, donc ? Mais c'est là un champ de bataille où la ruse et la force doivent se combiner à toute heure ! Quoi ! et le mendiant qui chemine sournoisement, l'escroc flairant sa victime, le malfaiteur qui guette l'heure, ne sont-ce pas là des ennemis toujours nouveaux à deviner, à dépister, à happer au collet ? Le commis-

---

(1) Ces chiffres sont empruntés au budget de 1885.

saire de police, mais c'est le chien de berger de son quartier ! Et vous dites que dans l'organisation de la police à Paris, c'est un fonctionnaire sédentaire ? Vous vous trompez certainement.

Eh ! bien, non, il n'y a pas là d'erreur. A Paris, le commissaire de police, dans l'organisation actuelle, est un fonctionnaire sédentaire. D'ailleurs, voici qui va compléter nos allégations :

Le commissaire d'un quartier de Paris :

N'a pas la charge de la police de la rue ;

N'a pas à se mettre en quête, d'office, des malfaiteurs qui ne lui sont pas signalés pour un méfait déterminé ;

N'a pas à s'emparer d'office des vagabonds qui encombrent et déshonorent nos squares et nos rues ;

N'a pas à faire le guet la nuit pour saisir les mauvais sujets ;

N'a pas la charge de réprimer la prostitution qui s'étale sur les trottoirs ;

N'a pas la charge de disperser d'office les rassemblements sur la voie publique.

Soit, dira-t-on, il ne fait pas ces besognes là lui-même, mais il commande à ses agents d'y procéder, et les gardiens de la paix bien dirigés par lui et agissant d'après ses instructions personnelles s'en acquittent à merveille.

C'est une question de mots, pensera le lecteur.

Ce n'est pas une question de mots. Le commissaire de police d'un quartier de Paris :

N'a pas un seul agent sous ses ordres sur la voie publique ;

Ne commande pas les gardiens de la paix de son quartier ;

Ne les dirige même pas par ses instructions ;

Ne leur donne pas d'ordres, en ce qui touche la police de la rue ;

Ne les mène pas en opération d'office ;

Ne fournit même pas de notes sur leur compte.

Quel singulier commissaire ! va-t-on s'écrier. Il ne fait pas de police du tout alors ; car, puisqu'il ne va pas opérer dans la rue, qu'il ne peut pas commander les agents, qu'il ne les dirige pas sur la voie publique, qu'il n'a même pas les gardiens de la paix sous ses ordres, alors qu'est-ce qu'il fait ?

Le commissaire de police à Paris fait de la procédure. C'est, avant tout, un homme de cabinet. C'est un magistrat. L'action n'est pas son métier. Ce policier pourrait être cul-de-jatte.

La procédure, faire des procédures et toujours des procédures, voilà le rôle principal de chacun des quatre-vingts commissaires de police à Paris. C'est un greffier et non le chef d'une force quelconque de police. Il recueille les plaintes des particuliers, les consigne religieusement dans un procès-verbal et envoie celui-ci à la Préfecture de police, qui fait le nécessaire, soit pour saisir le Parquet, soit pour instruire l'affaire. Mais n'anticipons pas. Nous expliquerons ce mécanisme plus tard.

Le commissaire de police de Paris est donc un fonctionnaire sédentaire, et il ne se remue, ne devient actif que sur commande ou, pour parler un langage plus juridique, sur commission, par exemple, lorsque le Parquet le charge d'une arrestation à opérer sur mandat de juge d'instruction.

Mais comment ce commissaire qui n'a pas d'agents, qui ne commande pas un seul gardien de la paix dans son quartier, va-t-il pouvoir exécuter un mandat de justice nécessitant l'emploi de la force ? Comment arrêtera-t-il une bande, par exemple, de rôdeurs soupçonnés de vol ?

C'est ici que nous allons entrer dans le vif de la question du fonctionnement de la police à Paris. Ce commissaire de police n'ayant pas un seul gardien de la paix sous ses ordres devra requérir l'officier de paix de l'arrondissement de lui en fournir en nombre suffisant pour son opération.

Que s'il a besoin d'agents en bourgeois, d'agents dits de la brigade de Sûreté, c'est à M. le Chef de la Police Municipale qu'il sera dans l'obligation de s'adresser pour obtenir ces hommes, dont pas un seul n'est à sa disposition directe.

Donc, et c'est ici que le lecteur commencera à être un peu intrigué; ce commissaire de police d'un quartier de Paris, dépourvu de tout agent devra, pour exécuter un mandat de justice pressant, urgent, recourir à une autorité extérieure à lui, soit à l'officier de paix, pour avoir des gardiens de la paix; soit au Chef de la Police Municipale, pour obtenir des agents de la Sûreté. Et l'un et l'autre resteront maîtres de ne pas lui en donner autant qu'il en aura demandé.

Mais, pensera naturellement le lecteur, pourquoi le Procureur de la République n'envoie-t-il pas directement les mandats à exécuter à l'officier de paix, puisque celui-ci a des agents ? — Parce que l'officier de paix n'est pas auxiliaire de la justice et qu'il ne peut pas arrêter au nom de la loi. Il ne fait que les appréhensions sur la voie publique, et il met à la disposition du magistrat l'individu appréhendé.

Qu'est-ce donc, en fin de compte, que ces deux représentants de la police? se demandera-t-on : l'un, le commissaire, qui peut arrêter et qui n'a pas d'agents ; l'autre, qui n'est pas auxiliaire de la justice et qui commande aux agents ?

Qu'est-ce, en outre, que le chef de la Police Municipale, à qui les commissaires sont obligés de s'adresser pour avoir des agents de la Sûreté, lorsqu'ils en ont besoin ?

Que fait le Préfet de Police au milieu de cet entre-croisement d'autorités qui se cherchent sans cesse l'une l'autre? Il n'apparaît pas un seul instant.

Ces diverses questions seront examinées dans un prochain chapitre.

Aujourd'hui, nous avons voulu surtout, suivant le

précepte d'Horace, jeter le lecteur *in medias res* et lui faire comprendre la grosse question, la question essentielle, qui forme le nœud de la discussion sur la Préfecture de Police, à savoir l'antagonisme du service des commissariats de police, service sédentaire, impuissant par lui-même, et de la police dite municipale, qui englobe l'ensemble de toutes les forces actives de la Préfecture et les tient dans sa seule main.

Nous exposerons cette situation, en parlant du service actif et de son organisation.

CHAPITRE II

La Police Municipale. — Qu'est-elle? — Son organisation. —
Attributions du Chef de la Police Municipale, commandant
direct de toutes les forces actives de police de la Ville de
Paris. — Les brigades d'arrondissement. — Les brigades
centrales. — Les brigades de recherches. — La Sûreté. —
Attributions générales.

Dans le chapitre précédent, nous avons, à dessein,
et pour jeter le lecteur en plein courant d'intérêt,
montré le commissaire de police à Paris, tel qu'il est,
c'est-à-dire dépourvu d'agents, dépourvu de moyens
d'investigation, seul, derrière son bureau, la plume
à la main, attendant les plaintes du public et impuissant à rien faire s'il ne requiert les agents de la
Police Municipale, placés sous le commandement de
l'officier de paix de l'arrondissement.

Greffier scrupuleux, magistrat sédentaire, le commissaire de police de Paris, cet homme qui, aux yeux
du public, incarne la police, ne commande pas un
seul agent. Il les requiert, c'est-à-dire qu'il les
emprunte, au nom de la loi, et pour la satisfaction des
ordres de la justice, à une autorité extérieure à lui,
à la Police Municipale.

Qu'est-ce donc que la Police Municipale?

La Police Municipale, c'est l'ensemble du service
actif. Tous les agents, soit en uniforme, soit en bourgeois, c'est-à-dire tous les gardiens de la paix, tous
les agents des brigades de recherches — et nous
dirons en détail ce qu'il faut entendre par là — tous
les agents de la Sûreté, en un mot tous les hommes
de police qui battent le pavé de Paris, constituent ce

qu'on appelle la Police Municipale. Cette armée, qui se compose de 7,756 hommes, est placée sous les ordres d'un chef immédiat qui n'est pas le Préfet de Police, mais bien le Chef de la Police Municipale. Quelle est donc cette puissance quasi-inconnue du grand public et qui tient ainsi dans sa main la clef du réservoir des forces de police ? Nous allons l'expliquer, car, il faut bien le déclarer, c'est la première fois que les polémiques de presse ont jeté la sonde dans cette organisation à peine soupçonnée.

Nous l'avons déjà dit, la Préfecture de Police est un organisme double. D'un côté, le Préfet, entouré de ses bureaucrates de la Cité et de ses commissaires, gens ne bougeant pas ; de l'autre, pourrait-on dire, toutes les jambes et tous les bras de la police, sous le commandement d'un maître unique, général en chef des agents de tous ordres : le Chef de la Police Municipale.

Le Chef de la Police Municipale commande directement 7,756 hommes de police, qui sont ainsi énumérés dans le décret du 20 juin 1871, reconstituant le corps de la Police Municipale de Paris :

Un état-major de 5 inspecteurs divisionnaires (aujourd'hui réduits à 2), et de 25 commis occupés dans les propres bureaux du chef,

    38 officiers de paix,

    25 inspecteurs principaux,

    100 brigadiers,

    700 sous-brigadiers,

6.800 gardiens de la paix et inspecteurs.

A ce corps sont adjoints 13 médecins, plus un service particulier et dont nous aurons à indiquer plus tard les attributions propres — aujourd'hui déviées de leur objet primitif — et qui s'appelle le Contrôle général, corps qui comprend actuellement le contrôleur général, 1 commissaire de police, 1 inspecteur principal, 1 secrétaire, 2 brigadiers, 4 sous-brigadiers et 38 inspecteurs.

C'est, nous le répétons, un ensemble de 7,756 hommes qui, aux termes du décret constitutif du 20 juin 1871, sont placés sous les ordres immédiats, directs, non du Préfet, mais de M. le Chef de la Police Municipale.

Ces hommes sont répartis en plusieurs services, mais tous ces services, tous ces hommes, entendons-le bien, sont placés sous la direction du Chef de la Police Municipale. Il les a tous dans la main.

Et le Préfet de Police, va-t-on dire ? Qu'est-ce qu'il fait donc ? Patience ! Nous ne comprendrons ce qu'il fait et peut-être ce qu'il ne fait pas, qu'après avoir indiqué la répartition de ces forces de police.

Les 6,800 hommes qualifiés par le décret du 20 juin 1871 « gardiens de la paix et inspecteurs » sont répartis ainsi qu'il suit :

20 brigades d'arrondissement, affectées à chacun des vingt arrondissements de Paris et commandées chacune par un officier de paix ;

6 brigades centrales, comprenant 4 brigades de réserve employées aux grands services de la voie publique (courses, théâtres, service d'ordre comme renfort des brigades d'arrondissement), une brigade (la 5ᵉ centrale), préposée aux voitures, et enfin, la 6ᶜ centrale, chargée particulièrement des Halles.

Voilà pour la police en uniforme.

Quant à la police exercée par des hommes en bourgeois, elle comprend :

La brigade dite de Sûreté.

Le service des mœurs, section de la Sûreté, formé d'hommes spéciaux, désormais distincts de ceux de la Sûreté.

Le service de la permanence, affecté à la réception des individus arrivant au Dépôt.

La brigade des garnis.

Quatre brigades de recherches.

Tous ces hommes, tous ces services si variés, si différents les uns des autres, sont placés sous le haut commandement du Chef de la Police Municipale, qui reçoit directement les rapports des officiers de paix, leur donne les consignes, les dirige sur la voie publique, soit en personne, soit par l'intermédiaire des deux inspecteurs divisionnaires, ses représentants dans les opérations.

Voilà donc ce qu'est la Police Municipale et quelles sont les attributions de son chef. C'est l'ensemble de toutes les forces actives de police, l'armée des gens qui marchent, des gens qui agissent, des hommes préposés à l'ordre public d'une manière effective. Ce ne sont pas des bureaucrates ceux-là, ce sont des soldats, qu'ils portent ou non l'uniforme. Ils en ont la discipline, ils en ont aussi, disons-le bien haut, le courage et le dévouement. Corps certainement admirable et que les honnêtes gens doivent aimer et aider de tout leur pouvoir, car il est leur sauvegarde à toute heure de jour et de nuit.

La police ! la voilà ! N'allons pas la chercher ailleurs. En dehors de ces brigades variées, il n'y a que des « plumitifs », selon l'expression populaire ; mais ces « plumitifs » sont la tête séparée du tronc.

Seulemement, cette armée est compacte, concentrée sous une main unique. Est-elle bien ce qu'il faut, pour l'œuvre si morcelée, si variée, si multiple qu'elle doit remplir ? Question qu'il sera plus commode de résoudre quand nous verrons comment elle est employée dans les nécessités des faits. En attendant que nous décrivions le fonctionnement, continuons cette exposition que nous faisons avec les textes constitutifs sous les yeux, car ce n'est point une œuvre de critique que nous avons entreprise. C'est l'organisation, telle qu'elle découle de la loi, que nous décrivons. Peu nous importent les chefs. Si le système est défectueux, non seulement ils en sont innocents, mais nous n'hésitons pas à déclarer qu'ils ont pu en être souvent les victimes.

Les brigades de gardiens de la paix affectées à chacun des vingt arrondissements de Paris sont chargées de tout le service d'ordre dans la rue.

Chacune d'elles est placée sous les ordres d'un officier de paix, relevant immédiatement, comme nous l'avons dit, du Chef de la Police Municipale. Les brigades sont d'importance différente, suivant la population de l'arrondissement.

Ainsi, d'après un état général déjà ancien, mais que nous ne croyons pas avoir été réédité depuis 1880 (1), la brigade des gardiens de la paix du 1er arrondissement comprend 291 hommes ; celle du 2e, 265 ; celle du 3e, 254 ; celle du 4e, 263 ; celle du 5e, 278 ; celle du 6e, 279 ; celle du 7e, 280 ; celle du 8e, 315 ; celle du 9e, 312 ; celle du 10e, 317 ; celle du 11e, 296 ; celle du 12e, 316 ; celle du 13e 309 ; celle du 14e, 283 ; celle du 15e, 313 ; celle du 16e 299 ; celle du 17e, 293 ; celle du 18e, 302 ; celle du 19e, 321 ; celle du 20e, 327.

Le cadre de chacune des brigades d'arrondissement se compose d'un officier de paix qui, sous les ordres du Chef de la Police Municipale, commande à 3 brigadiers et à 24 sous-brigadiers. Le nombre des gardiens de la paix est, on vient de le voir, très variable, selon l'importance et surtout l'étendue de l'arrondissement. Un poste de police existe dans chaque quartier. L'un de ces postes, siège de l'officier de paix, porte le nom de poste central. L'effectif de chaque arrondissement est divisé en trois brigades commandées chacune par un brigadier et que, pour la commodité du service, on désigne par les lettres A, B, C.

Chaque brigade se subdivise en quatre sous-brigades, c'est-à-dire une par quartier. Chaque sous-brigade comprend deux sous-brigadiers et autant d'hommes que le comporte l'importance du quartier

---

(1) Notes sur l'organisation des divers services municipaux et départementaux de la Préfecture de police, publication officielle, chez de Mourgues.

et le nombre des îlots, c'est-à-dire du périmètre que les agents parcourent.

Le roulement dans chaque arrondissement est réglé de façon que les hommes accomplissent en moyenne 8 heures de service pour 24 heures, la moyenne étant prise sur 72 heures. Mais en réalité, les agents font plus de 8 heures par jour, puisque, à chaque prise de service, ils doivent arriver au poste un quart d'heure avant l'heure indiquée. De plus, quand les besoins du service l'exigent, on les garde aussi longtemps que leur présence sur la voie publique est nécessaire, sans tenir compte des heures réglementaires.

Le roulement est établi de la manière suivante :

DURÉE DU SERVICE	1re JOURNÉE	2e JOURNÉE	3e JOURNÉE
De 7 h. à 10 h. du matin...	A	B	C
De 10 h. à 2 h.	C	A	B
De 2 h. à 5 h.	A	B	C
De 5 h. à 9 h.	B	C	A
De 9 h. à minuit	A	B	C
De minuit à 7 h.	C	A	B

Cette organisation a subi quelques modifications ces temps derniers, mais le principe n'en reste pas moins le même et le roulement, si les heures diffèrent (notamment pendant la nuit), est basé sur la même alternance des lettres.

L'organisation du service d'arrondissement est basée sur l'îlot. L'îlot est une fraction du quartier que le gardien doit parcourir sans cesse, pendant toute la journée. L'étendue des îlots est fort inégale. Le nombre varie dans chaque quartier selon l'importance de la circulation, des industries qui s'y exercent et selon le groupement de la population. En général, les îlots sont assez restreints, pour que les gardiens chargés de les surveiller puissent, en peu de temps, en faire le tour et reparaître, ainsi fréquemment, sur les divers points de leur circonscription.

Les îlots sont disposés, les uns par rapport aux autres, de façon que les îlotiers les plus voisins puissent au besoin se prêter main-forte et concourir à une action commune. Néanmoins, dans bien des cas, l'îlotier isolé ou même rallié par deux ou trois de ses collègues pourrait être impuissant à protéger les citoyens et à se défendre lui-même. En prévision de ces éventualités, une réserve est constituée au poste de chaque quartier, à l'aide d'hommes qui doivent prêter main-forte au premier appel et dont le nombre n'est jamais inférieur à trois.

Pendant le service de jour, les îlotiers marchent seuls. La nuit, ils circulent deux à deux.

En dehors des îlots, il est établi sur certains points des plantons fixes chargés d'assurer la liberté et la sûreté de la circulation. C'est ainsi que, sur les grands boulevards, des gardiens sont placés sur les refuges avec mission de faciliter aux piétons la traversée des chaussées sans risque d'être renversés par les voitures.

Les brigades centrales sont au nombre de six, commandées chacune par un officier de paix. Leur effectif moyen est de cent hommes (1). Les quatre premières font chaque jour, le service de la préfecture, le service des théâtres, des bals, des concerts et du bois de Boulogne. Elles ont, en outre, un service de réserve destiné à se porter sur tel point de la ville où la présence d'un renfort est jugée nécessaire. Elles ont une marche particulière, réglée sur la nature des services qui leur sont commandés. Elles forment

---

(1) Les brigades centrales, au nombre de six, comprennent 6 officiers de paix, 9 brigadiers, 12 sous-brigadiers et 585 gardiens de la paix, en tout, 672 hommes.

l'appoint le plus utile dans les grands services organisés à propos de courses, fêtes, revues, et de toutes
les cérémonies réunissant sur certains points une
grande affluence de population.

La 5ᵉ brigade centrale, chargée de l'attribution des
voitures, a pour mission de veiller à l'exécution des
règlements relatifs à la circulation des voitures dans
Paris. Ses agents sont répandus sur toute la ville, et
ils sont la terreur des cochers en maraude. Aussi
les cochers demandent-ils sa suppression depuis des
années. Toutes les fois que le Préfet de police est
changé, le nouveau préfet est certain de recevoir,
dans les quinze premiers jours de son installation,
une supplique signée d'un certain nombre de cochers
lui demandant la suppression de la 5ᵉ brigade centrale. C'est le *delenda Carthago* des automédons parisiens. Voilà quinze ans qu'il en est ainsi, et chaque
préfet nouveau est sollicité de donner ce cadeau de
joyeux avènement.

La 6ᵉ brigade centrale ou brigade des Halles assure
la libre circulation dans le périmètre des Halles Centrales, et veille à l'exécution des règlements, en ce
qui concerne l'arrivée et le placement des voitures
d'approvisionnement, le dépôt et l'enlèvement des
marchandises. Son rôle est strictement limité au service des Halles. Les agents qui la composent font un
service plutôt de nuit que de jour; aussi, l'effectif de
la brigade, complet de minuit à dix heures du matin,
est-il de beaucoup diminué pendant la journée.

Telles sont les attributions, telles qu'elles ressortent des documents officiels eux-mêmes, des brigades en uniforme.

CHAPITRE III

La brigade de Sûreté. — Sa composition. — Les traitements
des agents de la Sûreté et du chef. — Attributions et répartition du service. — Leurs armes. — Le cabriolet. — Déculot-
tage des prisonniers dangereux. — Recrutement des agents.
— Leurs antécédents irréprochables. — Les indicateurs. —
Fausses légendes.

Parlons maintenant des brigades en bourgeois,
autrement dit des « inspecteurs de police », car c'est
le nom général qui est donné à tout agent de la
Police Municipale qui ne porte pas la tenue militaire.

Ainsi que nous l'avons déjà dit, la police en bourgeois est, au même titre et dans les mêmes conditions que les gardiens de la paix, sous les ordres
immédiats du chef de la Police Municipale. Elle se
subdivise en plusieurs services, que nous avons déjà
énumérés : la brigade de sûreté, la section des mœurs,
la brigade des garnis et les quatre brigades de
recherches.

Notons de nouveau, car il est essentiel de toujours
prévenir le lecteur, que nous en sommes à la première partie de cette étude, c'est-à-dire à l'organisation. Nous n'aborderons la question du fonctionnement — le mécanisme — que lorsque nous aurons
bien décrit, un à un, les rouages de la machine.
Nous restons donc toujours dans notre œuvre préli-
minaire, préparatoire, de description.

La brigade de Sûreté est la plus importante, sans
contredit, des brigades en bourgeois, et, aux yeux
du public, elle personnifie la police dans son œuvre
de préservation et de recherches. Le public a raison.

Mais, à examiner les choses par le côté administratif, la brigade de la Sûreté n'a pas, à la Préfecture, de prérogatives propres ni de privilèges. Elle est traitée comme les autres brigades et composée d'éléments analogues. Malgré tout, elle a son prestige très particulier, son amour-propre, son drapeau, et elle s'est formée, au prix du sang versé, au prix d'un dévouement inépuisable, des traditions qu'elle tient à perpétuer.

Les hommes qui la composent sont les mêmes que ceux des brigades de recherches ou de la section des mœurs; c'est la même discipline, excellente des deux côtés, c'est le même dévouement absolu de part et d'autre, et pourtant les agents de la Sûreté ont un prestige indéfinissable, et qu'ils tiennent de toutes leurs forces à conserver.

Le service de la sûreté, réorganisé par un arrêté du 11 septembre 1886, se compose de la manière suivante :

1 commissaire de police, chef de la Sûreté, placé sous les ordres du Chef de la Police Municipale ;

1 commissaire de police, sous-chef de la Sûreté ;

2 commis,

5 inspecteurs principaux,

10 brigadiers,

20 sous-brigadiers,

300 inspecteurs.

Le Chef de la Sûreté est, depuis 1879, un commissaire de police. Avant cette époque, la brigade était commandée, comme toutes les autres brigades de la Police Municipale, par un officier de paix. M. Claude était officier de paix. Il est vrai qu'il avait été un instant commissaire de police. Ç'a toujours été à la Préfecture de police une question discutée de savoir si le Chef de la Sûreté doit être un commissaire ou un officier de paix. Les avis sont partagés et ils se sont donné carrière toutes les fois que le poste est devenu vacant. Les raisons sont fortes des deux parts et, dans cette étude d'exposition seule, nous nous gardons volontairement de prendre parti.

Les agents de la Sûreté travaillent beaucoup et sont peu payés. Le chef de la Sûreté gagne 8,000 fr. Il touche, en outre, une allocation supplémentaire de 2,400 francs, plus ses frais de déplacement et ses frais de bureau. Le total des sommes touchées annuellement par lui ne dépasse pas 17,000 francs (1). En réalité, il n'a guère plus d'appointements lui revenant nets qu'un commissaire de police d'un bon quartier. Et quel tracas de jour et de nuit, quelle responsabilité, et aussi quels déboires !

Des cinq inspecteurs principaux, l'un gagnait 3,000 francs, mais il vient d'être mis à la retraite après trente-sept ans de services, et les quatre autres 2,500 francs. Aujourd'hui, les cinq inspecteurs principaux sont tous au même traitement, 2,500 francs. Ils comptent de vingt à vingt-cinq ans de services militaires et civils. Les brigadiers gagnent 2,000 francs, les treize sous-brigadiers 1,900 francs chacun ; quant aux inspecteurs, leur traitement varie, suivant la classe, de 1,700 francs à 1,400 francs. Joignons-y une petite indemnité de 250 francs environ pour l'habillement.

Tel est le service de la sûreté.

Nous dirons plus tard comment il fonctionne. Pour l'instant, ne dépassons pas les limites tracées

---

(1) Ce chiffre se décompose ainsi : Traitement fixe 8,000 fr., gratifications 3,000 fr., frais de déplacement 3,000 fr., frais de bureaux 3,000 fr. Total 17,000 fr. M. Macé, dans son livre « Le service de Sûreté », page 346, déclare qu'il touchait 17,800 fr., décomposés ainsi : Traitement fixe, 8,000 fr., supplément de solde, 6,000 fr., gratifications annuelles, 2,000 fr., frais de déplacement, 1,800. — Quant au Chef de la Police Municipale, il a une situation assez belle : 14,000 fr. de traitement fixe, 6,000 fr. de gratification fixe, 7,800 fr. de frais de voiture et 14,000 fr. de frais de bureau. En outre, il est logé et chauffé. (Voir pour les détails en ces matières, les rapports des commissions du budget municipal, auxquels ces chiffres sont empruntés.)

et disons comment il est constitué. Chaque inspecteur principal de la Sûreté — et nous avons dit qu'ils étaient au nombre de cinq — a ses attributions particulières. La besogne est divisée. Les trois attributions essentielles sont : le service du centre, le service des renseignements et le service de la voie publique. Le service du centre est chargé de l'exécution des mandats de justice. Il est l'auxiliaire immédiat de la justice, et son attribution consiste à aller à domicile arrêter les individus contre lesquels les juges d'instruction ou le parquet ont délivré des mandats. Le service des renseignements prend des informations sur les individus qui font l'objet d'une instruction judiciaire et sur l'ensemble des faits connexes à un crime ou à un délit. Quant au service de la voie publique, sa mission est d'explorer les quartiers de Paris de jour et de nuit, et de mettre la main sur les gens qui commettent des méfaits flagrants, depuis le voleur avec effraction — le casseur de portes, suivant le langage du service — jusqu'au gentleman pick-pocket qui opère aux courses ou dans les stations d'omnibus.

Enfin, le service de Sûreté est encore employé aux extractions, c'est-à-dire à la conduite des malfaiteurs déjà détenus et qu'il est nécessaire de mener à la Morgue pour les confrontations ou sur un point quelconque de Paris, pour un renseignement sur place.

Les hommes de la Sûreté sont soumis à une discipline très dure. Ils doivent, aux termes du règlement « tout leur temps à l'administration ». Ils n'ont pas d'heures de repos déterminées et, quand ils sont en opération, il n'y a pas de fatigue qui tienne, il faut marcher. Nuit et jour, ils sont sous la main du chef, qui dispose d'eux comme de soldats. La journée, pour ces agents, ne se termine que sur l'ordre du maître, et tant qu'il faut aller, on va. Aucune récrimination n'est admise, et disons bien haut que ces

agents n'en font pas. Tout ce qu'ils demandent, c'est
de réussir. Alors ils oublient la fatigue et témoignent
leur satisfaction avec joie.

Les agents en bourgeois, et notamment ceux de la
Sûreté, ne sont pas armés, ou du moins la Préfecture de Police ne leur fournit pas d'armes. La plupart, cependant, portent des revolvers qu'ils s'a-
chètent à leurs frais. Ils s'en servent bien rarement,
et il faut qu'ils se sentent perdus pour faire feu ;
encore, le plus souvent est-ce pour donner l'éveil
autour d'eux. Ils reçoivent plus de coups qu'ils n'en
rendent et, pourvu qu'ils puissent maîtriser l'individu à arrêter, ils se déclarent satisfaits. Le reste
passe aux profits et pertes. Un œil poché n'a jamais
défiguré un bon agent.

Tandis que le gendarme a un sabre, un mousque-
ton, un revolver, les menottes, la chaînette, tout un
arsenal que le décret du 1er mars 1854 lui enjoint
d'employer en cas de résistance, l'agent de la Sûreté
n'a (quand il l'a) que le cabriolet. Tout le monde
connaît cet instrument, que l'agent se fabrique lui-
même. On s'imagine qu'à la Préfecture on les outille
pour les expéditions. Erreur ! la Préfecture ne donne
rien aux hommes de la Sûreté, comme moyens de
défense. Le cabriolet, qu'elle tolère, est une ficelle
de trente centimètres de longueur terminée par deux
manches de bois de la forme d'une olive allongée.
Cette corde est passée au poignet du malfaiteur dangereux, et l'agent tient les deux morceaux de bois à
la main. Le poignet est ainsi maintenu, et, en cas de
résistance, une torsion imprimée à la corde rendrait
la défense du malfaiteur plus difficile. Au fond, ce
moyen n'est pas décisif. Un Chef de la Sûreté avait
inventé un artifice bien singulier. Il faisait déchausser
un seul pied du malfaiteur, l'autre restant muni du
soulier. L'homme se trouvait ainsi boiteux. La course
lui était rendue fort pénible. S'il n'était pas content,
on lui coupait les boutons de sa culotte et on l'obli-

geait à la tenir pour qu'elle ne tombât pas. Boiteux et déculotté s'il bougeait les bras, c'était un homme perclus et par-dessus le marché ridicule.

Les gardes républicains qui font le service du Palais de Justice ont la chaînette avec manches de vrille, le tout en fer. C'est le cabriolet, mais fourni par la gendarmerie, infiniment plus solide, plus dur au poignet, que le cabriolet de corde fabriqué par l'agent de la Sûreté. D'ailleurs, les agents mettent leur amour-propre à ne pas employer de moyens coercitifs qu'on ne voit pas à l'administration d'un bon œil et avec raison, car toute brutalité inutile est une cruauté. L'important est qu'ils ne laissent pas échapper le détenu, et il n'y a que de rares exemples où des malfaiteurs hardis aient trompé la vigilance des agents. Alors ce sont des courses folles et des prodiges d'héroïsme. Les faits divers des journaux les rapportent de temps en temps, et il n'y a pas à insister davantage sur ces détails, qui n'entrent pas en ligne de compte. Un agent qui laisse échapper un détenu et qui ne le rattrape pas n'a plus qu'à quitter le service.

L'agent de la Sûreté est heureux des légendes créées autour de son nom, mais il en est une contre laquelle il s'insurge et avec raison. C'est celle qui le représente comme pouvant avoir eu naguère, au commencement de sa vie, des démêlés avec la justice. Il n'y a pas d'erreur plus grosse. Vidocq, qui était un ancien forçat, a pu employer d'anciens camarades, mais depuis cette époque, ces traditions sont absolument abandonnées. Les agents de la Sûreté se recrutent, pour la plupart, parmi d'anciens militaires qui ont un passé irréprochable. Il n'y a pas un homme dans la brigade de Sûreté qui n'ait les meilleurs antécédents. L'enquête la plus minutieuse est faite sur les candidats, et elle s'étend non seulement à Paris, mais à leur séjour dans la province, quand ils en viennent. La plus légère tare est une cause d'exclusion absolue, et le Chef de la Police Municipale se montre, avec infiniment de raison, inflexible à cet égard. C'est un honneur pour la Préfecture de police de n'employer que des hommes irréprochables. Ils le sont tous. Le crible auquel on les passe a les mailles étroites. La moindre faute contre la probité, même dans la vie civile, entraînerait la révocation.

A côté de la Sûreté, il y avait naguère des individus qu'on appelait *indicateurs* et qui n'avaient pas la même pureté d'origine. Ces gens étaient considérés comme des auxiliaires permanents du service. Ils appartenaient au monde des camelots, rôdeurs de barrière, gens sans aveu. On les a éliminés. Ils lançaient parfois les agents sur des affaires mauvaises et ne craignaient pas de servir leurs propres rancunes. Tout ce monde a été balayé. Ce qui est admis aujourd'hui, dans cet ordre d'idées, est tout différent. Parmi ces gredins qui vivent à Paris de maraudes et de rapines, il en est qui se constituent d'eux-mêmes quelquefois non pas les indicateurs, mais les éclaireurs de la police. Ils ont connu par hasard l'auteur d'un méfait quelconque, ils viennent le dénoncer. On recueille leur dire, et toujours on le vérifie avant d'aller plus loin. Si l'indication est exacte et qu'elle révèle une piste, le misérable touche quelque argent, à condition qu'on soit certain qu'il n'ait pas trempé dans l'affaire, cas auquel il est coffré sans délai. Ces anciens errements tendent donc à disparaître. Pour être narrateur complet, disons que certains vieux agents paraissent les regretter, mais l'administration les répudie.

En résumé, il n'y a pas de service public plus honnêtement composé que la Sûreté. Nous n'avons pas à entrer dans les récriminations dirigées contre elle ces temps derniers. Cela n'enlève rien aux mérites des agents qui la composent et qui n'ont jamais varié dans leur dévouement.

CHAPITRE IV

Les primes d'arrestation. — Conditions pour les conquérir. —
Leur mode de partage. — Les gardiens de la paix en bourgeois. — Première expérience de décentralisation, en matière
de police.

Pour compléter l'étude que nous avons consacrée
à l'organisation de la brigade de Sûreté, et en attendant que nous exposions, dans la seconde partie de
ce travail, la manière dont elle est mise en mouvement pour la recherche des crimes, nous croyons
intéressant de dire un mot de ce qu'on appelle les
primes d'arrestation. C'est le revenant-bon du service, l'encouragement en quelque sorte légal donné à
l'activité, à l'énergie, à la sagacité du bon agent. Ces
primes ont été fixées par un arrêté du Préfet de
police, en date du 26 juillet 1858, modifié par un
nouvel arrêté du 11 septembre 1886. Il ne faut pas
les confondre avec certaines récompenses ou gratifications données à des agents exceptionnellement
méritants. Non, la prime est un droit. Ce n'est pas un
témoignage de bienveillance, c'est une créance que
l'agent conquiert dans des cas spécifiés.

Or, ces primes d'arrestation ne sont pas commodes
à gagner. N'allez pas croire que parce qu'un agent
quelconque conduira un ivrogne au poste, il aura une
prime d'arrestation. A ce compte, les gardiens de la
paix pourraient se faire de bonnes journées à Paris.
L'agent n'a droit à une prime que dans le cas où,
sans être requis, il opère une arrestation en *flagrant
délit*. Il faut donc deux conditions pour prétendre à la
prime : avoir, d'une part, l'initiative de l'arrestation,

ce qui en fait encourir la responsabilité, et, d'autre part, saisir le délinquant en flagrant délit, la main dans le sac, suivant l'expression vulgaire.

Voici les tarifs, tels qu'ils ont été fixés par l'arrêté du 26 juillet 1858 :

1° Vol ou tentative de vol avec violences, ou inculpation de fabrication de fausse monnaie, 20 francs ;

2° Vol ou tentative de vol avec escalade, effraction ou fausses clefs, ou vol dit à la *roulotte*, commis sur les voitures de roulage, ou découverte d'un recéleur nanti des objets volés, 15 francs ;

3° Vol ou tentative de vol en maison habitée; vol domestique; vol dit à la *tire* dans les lieux consacrés à l'exercice du culte; vol dit à la *carre*, à l'*écornage*, au *chantage*, au *pot*, à la *graisse*, à l'*américaine*, et autres analogues ; forçat libéré en rupture de ban, arrêté sur la voie publique ou *reconnu* après avoir pris de faux noms, 10 francs ;

4° Arrestation dans un lieu public, d'un réclusionnaire ou détentionnaire libéré, en infraction de ban ; reconnaissance d'un réclusionnaire ou détentionnaire libéré ayant pris de faux noms, 8 francs ;

5° Arrestation, en flagrant délit, pour vol ou tentative de vol à la *tire* sur la voie publique ou dans les lieux non consacrés au culte, — vol simple, — à la détourne, — vol dans un garni sans circonstances aggravantes, — abus de confiance, — escroquerie, — outrage public à la pudeur, — arrestation, dans un lieu public, d'un condamné correctionnel en rupture de ban, d'un étranger rentré en France après avoir été l'objet d'un arrêté d'expulsion, — d'un individu rentré dans le département de la Seine après avoir été expulsé de ce département par arrêté, — reconnaissance d'un individu de ces trois catégories qui aurait pris de faux noms, 5 francs ;

6° Arrestation pour jeux de hasard sur la voie publique, 3 francs.

L'arrestation d'un individu dont la position légale

n'est pas révélée par l'agent capteur et dont l'individualité n'a pas été dissimulée ne donne pas lieu à prime.

Il en est de même si l'arrestation a été provoquée par l'individu arrêté ou par une réquisition de l'autorité ou d'un particulier ; — si l'arrestation n'est pas suivie de mandat de dépôt ou de condamnation ; — de même pour la reconnaissance d'un individu écroué sous un faux nom dans une prison.

On voit par toutes ces restrictions qu'il n'est point facile de conquérir la prime d'arrestation. Il y faut de nombreuses conditions, et seuls, les agents très exercés réussissent à les réunir toutes dans une opération déterminée.

La loi, c'est-à-dire le Code d'instruction criminelle, accorde aussi des primes aux agents, et dans ce cas, les primes sont imputées sur les frais de justice et payées par le Trésor :

1° Pour l'exécution d'un mandat d'amener, 8 francs ;
—   d'un mandat de dépôt, 5 francs ;
2° Pour la capture d'un déserteur réfractaire ou insoumis, 25 francs.

Le décret du 18 juin 1811 (art. 77), modifié par le décret du 7 avril 1813 (art. 6), accorde, en outre, pour frais de capture :

1° Exécution d'un mandat d'arrêt, 18 francs ;
2° Exécution de jugement condamnant à plus de cinq jours, 18 francs ;
3° Exécution de jugement condamnant à moins de cinq jours, 5 francs ;
4° Exécution d'ordonnance de prise de corps ou d'arrêt condamnant à la réclusion, 21 francs ;
5° Exécution d'arrêt condamnant aux travaux forcés ou à une plus forte peine, 30 francs.

Enfin, il y avait autrefois une prime de 100 francs pour l'arrestation d'un forçat qui s'était échappé d'un des bagnes de Toulon ou de Rochefort. Cette prime a disparu avec la suppression des bagnes situés en France.

Ce sont les agents de la Sûreté qui touchent la plus grande partie des primes déterminées par les arrêtés ou décrets précités. Mais il ne faut pas croire que ce soit à l'agent capteur en personne que la prime soit versée. On fait au service de Sûreté une masse des primes, et les agents y prennent une part proportionnelle à un quantième variable selon le grade. Les inspecteurs principaux ont chacun leur quantième ; de même pour les brigadiers et sous-brigadiers, et les agents se partagent le reste après ces prélèvements. Le Chef de la Sûreté ne participe pas à ces primes. Il n'a pas de quantième qui lui soit réservé.

Il suit de là que chaque agent touche trimestriellement une somme qui vient augmenter sa solde. C'est le boni de l'ordinaire. Grâce à ce boni, les maigres traitements de ces modestes serviteurs se trouvent un peu augmentés. C'est le prix de leur activité et de leur flair. Cette manière d'opérer, si elle ne tient peut-être pas assez de compte de l'initiative individuelle, a du moins l'avantage de créer un esprit de solidarité dans le service, chacun étant intéressé non seulement à faire de son mieux, mais à ce que le camarade fasse, lui aussi, de son mieux. Cette pratique a donc prévalu sur celle de l'attribution personnelle, qui eût pu engendrer des excès de zèle parfois dangereux.

Terminons cette étude, sur le service de Sûreté, par un complément indispensable au lecteur qui lit les faits divers. Nous voyons souvent dans les récits d'arrestation que l'opération a été exécutée par les gardiens de la paix en bourgeois. Qu'est-ce donc que ces gardiens de la paix en bourgeois ? Sont-ce les agents de la Sûreté ?

Non. Les gardiens de la paix en bourgeois sont une innovation qui date de la fin de 1879, et qui fait grand honneur au chef actuel de la Police Muni-

cipale. Les gardiens de la paix en bourgeois sont des
gardiens de la paix choisis parmi les plus expérimentés, les plus avisés de chacun des arrondissements. Ils ne sont habituellement qu'au nombre de
trois dans chaque arrondissement, et ils n'opèrent
que dans l'arrondissement à la brigade duquel ils
appartiennent. La nuit, ces gardiens revêtent des
vêtements civils, et ce ne sont pas leurs habits de
fête qu'ils prennent, il s'en faut, pour ce service. Ils
marchent espacés, le premier en éclaireur, à cinquante mètres des deux camarades, qui le suivent
soit à quelques pas l'un de l'autre, soit en marchant
parallèlement le long des trottoirs. Ils passent de
préférence par les ruelles désertes, se glissent le
long des maisons solitaires ou en construction, son-
dant les portes, les allées obscures, parfois se dissi-
mulant dans le recoin d'une muraille, guettant les
rôdeurs, prêtant surtout l'oreille aux appels. Excellent service et excellente idée. Les gardiens de la
paix en bourgeois opèrent de nombreuses arrestations
dans les quartiers qu'ils parcourent ainsi et qu'ils
connaissent à merveille, puisqu'ils y font ou y ont
fait longtemps le service ordinaire en tenue.

Notons encore une fois, et prions le lecteur de
bien retenir que ces gardiens de la paix en bourgeois n'opèrent que dans leur arrondissement res-
pectif, et que le succès habituel de leur surveillance
de nuit provient de leur connaissance de la population et du quartier. C'est l'un des avantages de la
décentralisation en matière de police. Retenons ceci,
en passant, car il y a là une expérience déjà faite,
chaque nuit renouvelée, et qui est tout en faveur du
système de l'affectation morcelée des forces de la
police à la protection de chaque quartier.

Ces rondes de gardiens de la paix en bourgeois
ne font pas tort aux rondes des agents de la Sûreté.
Mais ceux-ci parcourent un rayon beaucoup plus
étendu, et, connaissant moins bien les quartiers,

sont souvent moins heureux. Toutefois, les hommes de la Sûreté, dans cet ordre d'opérations, agissent avec une activité réelle, et leur surveillance a été parfois si attentive à l'égard des individus cachés et paraissant guetter l'occasion, qu'il n'est pas sans exemple que les deux rondes se soient mutuellement abordées. Au mois de juillet 1881, il y eut même une ronde de la Sûreté qui voulut arrêter une ronde de gardiens de la paix en bourgeois. On s'expliqua d'abord à coups de canne, puis, chacun des agents tenant l'autre, les deux rondes se conduisirent mutuellement au poste. Finalement on se reconnut, mais ce ne fut pas sans quelques horions. Il ne faut tirer de cette anecdote, absolument authentique, d'autre conclusion que celle de l'excellence du service (1).

---

(1) Dans cette rencontre mémorable, la ronde de la Sûreté était commandée par le sous-brigadier Féau, un des types les plus caractéristiques de l'agent en bourgeois : carrure athlétique et l'amour passionné de son métier.

CHAPITRE V

La Section des Mœurs

La constitution ancienne et actuelle du service des mœurs.
Son mode de recrutement. — Sévérité de la discipline.

A la brigade de Sûreté est annexée la section des Mœurs, qui a subi depuis 1881 plusieurs transformations. Antérieurement à cette date, le service des Mœurs formait une brigade distincte, composée ainsi qu'il suit :

1 officier de paix,
2 inspecteurs principaux,
1 brigadier,
2 sous-brigadiers,
75 inspecteurs.

A la suite des attaques dont cette brigade devint l'objet, elle fut versée dans la brigade de la Sûreté, et les agents de cette dernière firent le service des Mœurs, concurremment et en partie liée avec leurs camarades de l'ancienne attribution. Cet état de choses dura jusqu'à la fin de 1884. Il présentait des inconvénients, car il combinait, dans l'action, des agents d'aptitudes différentes et d'expérience souvent opposée. La prostitution se trouvait mise sous la coupe d'hommes habitués à chasser les malfaiteurs, qui sont un tout autre gibier à courir, et dont on peut, sans grand dommage, froisser quelques plumes. Au contraire, la surveillance de la prostitution exige une modération et une prudence extrêmes. Le service des Mœurs dut donc être rétabli. Mais, au lieu de former une brigade distincte, il fut constitué en section propre rattachée à la Sûreté, et manœuvrant à part avec des hommes spéciaux.

Puisque ce n'était plus une brigade, l'officier de paix disparut. On prit un ancien brigadier de l'attribution, connu pour son expérience, et on le nomma inspecteur principal chargé du service. Le cadre et les hommes qui lui furent adjoints formaient un ensemble numérique à peu près égal à l'ancienne brigade.

Les inspecteurs du service des Mœurs sont chargés de la surveillance de la prostitution sous toutes ses formes, et de la recherche de la prostitution clandestine. En outre, ils veillent à l'exécution des règlements concernant les filles publiques.

Que n'a-t-on pas dit sur ce service et sur ses agents ? Quelles injures ne leur a-t-on pas jetées à la face ? De quelles imprécations ne les a-t-on pas poursuivis ? Quelles haines n'ont-ils pas provoquées ? C'est à se demander comment on peut encore recruter des hommes pour ces fonctions.

On les recrute pourtant, et cela pour un bon motif. C'est qu'à la Préfecture de police, heureusement, on ne discute pas avec les agents, et qu'ils doivent entrer dans l'attribution où on les place, ou bien donner leur démission.

Au moment de la reconstitution du service des mœurs, on y mit les hommes les plus circonspects, les plus modérés d'allures. Il règne, dans le public, les idées les plus fausses sur ce personnel de la Police des Mœurs. Grâce aux billevesées qu'on a répandues, il y a des gens qui s'imaginent que c'est un ramas de chenapans, une horde de mauvais drôles, toujours disposés à molester, en ricanant, les honnêtes femmes, et à laisser les autres vaquer tranquillement à leur profession honteuse.

Tout cela est de la fable pure. Qu'on ne s'y méprenne

pas : nous savons fort bien que les agents des mœurs ont commis trop souvent des erreurs déplorables, qu'il y a eu des arrestations inconsidérées et même odieuses ; que quelques-uns d'entre eux se sont laissé entraîner à des compromis regrettables. Mais ce que nous savons aussi, c'est, d'une part, que le nombre de ces méprises est fort restreint, très inférieur surtout à celui que l'on présente au public, et, d'autre part, que les agents coupables d'une erreur imputable à leur négligence, à leur sottise ou à d'autres défauts, sont immédiatement révoqués. Ce que nous savons aussi, c'est que le Chef de la Police Municipale, avec le sentiment très haut de son devoir, frappe d'office des agents qui n'ont pas été signalés par la presse et que leurs chefs ont été les premiers à dénoncer comme ayant commis des fautes dans le service. Il n'y a pas d'attribution sur laquelle s'exerce une surveillance plus étroite, plus soutenue, plus sévère. Tandis que les agents de la sûreté agissent parfois spontanément, loin du regard du brigadier, toujours les agents des mœurs, eux, marchent d'après l'impulsion et sous l'œil du chef d'escouade, qui ne les perd pas de vue. On multiplie les recommandations de prudence et de sang-froid. Dans ce service, le « pas de zèle » est devenu la consigne générale, au point que, de peur de faire du zèle, ces hommes demeurent parfois inertes. Ils ont constammet peur de se tromper, et ils redoutent sans cesse de commettre une erreur qui entraînerait leur révocation.

Autrefois, on plaçait par punition dans le service des mœurs les agents qui avaient démérité. Mais aujourd'hui, le Chef de la Police Municipale a perdu cette habitude, si tant est qu'il l'ait jamais eue. Bien au contraire, on place souvent dans l'attribution des mœurs, avec un grade plus élevé, l'agent qui a montré du tact et de la mesure dans l'exercice de ses fonctions. C'est un service exigeant une extrême prudence, et, comme disent les vieux agents dans leur langage : « les mœurs, c'est bien casuel ! »

Nous pourrions étendre ce chapitre et décrire en détail comment se partagent, entre agents, les surveillances à l'égard de la prostitution sur la voie publique, de la prostitution dans les maisons clandestines et dans les hôtels borgnes. Mais ce sont là autant de sujets sur lesquels les lecteurs nous permettront de ne pas insister.

D'ailleurs, les lecteurs trouveront aux annexes, des pièces intéressantes sur le règlement du service des mœurs et sur les obligations et défenses imposées aux filles qui se livrent au triste métier de la débauche publique.

CHAPITRE VI

La Brigade des Garnis

Sa composition. — Effectif. — Recrutement. — Les registres d'hôtel. — Les fiches. — Sources d'informations en temps d'épidémie ou de crise. — Le mouvement des voyageurs, criterium des affaires. — Un bureau d'archivistes.

Avant d'aborder l'étude des brigades de recherches, et comme dernière branche de la police en bourgeois, remplissant un rôle de surveillance protectrice, il nous reste à parler de la brigade des garnis. Cette brigade a la police des hôtels et des maisons meublées. Elle veille à l'exécution des règlements imposés à ces établissements; elle s'assure que les registres des logeurs sont régulièrement tenus et relève le mouvement des locataires et des voyageurs.

Elle compte à son effectif :

1 officier de paix,
1 inspecteur principal,
2 brigadiers,
6 sous-brigadiers,
130 inspecteurs.

Tous ceux qui ont logé dans une maison meublée, et à Paris, on commence toujours par là, ont vu certainement, de temps en temps, dans le « bureau », un homme d'allures simples, portant attaché par une ficelle à son gilet, un petit flacon rempli d'encre, un porte-plume passé entre deux boutonnières, et relevant sur les registres de l'hôtel les noms des locataires nouvellement arrivés. C'est l'inspecteur de la brigade des garnis affecté à la rue. Il fait sa besogne paisiblement et n'a point l'air d'un agent de police. Il tâche d'ailleurs qu'on ne le prenne pas pour tel, et son côté faible est de dissimuler l'administration à laquelle il appartient. Nous en avons connu un qui se faisait passer pour commis de la régie des pompes funèbres. D'autres affirment que c'est au bureau de recensement qu'ils appartiennent. Est-ce pour donner le change sur leur situation? Est-ce une tradition du métier? Nous l'ignorons. Ordinairement, l'agent des garnis est âgé, parfois peu ingambe; il a inévitablement dans sa poche une tabatière dont il offre une prise à la « dame » de l'hôtel. Il fait volontiers la causette, et donne des conseils sur la bonne tenue de la maison. Il devient aisément un ami. Il ne faut pas s'en plaindre. C'est de cette façon que la police d'informations s'exerce avec le plus d'efficacité.

L'agent des garnis a presque toujours appartenu, pendant de longues années, à une autre brigade de la Préfecture. L'âge est arrivé, parfois avec son cortège d'infirmités, et le service sur la voie publique, surtout la nuit, est devenu par trop pénible. Il en est d'autres, plus jeunes, qui ont dû être placés là, à la suite de blessures reçues dans leurs fonctions : coup de tête dans la poitrine, qui rend la respiration oppressée pendant tout le reste de la vie, jambes cassées, doigts enlevés ou amputés à la suite de morsures. Le nombre en est grand, à la Police Municipale, d'agents estropiés dans le service. Il y aurait inhumanité à mettre à l'écart ces braves serviteurs. S'ils savent manier la plume un peu proprement, on les place aux garnis, et ils y rendent encore de bons services.

Le travail n'est pas très pénible. D'abord, il n'y a pas de nuits à passer. Le matin, on part avec le petit encrier au bouton, et l'on va relever les noms dans les hôtels de telle rue déterminée. Ce sont toujours les mêmes maisons à visiter. Dans les petites, il n'y a parfois qu'un ou deux locataires nouveaux ou sortants; dans les grands caravansérails parisiens, c'est une autre affaire : le mouvement des voyageurs de passage est parfois considérable.

L'agent transcrit ces noms sur son registre, puis rentre chez lui. Là, en famille, près de sa femme qui travaille, il se livre à la confection des fiches, c'est-à-dire des cartons nominatifs où il reproduit les indications relevées sur le registre de l'hôtel.

Que ces indications soient toujours bien exactes, nous n'en répondrions pas. Que des gens prennent, sans mauvaise intention, un faux nom dans l'hôtel garni où les mène l'occasion ou leur fantaisie. En Belgique, ils risqueraient une condamnation, mais en France, la législation est muette sur ce mince délit, et l'emploi d'un faux nom dans ces conditions vénielles ne tombe sous le coup d'aucun règlement.

Il est donc à présumer que les agents des garnis font chaque jour une ample provision de fiches fausses dans les hôtels de passage. Mais tous les hôtels ne logent pas à la nuit. Il existe, à Paris, nombre de maisons meublées où demeurent, durant des années entières, des célibataires et même des familles. Ceux-là ne donnent pas de faux noms, et le relevé des registres est fidèle.

Le service des garnis ne se borne pas à ce travail mécanique, à cet emmagasinage de fiches, dont nous verrons plus tard l'emploi. Il fait aussi des statistiques précieuses sur le nombre des ouvriers de telle ou telle industrie, sur ceux qui chôment, sur ceux qui travaillent. Ces dénombrements donnent des indications utiles sur le mouvement des affaires, sur l'activité ou le ralentissement industriel. En temps de grèves, il y a là une source d'appréciations dont l'autorité peut tirer profit. Enfin, le mouvement des voyageurs lui-même devient un critérium de prospérité ou d'affaissement dans les transactions. Il y a donc là pour l'administration, à des points de vue divers, un instrument très utile pour enregistrer les pulsations de la grande cité parisienne.

En temps d'épidémie, c'est encore l'agent des garnis qui devient l'informateur le plus sûr pour la Préfecture de police. Comme il voit beaucoup de monde, et que le monde qu'il fait causer a déjà reçu beaucoup d'impressions, il peut assez exactement donner la mesure de l'état de l'opinion et des préoccupations générales. Ce service a donc une importance réelle. Il pourrait avoir, pour la recherche des crimes et délits, une action non moins précieuse, mais il faut dire que ses investigations ne se portent pas suffisamment de ce côté. C'est un tort. Quoi qu'il en soit, intelligemment conduite par un homme d'esprit, ouvert, curieux des choses de Paris, la brigade des garnis est un rouage un peu vieux, un peu lent, mais ayant son caractère très particulier comme organe d'informations. Réduit à son rôle discret et économique, ce service fait le travail de la fourmi : il accumule des provisions de renseignements qu'on trouve parfois à l'état de conserves un peu évaporées, mais que le courant d'air du jour reverdit et rend savoureuses en cas de besoin.

Quant à son rôle dans la recherche des crimes et délits, il est absolument nul. Les inspecteurs des garnis ne s'en préoccupent pas, et cependant, ils pourraient recueillir d'utiles informations dans les hôtels. Les traditions de la brigade s'y opposent sans doute, car jamais on n'a vu une piste indiquée par ce service. C'est tout au plus si le Chef de la Sûreté peut trouver quelques points de repère dans les milliers de fiches qui s'entassent dans les cartons (appelés sabots) du service. Le bureau des garnis ferme à cinq heures, comme un bureau d'hypothèques. Décidément, les inspecteurs de cette attribution pourraient bien avoir raison : ils n'appartiennent que de souvenir à la police active. Ils sont sans relations

directes avec la brigade de Sûreté, qui aurait intérêt
à entrer en communications continues avec eux.
Quand la Sûreté veut une adresse, elle doit aller la
chercher par exprès au service des garnis, fort éloigné d'elle, et encore faut-il arriver avant l'heure de
fermeture, sinon attendre au lendemain matin neuf
heures. Ce n'est pas là vraiment une brigade de police,
c'est une brigade d'archivistes.

[illegible]

[illegible]
[illegible]
[illegible]
[illegible]
[illegible]
[illegible]
[illegible]

CHAPITRE VII

Les Brigades de Recherches

Leurs attributions. — Sont-elles des brigades politiques ? —
Leur composition. — Elles dépendaient autrefois du Préfet
et elles relèvent aujourd'hui du Chef de la Police Municipale
qui reçoit le premier leurs rapports. — Leur mission dans
les réunions publiques. — Le courage à froid.

Nous sommes arrivés au dernier chapitre de l'organisation de la Police Municipale, et nous allons parler
des brigades dites de recherches. Dans la presse, on
appelle parfois ces brigades, les brigades politiques,
et le public les désigne sous le nom de police secrète.
Ni l'une ni l'autre de ces appellations n'est exacte, et
la dénomination officielle : « brigades de recherches »,
est beaucoup plus conforme à la vérité. Ces brigades,
en effet, se livrent à toutes les investigations qui
n'ont pas pour objet la découverte des crimes et
délits. Elles ne donnent pas la chasse aux malfaiteurs,
elles donnent la chasse aux nouvelles. Nous dirions
volontiers que ces agents sont les reporters de la
Préfecture de Police. De même que, dans un journal,
les uns vont aux nouvelles politiques, les autres aux
informations économiques, ceux-ci aux racontars
mondains, ceux-là aux bruits de la rue, ainsi les
agents des brigades de recherches se répartissent la
besogne, suivant les facultés ou le goût de chacun.
Disons, sans tarder, que ce service ne doit pas
davantage être confondu avec la police secrète, qui
est tout autre chose. Les agents des brigades de

recherches sont aussi connus et n'ont pas plus de motifs de se cacher que ceux de la Sûreté. Ils sont soumis aux mêmes conditions de recrutement et ont les mêmes droits à la retraite que leurs camarades. Ils émargent au budget municipal, et ils sont si peu « secrets » que la Préfecture de Police n'a pas craint de publier les noms des agents formant leurs cadres, dans une publication officielle : « *L'état général du personnel des services municipaux de la Préfecture de Police.* »

Donc, il faut bien se garder de confondre les agents des brigades de recherches avec cette fameuse police secrète dont rêvent les concierges de la bonne ville de Paris. C'est un service en bourgeois, sans doute, mais ni plus ni moins occulte que celui de la Sûreté.

Si nous nous en rapportons aux « Notes sur l'organisation des divers services », document public, nous voyons qu'il y a quatre brigades de recherches et qu'elles ont dans leurs attributions : « Les renseignements demandés sur les étrangers, les admissions à domicile, les naturalisations, les subsides, les rapatriements, la répression des jeux clandestins, la surveillance des cercles, les enquêtes ordonnées par le parquet, en matière de sociétés commerciales et financières, les enquêtes sur les différentes sociétés qui se constituent, les enquêtes sur les établissements qui demandent à être autorisés, tels que bals, concerts ; les recherches demandées par les bureaux de l'Administration centrale, soit dans l'intérêt des familles, soit dans un intérêt administratif ; les surveillances protectrices de tous genres, les enquêtes sur les candidats aux divers emplois administratifs, enquêtes faites sur la demande du bureau du personnel ou des diverses administrations publiques ; la traduction des pièces écrites en langues étrangères, les enquêtes à faire sur les marchands des quatre saisons, sur les demandes d'ouverture d'établissements autorisés, ainsi que les renseignements à recueillir d'urgence à la demande du parquet sur des individus arrêtés en flagrant délit, etc., etc. »

Il y a de tout, dans cette énumération, sauf ce qu'on y cherche, à savoir si les brigades de recherches s'occupent de politique. Or, si au lieu de s'en tenir à ce document, qui n'est qu'une table incomplète, nous nous reportons à l'ancien arrêté préfectoral, en date du 14 avril 1856, portant « règlement général du service ordinaire de la Police dans la Ville de Paris », nous y lisons :

« Art. 90. — Trois brigades, composées chacune :
« D'un officier de paix,
« D'un brigadier
« Et de vingt inspecteurs,
« Sont chargés spécialement de la politique. »
Et l'arrêté ajoutait, dans ce même article 90 :
« Nous (le Préfet) nous réservons la direction de ce
« service, et les officiers de paix remettront leurs
« rapports *soit à nous-même, soit à la personne que nous*
« *leur désignerons.* »

Cet article 90 a disparu dans la refonte de l'arrêté préfectoral du 14 avril 1856, opérée à la suite de l'arrêté présidentiel du 10 juin 1871.

A la suite de cet arrêté, et comme conséquence de l'augmentation de l'effectif de la Police Municipale, fixé par lui à 7,756 hommes, les brigades de recherches ont été doublées, et de trois qu'elles étaient en 1856, elles ont été portées à six. Sur ces six brigades, une seule, la quatrième, était encore placée directement sous la main du Préfet, dirigée par lui, et lui communiquant immédiatement ses rapports ; mais cette quatrième brigade a été supprimée par arrêté du 12 mars 1879. De sorte qu'aujourd'hui, il n'y a plus que cinq brigades, toutes placées sous les ordres directs du chef de la Police Municipale. Les dispositions du paragraphe 2 de l'article 90 de l'arrêté du 14 avril 1856 ont été abrogées, car le Préfet n'a plus la direction de ce service et les officiers de paix ne remettent plus leurs rapports « à lui-même ni à la personne qu'il leur désigne ». Ces rapports sont tous reçus aujourd'hui par le Chef de la Police Municipale, qui a la direction et le commandement de ces brigades, tout comme il exerce le commandement et la direction des vingt-six brigades de gardiens de la paix, de la brigade de sûreté, de la section des mœurs et de la brigade des garnis.

Les brigades de recherches sont donc actuellement au nombre de cinq, portant les dénominations suivantes : première brigade de recherches ; deuxième brigade de recherches ; troisième brigade de recherches ; cinquième brigade de recherches (la quatrième ayant été supprimée) ; sixième brigade de recherches ou brigade de l'Élysée.

La première et la seconde brigade de recherches, à l'exclusion des trois autres, sont celles que la presse appelle volontiers les brigades politiques. Nous allons en parler tout d'abord.

La première brigade se compose ainsi (1) :
1 officier de paix,
1 inspecteur principal,
2 brigadiers,
8 sous-brigadiers,
93 inspecteurs.

La seconde brigade a la composition suivante :
1 officier de paix,
1 inspecteur principal,
3 brigadiers,
5 sous-brigadiers,
88 inspecteurs.

Disons tout de suite que ces chiffres, bien que rele-

---

(1) *Chiffres officiels donnés par l'état général du personnel des services municipaux de la Préfecture de Police, publié le 1er mai 1880, chez Charles de Mourgues frères.*

vés dans un document publié par la Préfecture de
Police elle-même, sont inexacts. Ils sont très exagé-
rés. En effet, nombre d'agents, portés comme inspecteurs appartenant à ces brigades, sont détachés dans
les bureaux de la Préfecture de Police et y font un
service d'employés sédentaires. Malgré l'activité et
le zèle des commis titulaires (qui travaillent plus que
dans aucune autre administration), il a fallu leur
adjoindre, à titre d'auxiliaires, des agents de la
Police Municipale. Cette situation fâcheuse cessera
prochainement, M. le Préfet de Police ayant demandé
une augmentation du personnel sédentaire, afin de
reverser les détachés dans les brigades.

Il faut donc diminuer d'un bon quart l'effectif nomi-
natif de chacune des brigades de recherches, pour
avoir l'effectif réel.

Ce nom de « police politique » que leur donne le
public et qui leur était attribué par l'article 90 de
l'arrêté du 14 avril 1856 est bien mauvais, parce qu'il
est faux. Nous ignorons ce qui se passait sous l'Empire, mais actuellement nous pouvons affirmer que
jamais le gouvernement de la République n'a
demandé à ces brigades une action politique. Pour
nous servir d'une expression peu française, mais
claire, jamais ces brigades ne « font » de politique.
Elles n'ont, à aucun moment, un rôle actif. Leur
mission n'est pas autre que celle des reporters des journaux. Des agents vont dans les
réunions publiques, dans les assemblées ou meetings
où l'on pérore, et ils rendent compte de ce qu'ils ont
entendu. Ce sont des auditeurs, ce ne sont jamais
des acteurs. La Préfecture de police, qui a le devoir
de protéger les citoyens et d'éclairer le gouvernement, a le droit de se renseigner, et pour se renseigner vite, exactement, complètement et impartiale-
ment, elle n'attend pas que les journaux lui
rapportent, chacun à sa manière et chacun à son
point de vue, les discours des orateurs. Il n'y a rien

de plus licite, de plus simple, de plus rationnel. Le public, qu'on paye de mots, se fait sur ces services les plus étranges idées. Il met du mystère là où il n'y a que clarté et bon sens.

Or, malheureusement, ces erreurs répandues dans le public retombent sur le dos de ces agents. Aussi ne vont-ils pas sans courir des risques dans les réunions publiques, alors que les badauds du quartier vont s'y distraire à entendre les sottises qu'on y débite. Le public n'est pas tendre pour cet homme, qu'on qualifie de « mouchard' », bien que chacun de nous lise dans son journal du lendemain ce que, lui, a eu pour unique mission de transmettre à ses chefs dès la veille. Il lui faut des qualités particulières. Nous en avons vu dans les réunions publiques écoutant, sans qu'un muscle de leur visage bougeât, les imprécations les plus menaçantes contre la police. Et quelle mémoire ne leur faut-il pas pour ne rien omettre ! D'ailleurs, ils sont, en général, plusieurs pour la même besogne, et les versions sont contrôlées par le rapprochement de la rédaction de chacun.

Ceux dont la mémoire est moins sûre prennent quelques notes, mais au prix de quels périls ! Tantôt, un crayon microscopique à la main, ils se croisent les bras avec un air de béatitude, paraissant boire les paroles de l'orateur, tandis que la main droite, glissée entre le gilet et la chemise, écrit sur le plastron deux ou trois fois phrases typiques. Tantôt, appuyés contre le mur, ils mettent leurs mains dans leurs poches d'un air détaché et griffonnent sur un méchant bout de papier appliqué contre la cuisse les menaces de mort ou d'incendie qui émaillent le discours de l'orateur. Ils déploient mille ruses sous le feu de l'ennemi, ne perdant pas un instant leur sang-froid, car personne ne prendrait leur défense s'ils étaient découverts. Il faut, pour ce métier, une fertilité de moyens extraordinaires et un calme que rien ne déconcerte.

Les deux premières brigades de recherches sont
employées, sans délimitation absolument précise
d'attributions, à ces rapports. Après les réunions,
les hommes rentrent en toute hâte et mettent au net
leurs souvenirs, qu'ils vérifient entre eux. L'officier
de paix les retouche un peu, au point de vue de la
forme, mais beaucoup moins qu'on ne pourrait le
supposer. Il y a dans les brigades de recherches des
agents instruits et rédigeant fort convenablement.
Ils ont l'habitude du langage des réunions et donnent
bien sa physionomie propre au discours de chaque
orateur.

Les officiers de paix de ces deux brigades doivent
être et sont des hommes d'une réelle valeur. Le service qu'ils font exige une sagacité et une intelligence
rares. Peu d'hommes, même dans le monde de la
politique et du journalisme, sont aussi au courant
des efforts des partis. Ils suivent au jour le jour les
progrès ou les défaillances de chaque groupe. Les
orateurs des réunions leur sont connus par le menu
de leurs idées, et ils distinguent au seul tour de la
phrase celui ou celle qui l'a prononcée.

Ils se tiennent, en outre, renseignés sur toutes les
publications françaises ou étrangères relatives à
l'ordre d'idées qui préoccupe l'opinion. C'est un
travail qui exige une contention d'esprit perpétuelle.
Joignez à cet effort intellectuel un labeur de jour et
de nuit. Les officiers de paix des deux premières
brigades de recherches ne se couchent jamais avant
deux heures du matin, et chaque jour, il faut recommencer. Tout leur temps appartient à l'administration.

La première brigade de recherches, qui se partage
avec la deuxième le service du « reportage » dans les
réunions, a spécialement dans ses attributions la
police des jeux.

Ce service comprend trois sortes d'opérations :

1° La surveillance des cercles autorisés ;

2° La découverte des tripots clandestins ;

3° La chasse aux teneurs de jeux de hasard sur la voie publique.

Nous allons examiner successivement chacune de ces trois attributions, exercées par des hommes spéciaux, car elles exigent des qualités intellectuelles et physiques tout à fait diverses.

CHAPITRE VIII

La Police des Jeux.

Les cercles. — Leur surveillance. — Les tripots. — Leur origine. — Leur recherche. — Les descentes dans les tripots.— Comment elles s'opèrent et qui on y trouve. — Impénitence des victimes. — Les mots de passe. — La police des jeux dans les bals publics de bienfaisance. — Les tripots des ouvriers boulangers. — Anecdotes.

La surveillance des cercles proprement dits n'est que le moindre office de la police des jeux. C'est surtout un service d'enquête, et trois agents, l'inspecteur principal et deux brigadiers y sont seuls affectés. Les cercles, qu'il ne faut pas confondre théoriquement avec les tripots, bien que nombre de personnes soient inclinées à ne pas faire de différence, sont des associations autorisées en vertu de l'article 291 du Code pénal et où les jeux dits de commerce sont permis. Les jeux de commerce, par opposition aux jeux de hasard, sont ceux dans lesquels le hasard apparaît au début et où l'habileté du joueur intervient au cours de la partie. Au contraire, le jeu de hasard est celui où l'habileté du joueur n'a pas l'occasion de se manifester. Ainsi, l'écarté est un jeu de commerce et, entre parenthèses, le plus dangereux de tous les jeux. Le hasard préside à la distribution des cartes et l'habileté du joueur se montre, au cours de la partie, dans leur emploi. Ce jeu de l'écarté est le plus traître de tous, parce que les cartes des deux partenaires sont visibles à la galerie placée derrière chacun d'eux et que « la télégraphie » est facile.

Le jeu de baccarat est encore un jeu de commerce, parce que le hasard préside à la distribution des cartes et que l'habileté — habileté souvent excessive — du banquier, se manifeste dans le tirage, quánd elle n'apparaît pas dans l'application discrète d'une portée toute préparée, autrement dit d'un cataplasme (*rigolo,* dans les cercles de bas étage).

Le type du jeu de hasard, c'est la roulette, c'est le vertueux loto, c'est le trente et quarante. Pas d'habileté de la part du joueur.

Donc, dans les cercles autorisés par la Préfecture de Police, en vertu de l'article 291 du Code pénal, on joue les jeux de commerce à l'exclusion des jeux de hasard. Malgré la surveillance très attentive des joueurs, qu'il n'est point aussi facile de tromper qu'on le suppose, car, en général, le joueur a l'œil très ouvert, il se produit cependant de temps à autre des scandales. Nous en avons eu récemment des exemples. C'est alors que les agents de la première brigade de recherches, préposés à cet office, se livrent à une enquête afin de se rendre compte de la tricherie d'abord, puis de la manière dont le cercle est administré. Au baccarat, par exemple, sauf des exceptions bien rares, les tricheries exigent une complicité, soit de la part du croupier qui mêle les cartes et les coupe ensuite dans le pont, soit de la part du commissaire des jeux chargé de la garde des paquets et qui les « travaille » dans le silence du cabinet.

Ce sont ces complicités qu'il s'agit de découvrir. En outre, ces agents sont chargés de veiller à l'observation des statuts fondamentaux approuvés par l'administration et qui souvent 'sont méconnus, notamment en ce qui touche les admissions trop rapidement faites et parfois à la légère. Au fond, le rôle de cette petite section de la police des jeux est plutôt préventif que répressif.

Il en va tout autrement pour la découverte des tripots clandestins où l'on joue, dans des conditions problématiques de sécurité, soit le baccarat, soit la roulette, soit d'autres jeux de mauvaise mine : le plus d'atouts, par exemple, spécialité des garçons boulangers. Alors c'est bien la police proprement dite qui opère, avec tout l'attirail nécessaire à une œuvre de force, s'il y a lieu.

On ne se doute pas du nombre des tripots clandestins qu'il y a dans Paris, et principalement dans le 9ᵉ arrondissement. La chaussée d'Antin, la rue Rochechouart, les rues du quartier de l'Opéra et de la place de l'Europe sont empoisonnées de ces tripots. Dans la cour Bony, près la gare Saint-Lazare, on en a trouvé jusqu'à dix-neuf dans le même mois, et, rue de Turin, il y a eu jusqu'à six descentes dans une semaine. Le tripot surgit comme un champignon, et on a beau l'extirper, il renaît du moindre bout de racine.

Le tripot clandestin est fondé ordinairement par une vieille courtisane qui, ayant conservé un noyau d'amis désœuvrés, les adjure de venir la revoir. Mais n'allez pas croire qu'elle leur dise : « Venez, on joue chez moi. » Ce serait trop niais, et personne ne se rendrait à une telle invitation. Aller dans un tripot ! Le Parisien est bien trop malin pour cela. Non, les choses se font beaucoup plus gentiment. La vieille amie délaissée donne à penser qu'on pourra trouver chez elle aimable et jeune compagnie. Une tasse de thé en devisant du vieux temps, qui était bien meilleur que le présent ! On reparlera du passé joyeux.

Le célibataire qui n'a rien à faire de sa soirée mord à cet hameçon. Il trouve chez la dame quelques autres compagnons de gai caractère. On « cartonne » à des jeux tranquilles, sans grande effusion d'argent. Un petit souper improvisé, le jambonneau de la vingtième année, termine la fête. On y revient.

Bientôt apparaissent quelques nobles étrangers, aux bagues miroitantes, au teint basané, gentilshommes exotiques de la plus grande distinction. Il y en a dont le chef est cacheté de rouge, comme des Turcs authentiques, et qui parlent français comme des Parisiens de Montmartre. Mais les étrangers apprennent si vite toutes les délicatesses de notre langue qu'on n'en est pas surpris. Aux parties anodines succèdent des parties plus sérieuses. Les jeunes gens, amenés ou retenus par la compagnie féminine, deviennent plus nombreux, si nombreux qu'un beau soir, la dame de céans, prenant un air ingénu, tient un discours dans ce genre (celui-ci est authentique) :

« Mes enfants, nous commençons à être trop ! Vous
« savez bien que ce sont des soirées de famille que
« je donne, je ne peux pas recevoir tout le monde.
« Dorénavant, je ne veux plus que vous seuls, que
« je connais, ou vos intimes. Je ne veux pas que ma
« maison devienne un lieu de plaisir, encore moins
« un tripot. Par conséquent, messieurs et mesdames,
« la porte sera fermée à qui ne connaîtra pas un de
« vous particulièrement. Il faudra montrer patte
« blanche. Et, pour qu'il n'y ait pas d'erreur, voici le
« Sésame, ouvre-toi ! » que nous adopterons. On
« sonnera trois coups, deux rapides, le troisième
« espacé, à la manière des francs-maçons : ding,
« ding — ding. Le domestique ira ouvrir et vous
« direz :

« Je viens me faire arracher une dent. »

« Est-ce compris ? »

— Parfait, répètent en chœur les bons gogos, tandis que les Turcs coiffés de rouge opinent du bonnet avec chaleur.

Voilà le tripot constitué : sonnerie et mot de passe. Il y a une collection de ces mots de passe tout à fait remarquable. En voici quelques-uns absolument authentiques :

« Le docteur est-il chez lui ? »

« C'est le photographe. »

« Je viens pour les petits oiseaux. »

« N'ouvrez pas ! »

« C'est le lapin. »

« J'ai de la braise. »

« Ça tient toujours. »

« Neuf ! »

Il arrive un beau soir où un joueur est mis à sec complètement. Rentré chez lui furieux, il commence à réfléchir et à se dire qu'il pourrait bien avoir été volé. Il court chez le commissaire de son quartier, qui le renvoie à la Préfecture, où notre homme arrive tout en colère et clamant :

« Comment la police peut-elle tolérer cela ? »

On l'écoute avec bienveillance et attention. Il répète le mot de passe, signale les sonneries et trace le plan des lieux avec détails. On le console par ces simples mots :

« Vous n'avez que ce que vous méritez ; qu'alliez-vous faire dans cette galère ? »

Mais, aussitôt, le service des jeux est informé et une expédition est préparée pour le soir même. Il y a mille manières d'opérer une descente et d'en assurer le succès. Voici la plus ordinaire : Un agent mis avec élégance, et il y en a qui portent merveilleusement la toilette, se rend pendant la journée dans la maison où est installé le tripot. S'il y a un appartement à louer dans cette maison, c'est une bonne fortune. Il demande aussitôt à la concierge à le visiter. A Paris, surtout, dans les maisons qui ne sont pas anciennes, tous les étages présentent les mêmes divisions. Le pseudo-locataire visite l'appartement qu'on lui montre, dans tous ses détails. Il n'oublie pas surtout les cabinets, les coins et recoins (si commodes pour mettre les débarras, dit-il), puis l'escalier de service, et, comme il veut tout voir, il descend par ce même escalier jusqu'en bas. Ceci fait, il déclare à la concierge qu'il reviendra avec sa femme pour arrêter définitivement la location.

L'agent fait part de ses investigations à l'officier de paix de la brigade. Celui-ci demande au préfet, par l'intermédiaire du Chef de la Police Municipale, un mandat de perquisition, que le Préfet délivre en vertu de l'article 10 du Code d'instruction criminelle. Il n'y a plus qu'à marcher. La petite troupe, composée de dix agents, quinze parfois, se donne rendez-vous sur un point voisin du tripot. L'officier de paix a été requérir le commissaire de police du quartier, qui seul peut exécuter le mandat, au nom de la loi, et tout le monde, sans paraître se connaître, sans parler, arrive à la porte de la maison. Le concierge tire le cordon; alors c'est une entrée en masse. Le concierge est refoulé dans sa loge et les deux escaliers sont gravis en même temps : quatre hommes à l'escalier de service, le surplus au grand escalier. On sonne suivant le mode voulu. Le domestique arrive. Stupéfaction : dix hommes à la fois qui demandent: « Est-ce ici le dentiste? » Le commissaire repousse le valet et va droit à la salle de jeu : « Au nom de la loi, que personne ne bouge ! » Les agents sautent sur les tapis, saisissent les enjeux et les cartes, et les interrogatoires commencent. Tout ceci ne va pas sans quelques évanouissements de ces dames; des potées d'eau fraîche sur la tête des plus gigotantes suffisent ordinairement à leur faire reprendre leurs sens.

Parfois les choses ne marchent pas aussi vite. Soit que l'éveil ait été donné par un guetteur à la fenêtre, soit que le concierge ait dans sa loge une sonnette d'alarme communiquant à l'appartement, le commissaire a beau sonner et carillonner suivant le rite voulu, la porte reste close. Alors, on a recours aux grands moyens. On enfonce la porte. Trois hommes s'arc-boutent et les panneaux cèdent. L'irruption se fait. Alors, que voit-on parfois? Toute une aimable compagnie de messieurs et de dames en train de souper. Le couvert est là, posé sur une nappe bien blanche, pas l'ombre d'un tapis vert, pas une carte. De bonnes gens qui mangent et boivent, l'œil luisant.

— Pourquoi n'avez-vous pas ouvert? J'ai frappé au nom de la loi.

Les réponses sont souvent fort drôles :

. — Monsieur le commissaire, nous croyions que c'étaient les rapins du dessus qui nous faisaient une farce ?

Ou encore celle-ci, qui est toute récente :

— Excusez-nous, monsieur le commissaire; monsieur que voilà portait un toast à M. Chevreul, notre centenaire national, et nous ne vous avons pas entendu. Donnez-vous donc la peine de vous asseoir.

Pendant ces colloques, les agents fouillent l'appartement, et on extrait de quelque recoin obscur, ou caché dans un matelas, le tapis vert révélateur, renfermant encore les jetons et les cartes. Le flagrant délit se trouve ainsi constaté.

Un jour, cependant, dans une descente mémorable opérée chez une vieille courtisane, qui avait pour acolyte un jeune Italien, les agents eurent beau chercher, ils ne trouvèrent rien, ni dans les lits, ni dans les recoins, ni même dans les cabinets d'aisance, où souvent sont enfoncés les tapis. Cela tenait de la prestidigitation. M. de Kolta ne fait pas mieux disparaître sa femme que la dame de céans n'avait fait évanouir les jeux et les enjeux.

On allait se retirer bredouille, tandis que les convives continuaient à souper d'un air de satisfaction, lorsqu'un agent, en s'appuyant involontairement sur la table carrée du festin, en fit basculer un panneau. Tout se renverse, et la planche se retourne. Le dessous du panneau n'était autre qu'un tapis de baccarat avec les numéros des places du tableau de gauche, 1, 2, 3, 4, 5. On appuie sur l'autre panneau, même retournement, et voici le 6, le 7, le 8, le 9, le 10 qui apparaissent, tableau de droite. C'était une table

machinée qu'on avait retournée en toute hâte, et
garnie de vaisselle préparée d'avance, sitôt qu'on
avait entendu les agents cogner à la porte.

Oui, mais les cartes et les enjeux, où étaient-ils ?
Car, enfin, il n'est pas défendu d'avoir des tables à
deux fins. Pas de cartes, pas d'argent ! L'officier de
paix recourut à un moyen énergique. Il fit déshabiller
la dame jusqu'à la chemise exclusivement. Rien
encore. Il était difficile de pousser plus intimement
les investigations. Cependant, restaient les pantoufles
et les bas. Hélas ! c'était là que se trouvait la tirelire.
Les bas laissèrent échapper plaques et jetons, et
dans les pantoufles étaient logés les deux jeux formant la taille. Comme il n'est pas accepté dans le
monde convenable de faire servir ses bas à usage de
porte-monnaie, et les pantoufles à tiroir de jeux, on
arrêta la pauvre dame, qui fut, avec son Italien, condamnée à six mois de prison, avec expulsion subsé-
quente pour l'homme.

Il est d'un intérêt extrême, dans les descentes de
jeux, de constater le flagrant délit, et le commissaire
de police n'a pas d'autre préoccupation. La raison
n'est pas seulement que le flagrant délit ne permet
pas de dénégation, elle est plus haute. Au point de
vue du droit strict, si le flagrant délit n'existait pas,
la descende de nuit, dans une maison habitée, constituerait une illégalité. En effet, le commissaire de
police ne peut pénétrer, même muni d'un mandat,
dans une maison particulière que de quatre heures
du matin à neuf heures du soir en été, et de six
heures du matin à six heures du soir en hiver. Mais,
quand il y a flagrant délit, la condition d'heure dis-
paraît. Le magistrat peut pénétrer à toute heure de
jour et de nuit dans une maison où se commet un
délit ou un crime à l'état flagrant. Ceci explique pourquoi l'établissement du flagrant délit est si important en matière de descente dans un tripot. La léga-
lité même de l'opération en dépend.

Il y a, à Paris, des tripots pour toutes les classes de la société. Dans les caves des marchands de vin, il n'en manque pas. Rue Saint-Honoré, par exemple, dans la partie qui avoisine les Halles, il s'opère des descentes fréquemment. Ce sont les garçons boulangers qui, la fournée faite, viennent dépenser ou plutôt se faire voler leur argent à un jeu bien simple, « au plus d'atouts ». On joue avec un jeux de cinquante-deux cartes, à cinq ou dix personnes. Il y a une retourne. La couleur retournée est l'atout. Celui qui a en main le plus grand nombre de points dans cette couleur rafle les enjeux. C'est enfantin, et on perd beaucoup d'argent sans se creuser la cervelle. Ce jeu a le mérite de la simplicité.

Chose étrange ! Ce sont presque toujours les mêmes individus que l'on trouve autour des tables de tripot. Ils ont beau être plumés, ils ne se fatiguent jamais du métier de dupes. Des femmes, notamment, sont dix fois, quinze fois, trouvées dans les descentes. Ce sont de vieilles connaissances pour les agents. Un jour, l'une d'elles dit à un jeune commissaire qui l'admonestait un peu rudement :

« Ah ! monsieur, comme vous me traitez ! Les com-
« missaires du temps passé comprenaient bien
« mieux nos petits vices. Ça ne se passait pas
« comme cela sous M. Delessert. »

M. Delessert était préfet de police sous le gouvernement de Juillet. On voit que c'était là une joueuse impénitente.

Le service des jeux est encore chargé d'une autre attribution qui ne manque pas d'originalité. Dans les grands bals de bienfaisance donnés soit dans les mairies, soit dans les hôtels qui sont aménagés pour cet usage, il y a généralement un salon où les invités peuvent faire la partie. On ne se connaît pas toujours et, au lieu d'être prudent, on se laisse aller à jouer avec un partenaire vu pour la première fois. C'est une grosse faute, car il se faufile des grecs dans ces réunions. Aussi la Préfecture de police y envoie-t-elle d'office des agents pour dépister ces philosophes. Ces agents de la première brigade de recherches portent, quelques-uns du moins, le frac avec une aisance incomparable. Un soir, allant à un bal donné dans un grand hôtel, pour la caisse des écoles d'un arrondissement de Paris, nous vîmes un de ces agents, que nous connaissions depuis longtemps, et nous lui dîmes :

— Comme vous voilà beau; vous vous êtes donc déguisé en conseiller d'Etat, ce soir ?

— En conseiller d'Etat, reprit-il; mais regardez-donc ça, les conseillers d'Etat ont-ils rien de pareil?

Sous le revers de son habit, il y avait, en effet, une plaque scintillante qui figurait une décoration exotique. Tout en devisant, il aperçut un vieux monsieur à lunettes d'or, le crâne dénudé, et qui jouait à l'écarté avec un bon jeune homme frais et blond.

— Tiens, me dit l'agent, voilà cette vieille canaille de baron X..., un grec émérite. Vous allez voir comme je m'en vais le faire sortir.

Il s'approche du vieux monsieur, qui était en train de battre son paquet, et le touchant du doigt :

— Mon cher baron, excusez-moi si je vous dérange, j'ai un seul mot à vous dire.

L'autre se lève interloqué. L'agent le prend par le bras, et lui dit entre les deux yeux :

— Vous êtes X..., je vous connais; pas d'esclandre, prenez votre chapeau et f..... le camp; sinon, gare.

— Merci, dit l'autre tout pâle, je m'en vais; mais, je vous en prie, ne faites pas de bruit.

Et le respectable baron disparut, suivi jusqu'à la porte par l'agent.

La troisième attribution du service des jeux est de donner la chasse aux teneurs de jeux de hasard sur la voie publique, aux bonneteurs, pour se servir du terme ordinaire. Les deux principaux points de Paris où se tiennent ces dangereux individus sont la berge

du viaduc d'Auteuil et le lieu dit « les Quatre-
Chemins », près la porte d'Aubervilliers. Ces gens
sont là par douzaines, avec leurs tréteaux et leurs
trois cartes, quelques-uns même jouent par terre, et
il y a sans cesse une galerie d'imbéciles pour engager leur argent sur la rouge. Les journaux ont beau
dire que ce sont des voleurs, cela ne sert de rien.

Le service des jeux, aidé d'agents de la Sûreté,
tombe parfois au milieu de ces gredins. Alors ce sont
des batailles terribles, car ils se défendent à outrance,
et il faut les attacher comme des saucissons pour les
réduire à l'impuissance. A Auteuil, il y en a moins
qu'autrefois. La police a dû, pendant plus de trois
ans, y faire des opérations toutes les semaines, et
finalement, cette engeance ne s'est dispersée que
devant un moyen héroïque : on a dû établir sur le
quai des battues permanentes de gendarmerie. Ils
ont fini par déménager, mais les voilà qui reviennent
depuis deux mois environ. A Aubervilliers, les bonneteurs « travaillent » toujours. Il n'y a pas d'herbe
plus tenace que ces vauriens. Bonneteurs le jour,
voleurs avec effraction la nuit, assassins quand
l'heure est bonne.

Une dernière catégorie de bonneteurs opère avec
plus de cynisme encore : ce sont les teneurs de jeux
dits de consolation. Au retour des courses d'Auteuil
ou de Maisons-Laffitte, ils s'installent dans les compartiments du train, et offrent aux parieurs, qui
rentrent souvent à sec, de se « refaire » avec la
petite consolation. Inutile d'ajouter qu'au troisième
coup de dés les derniers francs du parieur sont
engloutis par le « consolateur ». Il faut vraiment être
absolument niais pour se laisser prendre aux propos
de ces escrocs de bas étage. Mais il n'y a rien de
plus simple que les parieurs. Ces gens, qui sont en
paroles si dégourdis, sont les pires des sots dès qu'il
s'agit de jeu.

Ont-ils perdu tout ce qu'ils possédaient, ils poussent

des cris de paon : « Comment la police laisse-t-elle
faire cela ? » La police ne peut pourtant pas empêcher les gens d'être bêtes. Elle a beau multiplier les
avis, la presse a beau avertir le public, cela n'aboutit
à rien. Il y a mieux. Les agents qui montent dans
les compartiments, et qui, en cours de route, veulent
s'opposer à la mise en train du jeu, sont pris à partie
par les parieurs eux-mêmes.

« Ça ne vous regarde pas, disent-ils ; si nous voulons jouer, où est le mal ? » Si bien qu'aujourd'hui
c'est à la descente du train que les agents sont obligés seulement d'arrêter les bonneteurs. Or, ceux-ci
se méfient et ils descendent plus de cent mètres parfois avant l'arrêt. Ils sont d'une agilité merveilleuse,
et des agents se sont parfois grièvement blessés en
voulant les suivre à la descente. Tant que le public
ne sera pas plus raisonnable, cette action de la police
sera insuffisante. Il faudrait autant d'agents que de
voyageurs dans les compartiments. Les sommes qui
se perdent ainsi sont parfois considérables, et on a
vu des personnes réputées intelligentes risquer des
milliers de francs sur la carte de ces drôles, qui sont
tous des repris de justice.

Nous allons du reste consacrer un chapitre spécial
au bonneteur en voyage. La matière mérite d'être
traitée à part : c'est une question essentiellement
parisienne.

CHAPITRE IX

Les Bonneteurs en voyage

Que sont-ils ? — Voleurs et assassins, attendant l'heure. — L'occupation des trains pour les courses. — Les trois cartes. — Fausse élégance du souteneur. — Sottise du public. — Inertie des gardiens de la paix qui voyagent avec les bonneteurs. — « Ça n'est pas leur affaire ». — La consolation. — Le jeu aux chandelles. — Sur l'impériale des wagons.

La plaine d'Auteuil est déserte. Les berges de la Seine, le long desquelles, pendant l'été, les bonneteurs battent leurs cartes, s'enfoncent mélancoliquement dans le brouillard. Les tonnelles sont vides, les haies dépouillées; les appareils de gymnastique, portiques, trapèzes, cordages, dessinent leurs formes grêles dans l'air humide; les jardins où l'on joue aux boules pendant la saison chaude sont abandonnés, et c'est pour quelques bateliers seulement que la friture grésille sur les seuils des cabarets en plein vent. Auteuil, on le sait, a la réputation de servir de quartier général aux bonneteurs. La police y a donné des coups de filet mémorables, aidée par les promeneurs, dont bon nombre s'étaient naïvement laissés détrousser. Car ils pèchent surtout par naïveté, les bonnes gens qui croient jouer à chance égale avec ces filous malpropres, dépenaillés, accroupis, cartes en mains, dans la poussière des fêtes de banlieue d'où l'hiver les chasse. Où vont-ils? Sur les boulevards extérieurs, aux bal-musettes, dans les cabarets borgnes, et surtout, du samedi au mardi, dans les faubourgs qu'anime et que fait vivre la prodigalité étourdie de l'ouvrier qui vient de toucher sa semaine.

Ces bonneteurs-là, que la police pourchasse du printemps à l'automne et que Paris ne connaît que par les colonnes de faits divers, sont de fort misérables sires, besogneux, voleurs et assassins à leurs moments perdus. S'il pleut et que la clientèle chôme, ils pillent une villa, dévalisent un passant, poignardent, comme Marquelet, une cabaretière soupçonnée de posséder quelques économies. Il faut vivre en dépit du mauvais temps. Mais il en est une autre catégorie dont on parle moins et qui, d'après ce que j'en ai vu, a profité largement des indulgences de notre époque pour les vices bien élevés et bien vêtus. Elle voyage, elle court le monde, elle se tient à la piste des foules; sa clientèle ordinaire est le public des courses; elle le suit à Chantilly, à Enghien, à Bois-Colombes, comme à Dieppe ou à Deauville; sa clientèle extraordinaire, les voyageurs de trains de plaisir. Cette espèce de malfaiteurs envahit les convois de la tête à la queue. Elle occupe les wagons de première classe et laisse ceux de seconde aux exploiteurs d'un jeu plus modeste dont je parlerai tout à l'heure.

Le spectacle vaut la peine d'un dérangement, d'un voyage à un champ de courses un peu éloigné de Paris. Les maîtres du train sont des bonneteurs. Voyez-les à la gare du Nord ou à celle de l'Ouest; ils arrivent un quart d'heure avant le départ, pénètrent sur les quais, occupent deux par deux tous les compartiments de première classe. L'un monte, l'autre demeure sur le quai à côté de la portière pour livrer passage seulement aux gens qui lui conviennent, à ceux dont la figure ou l'allure lui font espérer quelque aubaine. Le train semble être sous la garde d'une file de vigilantes sentinelles. Êtes-vous la

proie que le bonneteur convoite? Il se fait aimable,
empressé, poli ; il vous indique le nombre de places
libres dans le compartiment qu'il surveille. Lui ins-
pirez-vous de la défiance? il devient rébarbatif, se
plante les bras croisés devant la portière et vous dit
très franchement : « Monsieur, ici l'on joue ; si vous
voulez jouer, montez ; si vous ne jouez pas, allez
plus loin. »

Plus loin, l'accueil est le même. Des voyageurs,
peu au courant de ces mœurs nouvelles, s'intimident
et on les voit errer d'un bout du train à l'autre jusqu'au moment où un brave homme d'équipe prend
pitié d'eux et les case dans un compartiment à la
place conservée par le bonneteur vigilant pour étaler
ses cartes.

On connaît le jeu. Trois cartes y suffisent. Le bonneteur en montre une, le dix de carreau, par
exemple, la retourne, la mêle aux deux autres, exécute quelques passes sous les yeux des joueurs,
leur dit, en étalant les trois cartes retournées : « Un
louis pour qui trouve le dix de carreau. » Il a si ha-
bilement trompé les yeux de ses partenaires que
neuf fois sur dix ceux-ci croient gagner à coup sûr
en désignant l'une des cartes. Ce n'est pas celle con-
venue et ils perdent. En réalité, le jeu de bonneteau
n'est qu'un simple tour d'adresse, un vol habile
commis sous l'œil du volé. Le public et les tribunaux
l'avaient toujours considéré ainsi, mais le milieu où
il s'exerce maintenant semble en dénaturer le caractère. La plaine d'Auteuil est distancée; les bonneteurs se mêlent aux gens du monde, et ils s'en assi-
milent si bien les manières, en vous conviant, en
coupé ou en première classe, à une partie organisée
seulement pour tuer le temps, qu'il faut quelque
expérience du vice parisien pour découvrir à leurs
semelles la poussière des berges de la Seine ou des
fossés de Saint-Ouen.

Certes, ils n'ont pas encore la physionomie des

honnêtes gens; ils ont beau encadrer leur visage d'un collet de fourrure, se vêtir chez les tailleurs à la mode, se chausser de souliers à la poulaine, regarder l'heure à de superbes remontoirs d'or, le vice apparaît toujours sur leur face glabre et dans leur allure déhanchée d'anciens beaux des bals de barrière. Le regard fuyant conserve ses cruautés sous un front bas; le corps est osseux, la main charnue et musclée. Tout n'est pas rose dans la profession. Être vigoureux et agile est une nécessité pour les gens qui mettent la société en coupe réglée, s'exposent à des démêlés avec la police et à des luttes intestines, quand le métier de souteneur, qui double inévitablement celui de bonneteur, fait surgir entre eux de certaines et terribles rivalités.

Rien d'intéressant comme de les voir opérer dans les trains. Sitôt la portière fermée, l'un des deux bonneteurs étale son jeu, montre une carte aux voyageurs, exécute ses passes pour la frime, et dit : « Messieurs, un louis sur le dix de carreau. — Je tiens ! » réplique une voix, celle du compère. Celui-là gagne à coup sûr et continue jusqu'à ce que les voyageurs, somnolents d'abord et suivant la partie du coin de l'œil, se laissent prendre au piège et hasardent un louis. Il en est du bonneteau comme d'un engrenage : le doigt saisi, le corps y passe. Les joueurs ne descendront de leur compartiment que complètement « lessivés ». C'est un mot du métier, une scorie, une souris rouge semblable à celles dont s'étonne Faust, lorsqu'il écoute le langage des sorcières au Brocken. Grattez le bonneteur des trains express, les rugosités de la route de la Révolte apparaissent; le vieil homme persiste sous sa nouvelle peau ; le vernis encore frais s'écaille au moindre coup d'ongle. Au fond, ce sont des gens intelligents, fort au courant des complaisances de leur temps à l'égard des coquins à qui Vautrin disait : « Il faut se salir les mains si l'on veut fricoter ; sachez seulement

vous bien débarbouiller : là est toute la morale de
notre époque. »

Le public qui fréquente habituellement les champs
de courses est fort au courant des menées des bonneteurs ; mais il ferme les yeux, il se pelotonne sur les
coussins des wagons et assiste, en fumant négli-
gemment un londrès, aux parties qui se jouent à ses
côtés. Jamais il n'intervient. Il sait pertinemment
qu'on vole des imprudents, des ignorants. Il demeure
indifférent, probablement en vertu des affinités qui
unissent le parasite à la plante, la résine au sapin,
la verrue à l'organe malade. Car le bonnetage, ainsi
pratiqué, n'est qu'un succédané des paris aux courses ; il trouve un milieu favorable dans l'atmosphère
du jeu ; il s'y développe dans des proportions exces-
sives.

Le bonneteur, je l'ai dit, n'exploite que les compartiments de première classe. S'il juge qu'un premier
train ne lui offre pas un champ suffisant d'exploita-
tion, s'il observe que le compartiment choisi par lui
pour ses opérations s'est garni de physionomies
connues : bookmakers, propriétaires de chevaux,
parieurs expérimentés, tous gens avec lesquels il n'y
a aucune fraude à tenter, il attend, suivi de son compère et sans quitter les quais, le second train, devant
lequel il recommence son manège d'intimidation
envers les figures qui lui déplaisent et d'amabilité
envers celles qui lui conviennent. Il redevient tel
qu'on le définit dans les vieux dictionnaires : un filou
qui cherche à voler les gens tout en les accablant de
civilités et de compliments. Il est en quête de travail
et non de voyage d'agrément.

Cela au su et au vu des employés des Compagnies,
au départ comme au retour, sur les quais des grandes gares parisiennes, comme sur ceux des stations
aux abords desquelles sont établis les hippodromes
suburbains. Pendant la durée du voyage, le bonneteau bat son plein. Personne n'inquiète les voleurs ;

et ceci est un comble : au retour, rien ne les gêne moins que le voisinage des gardiens de la paix de service au champ de courses et que le train ramène. Ces derniers aussi voyagent en première classe ; les bonneteurs opèrent sous leurs yeux ; je n'étonnerai personne en disant que les gardiens regardent avec une vive curiosité ces prestidigitateurs aux doigts couverts de diamants. L'enjeu heureusement est trop élevé et la discipline trop sévère pour que les agents se laissent, comme de simples voyageurs, entraîner aussi à la poursuite du dix de carreau. Mais ils se garderaient bien d'intervenir. Suivant leur excuse bien connue : « Ça n'est pas leur affaire. »

L'indulgence inexplicable dont jouit cette catégorie de bonneteurs justifie la théorie du héros de Balzac. Il leur a suffi de se débarbouiller pour éviter les tracasseries dont sont l'objet, chaque année, leurs collègues en guenilles, que des battues d'agents de la Sûreté font sortir des foules de banlieue.

Autre particularité, les bonneteurs bien vêtus ne paraissent pas sur les champs de courses ; ils n'ont rien à y faire. Ils se réunissent, l'après-midi, dans des cabarets à eux connus, aux abords des localités suburbaines. En attendant le retour des trains à Paris, ils exercent leur industrie au détriment des habitants du pays. Là, l'enjeu baisse ; le maçon, le terrassier, le charpentier, le jardinier, tous les gens de passage servent à payer les frais du voyage. Le bonneteur dépouille le faux gentleman et redevient l'homme d'antan, beau parleur, ferré sur argot, ce qui plaît toujours à la clientèle en compagnie de laquelle il boit le vin bleu, entre deux coups de carte, sur les tables mal essuyées.

A la façon dont il procède entre Paris et les hippodromes de tous les points de la France, on peut penser que le second terme de la proposition est le vrai. Dans ce cas, les imprudents qui hasardent un louis sur un coup de bonneteau ne devront pas s'étonner, si une querelle survient et qu'un échange de cartes s'ensuive, de lire, par exemple, sur celle de leur partenaire :

ALPHONSE X...

Bonneteur.

La profession sera classée et la morale satisfaite.

Les compartiments de deuxième classe servent à un autre jeu. Comme ceux de première, tous sont gardés par des messieurs de piètre mine, vêtus, cela semble du moins, des défroques des bonneteurs : pardessus, chapeaux melons, cravates à épingle, jaquettes anglaises, le tout limé et quelquefois reprisé. Le pantalon seul résiste aux caprices de la mode ; il conserve la coupe originale, dite à pied d'éléphant, depuis longtemps en usage parmi la population spéciale dont se peuplent les boulevards extérieurs, à partir de la tombée de la nuit.

Ce sont encore des réfractaires dont l'indiscipline se trahit par des chevelures broussailleuses sous des chapeaux trop petits. Les visages diffèrent peu de ceux des bonneteurs arrivés : des chairs fatiguées, des lignes bestiales, le masque blême, le regard de l'homme qui a toute honte bue et est prêt pour tous les mauvais coups. Devant chaque portière ouverte, ils appellent si librement les voyageurs qu'on les prendrait pour des employés du train : « Allons, messieurs, la consolation... Encore deux places pour la consolation... » Cela jusqu'au fourgon de queue, ce qui emplit les quais d'un tel ramage qu'on les croirait envahis par les petits marchands d'un nouveau journal.

En revenant d'Enghien, il y a quelques jours, je remarquai, au départ de cette station, deux vieillards e deux paysans, blouse bleue luisante sur la redingot, du dimanche, que ces forbans se renvoyaient comme des balles d'un compartiment à l'autre. Ils couraient, les vieux, effarés, craignant de manquer le départ, et se heurtant à chaque compartiment à cette réplique d'un individu en barrant l'entrée : « Est-ce pour la consolation ? — Non, monsieur, nous allons à Paris. — Alors, allez plus loin. » De divers côtés montaient le public des courses, les gardiens de la paix et des gendarmes ; les employés du train, affairés, fermaient les portières et eussent oublié sur le quai les deux vieillards, si quelqu'un ne leur avait pas crié : « Mais montez donc ! » Ils gravirent à la hâte l'escalier d'une impériale et le train partit.

La « consolation » n'était pas le nom d'une station, comme ils l'avaient cru, mais celui d'un jeu, d'un autre genre d'escroquerie qui se pratique à l'aide de trois dés et d'un carton vert où sont inscrits les six premiers nombres. Tous les individus en observation devant les portières des secondes étaient des « consolateurs ». J'imagine que, sans le roulis du train, on eût entendu le cliquetis incessant des dés dans les boîtes et les appels des joueurs : « Allons, messieurs, une petite partie... parie qui veut... On tient cent sous. » Cent sous ! c'est le jeu des petites bourses. Les voyageurs du compartiment où je me trouvais n'ont pas mordu, un seul excepté, qui a gagné jusqu'à Paris, un compère, bien entendu, lequel, en sortant de la gare, s'en est allé bras dessus bras dessous avec le consolateur. Je les ai vus disparaître vers le faubourg Saint-Denis, dans la brume rougie par les lueurs des magasins.

A l'impériale, les scènes sont les mêmes, avec un aspect plus pittoresque. Là-haut, bonneteurs et consolateurs de bas étage opèrent à la clarté des lanternes. Ils complètent l'outillage des Compagnies qui n'éclairent pas les impériales. Chacun d'eux est muni d'une lanterne de touriste. Arrive la nuit ou un tunnel, toutes s'allument et cartes et dés continuent leur besogne sans souci de la banlieue blafarde qui

urnoie et s'enfuit. Rien ne distrait les joueurs ; le
ompère tient entre ses jambes la canne du consola-
ur coiffée d'un petit falot; il y en a quatre ou cinq
ar wagon. De loin, on croirait voir une constella-
on remorquée par une locomotive. Des silhouettes
ntastiques s'enlèvent sur le fond jaune des voitu-
es ; des taches lumineuses marquent les reliefs des
isages, accentuent la vigueur des profils, la dureté
es expressions. Imaginez un défilé des types de
Daumier dans la lumière de Gérard Dow.

Le train est donc en entier aux mains de ces
ens-là, et les Compagnies, en n'opposant aucun
rein à leur cynisme, cultivent des parasites d'une
spèce particulièrement dangereuse. Il n'y a aucune
aison pour laisser s'exercer dans les trains une
ndustrie de grand chemin. Si la police ferme les
eux et que les Compagnies soient désarmées,
elles-ci n'ont qu'à ouvrir deux guichets pour la dis-
ribution des billets, l'un avec cette indication :
« Voyageurs »; l'autre avec cette inscription : « Consolateurs et bonneteurs. »

En établissant la même distinction dans les trains,
le public saura au moins de quel côté sont les voleurs.

CHAPITRE X

Le Contrôle de la Police Municipale

Le Contrôle Général créé pour contrôler la Police Municipale a cédé son rôle à la 3e Brigade de Recherches. — Constitution de cette brigade. — Son rôle sur la voie publique. — Service d'enquête. — Rares manquements à la discipline de la part des gardiens de la paix. — Leur répression. — La 4e Brigade de Recherches. — Sa suppression. — La 5e Brigade. — Son rôle. — La Brigade de l'Elysée. — Son rôle. — Haute paye d'élégance. — L'ancienne brigade du Château. — M. Thiers et les agents de l'Elysée.

Ainsi que nous l'avons dit dans notre avant-dernier chapitre, à la suite de l'arrêté présidentiel du 20 juin 1871, l'arrêté préfectoral du 14 avril 1856, portant règlement général du service ordinaire de la police de Paris, fut modifié dans deux de ses dispositions les plus importantes. Le nombre de brigades de recherches fut augmenté et, d'autre part, le droit de commandement et de direction immédiats sur celles de ces brigades s'occupant de politique, que le Préfet s'était réservés par l'article 90, fut abrogé par prétérition.

Le nouvel article 90 de l'arrêté modifié a réglé les attributions du Contrôle Général, créé par arrêté préfectoral du 17 septembre 1854, et maintenu par l'arrêté présidentiel du 20 juin 1871. Le Contrôle Général, aux termes de cet acte, est composé ainsi qu'il suit :

1 commissaire de police, Contrôleur Général,

1 officier de paix,

1 secrétaire,

1 inspecteur principal,

2 brigadiers,

4 sous-brigadiers,

38 inspecteurs.

Et ce nouvel article 90 dispose que le Contrôleur Général est chargé du contrôle de la Police municipale et des autres services extérieurs de la Préfecture. (1)

Afin de préciser mieux encore ce rôle « *les Notes sur l'organisation des services municipaux de la Préfecture de police* », document officiel publié en 1880, c'est-à-dire postérieurement à l'arrêté de 1871, donnent cette définition des attributions du Contrôle Général : « Aux termes de son arrêté d'organisation définitive (14 avril 1856), le Contrôle Général doit exercer son action sur les services de la Police Municipale... »

Et plus loin : « Il signale les infractions ou irrégularités commises et indique les améliorations qu paraissent utiles dans l'intérêt du service. »

Ce sont là, d'ailleurs, ou à peu près, les termes de l'article 93 de l'arrêté du 14 avril 1856, ainsi conçu « Art. 93. Il (le Contrôleur Général) visitera et fer visiter, de jour et de nuit, les arrondissements e nous rendra compte, chaque matin, des résultats du contrôle. »

Or, encore sur ces dispositions si précises, u usage non conforme au texte règlementaire s'es introduit. C'est la troisième Brigade de Recherche qui fait office de contrôle de la Police Municipale, e le service institué pourtant à cet effet, sous le non

---

(1) Actuellement le Contrôle Général n'a plus d'officiers d paix. Mais un commissaire de police y a été adjoint et so office est d'autant plus important que, seul, il peut faire de procédures, le Contrôleur Général n'étant plus commissair de police, ce qui est une faute.

de Contrôle Général, a reçu des attributions tout autres. Le contrôle des agents de la Police Municipale, au lieu d'être exercé par un corps distinct, indépendant, est opéré par la 3ᵉ Brigade de Recherches, c'est-à-dire par un service relevant du chef de la Police Municipale. Il suit de là que la Police Municipale se contrôle elle-même et que c'est une de ses propres brigades qui est affectée à cette mission. Les préliminaires par lesquels nous avons fait passer le lecteur étaient donc indispensables pour expliquer les attributions de la 3ᵉ Brigade de Recherches, attributions qu'on aurait vainement cherchées dans l'arrêté du 14 avril 1856, car elles n'y figurent sous aucune rubrique.

Cette brigade est composée, comme les précédentes, d'un officier de paix, d'un inspecteur principal, d'un brigadier, de cinq sous-brigadiers et d'un nombre d'hommes que nous ne saurions préciser, par le motif déjà donné que plusieurs d'entre eux sont détachés dans les bureaux, mais qui, réglementairement, est de soixante-treize.

N'hésitons pas à dire que le contrôle des agents de la Police Municipale, sous cette réserve d'un corps se contrôlant par lui-même, ce qui est une anomalie, s'opère avec le plus grand soin et une judicieuse sévérité. Il se compose de deux parties : le service de contrôle sur la voie publique et le service d'enquête.

Aussi bien le jour que la nuit, des agents de la 3ᵉ Brigade de Recherches surveillent les gardiens de la paix durant leur service et notent, sans les prévenir, toutes les infractions qu'ils commettent. Ces infractions sont généralement peu nombreuses et surtout peu variées. Les plus fréquentes sont d'entrer parfois dans quelque allée obscure et de s'y réchauffer le cœur d'un bon verre de vin que leur tend, à la dérobée, quelque ménagère sympathique, ou encore de se glisser dans l'arrière-boutique d'un charbonnier débitant (comme il y en a beaucoup dans les quartiers populeux) et d'y prendre sur le pouce un petit verre. Si quelques gardiens de la paix pèchent par gourmandise, d'autres ont le cœur trop tendre et s'oublient à bavarder avec des filles d'une vertu facile, dont la profession est quelquefois surveillée par les agents des mœurs. Ce sont là les péchés mignons des gardiens de la paix. Pendant qu'il boit ou qu'il fait sa cour, le service du Contrôle est là aux aguets, et notre homme est tout surpris, le lendemain, de s'entendre réprimander par son officier de paix, prévenu au rapport de cette infraction commise par son subordonné. Ajoutons que la réprimande est la plus légère des punitions, qu'il y a ensuite la réprimande avec mise à l'ordre du jour de la brigade, puis la retenue de traitement, puis la privation de grade pour les gradés, puis enfin, la révocation.

La discipline est extrêmement sévère, et il est absolument défendu aux hommes de boire ou de flirter dans le service. Disons, cependant, qu'à côté de cette sévérité nécessaire, il y a aussi un grand fonds de bienveillance pour ces hommes qui passent des nuits à la froidure, parfois sous la pluie, avec de perpétuelles variations de température. Aussi, le Chef de la Police Municipale tempère-t-il un peu la rigueur du règlement. Le service n'en souffre guère, et les bons serviteurs sont reconnaissants de ce qu'on ne les accable pas sous la dure loi d'une discipline sans entrailles.

La seconde partie des attributions de la 3e Brigade de Recherches consiste à faire les enquêtes sur les plaintes adressées contre les agents. Ces informations sont conduites avec un soin extrême et, quoique puissent en penser certaines personnes, avec une impartialité absolue. Le souci de la vérité est le seul qui domine le Chef de la Police Municipale dans ces enquêtes, qu'il refait souvent lui-même en man-

lant les intéressés. Quand l'enquête révèle une
faute certaine de la part d'un agent, il est inflexible-
ment puni et, suivant la gravité, frappé de la suspension ou de la révocation.

La 4ᵉ Brigade de Recherches, qui était, avons-nous
dit, placée sous la main immédiate du Préfet, comme
un dernier vestige de l'article 90 de l'arrêté du
14 avril 1856 non modifié, a été supprimée, par un
arrêté du 12 mars 1879. Ça été l'abandon par le
Préfet de Police de la réserve si rationnelle, si sage,
stipulée à son bénéfice, par le premier arrêté réglementant la police de Paris.

La 5ᵉ Brigade de Recherches s'occupe surtout des
enquêtes sur les candidats qui demandent à entrer
dans l'administration et sur les nombreux individus
qui sollicitent des permissions quelconques, bals,
concerts, marchands des quatre-saisons, etc., etc.
Son rôle est peu important. Bien que nominalement
elle se compose, avec le cadre, de 68 hommes, elle
n'en comprend pas plus d'une trentaine, encore ce
chiffre est-il peut-être exagéré. Tous les manquants
sont détachés dans des services sédentaires.

La Brigade de l'Élysée

Enfin, la Brigade de l'Élysée, parfois cataloguée
sous la désignation de 6ᵉ Brigade de Recherches,
mais plus connue sous le premier nom, qui lui con-
vient seul, est composée ainsi :

1 inspecteur principal, chef de service,
1 brigadier,
12 inspecteurs.

Sous l'empire, la Brigade du « Château » était
autrement importante, et elle avait « sa police
secrète », qui n'était pas toujours d'accord avec celle
de la Préfecture. Cette petite troupe faisait un zèle
extrême et coûtait un argent fou pour une assez
pauvre besogne. Aujourd'hui, la brigade de l'Élysée

pourrait être une retraite pour les agents qui la composent. Ils font un service des plus doux. Dieu merci!
il n'y a plus de conspirateurs patentés en France, et
la personne du Président de la République est res-
pectée de tous les citoyens. L'Élysée est aussi ouvert
que la Maison-Blanche, et lorsque le Président de la
République fait un tour de promenade, il n'a d'autre
danger à redouter que d'être obligé de rendre trop de
saluts, car chacun se découvre devant lui.

Donc, la Brigade de l'Élysée n'a point à éventer de
conspiration ni à découvrir aucun traquenard. Sa
mission consiste à empêcher quelques fous ou mania-
ques de vouloir à toute force gravir le perron de
l'Élysée. Quand le maniaque est doux et qu'il se
contente de prétendre apporter au Président une
recette infaillible pour assurer cent mille livres de
rentes à tout Français, on se borne à le pousser doucement dehors. S'il est tenace et violent, on le met
en voiture et on le conduit rue d'Astorg, au commissariat de police, d'où on l'expédie à Sainte-Anne par
les voies rapides. La brigade de l'Élysée s'acquitte à
merveille de ces opérations, sans bruit, sans esclandre, avec promptitude et discrétion.

Elle fait encore un petit service de garde autour du
jardin, afin d'empêcher les marmitons trop curieux
de grimper le long de la muraille, pour voir derrière
ce qui s'y passe. Afin d'être confondus avec les promeneurs et de ne pas trop ressembler à leurs con-
frères de la Sûreté, les agents de l'Élysée reçoivent
une haute paye de 3 à 5 francs par jour, pour se
donner le luxe du beau linge et d'habits d'une coupe
convenable. Il faut leur rendre cette justice qu'ils
emploient consciencieusement cet argent. Oncques
ne vit-on chapeaux de haute forme mieux lustrés et
chemises plus bouillonnantes. Les agents de l'Élysée
sont les seuls citoyens français qui portent encore
des chemises à jabot et à plis calamistrés. C'est une
débauche d'élégance.

Autre mission. Ils prennent des renseignements sur les personnes qui demandent des secours au Président de la République. Sous tous les présidents — et nous sommes assurés qu'aujourd'hui, tout autant et peut-être plus que jamais, quoi qu'en disent les mauvaises langues — la charité s'est exercée à l'Élysée avec une grande largesse. Bien des gens sollicitent qui ne sont pas tous malheureux. La Présidence se renseigne avant de donner, et elle a mille fois raison.

M. Thiers, qui eut toujours un faible pour la police, avait une affection particulière pour les agents de l'Élysée et leur distribuait de temps à autre quelques petites gratifications. Il avait coutume de mander tel ou tel agent dont la mine lui revenait, le mettait à l'aise et lui faisait raconter ses impressions sur la Préfecture de police.

Le Président était si charmant, que l'homme lui disait le fin du fin et parfois n'épargnait pas les critiques. Quant il voyait qu'il avait affaire à un honnête serviteur, expérimenté, le Président lui donnait quelques louis et lui recommandait bien de n'en rien dire au général Valentin (alors préfet) « parce que, disait-il, le général me gronderait ». Puis, quand le Préfet venait le voir le lendemain matin, M. Thiers lui faisait des observations sur le service, lui précisait les circonstances, lui signalait des noms. En un mot, il stupéfiait le général par l'exactitude et la sûreté de ses renseignements. Le général Valentin s'en allait déconcerté et parfois bouleversé : « Cet homme-là sait tout, disait-il, il connaît mieux la Préfecture que moi. » C'est ainsi que M. Thiers agissait d'ailleurs en toutes choses, suivant le mot qu'il aimait à répéter : « Il ne faut jamais consulter les ingé- « nieurs, disait-il, mais toujours les contre-maîtres : « ceux-là savent, les autres répètent. »

CHAPITRE XI

Le Préfet de Police

Son rôle. — Il est caractérisé par la délivrance des mandats, en vertu de l'article 10 du Code d'instruction criminelle. — Initiative bornée par les limites de la Police Municipale qui l'enserrent de toutes parts. — Préfet de police et Commissaires de police n'ont pas d'agents sous leur commandement immédiat. — Le Préfet n'a pas le pouvoir effectif et il a la responsabilité entière. — C'est une tête qui conçoit, sans bras ni jambes pour exécuter. — Les Préfets n'y voient clair qu'après leur départ.

Dans les neuf chapitres précédents, nous n'avons pas eu, un seul instant, besoin de parler du Préfet de police. Pourquoi? Parce que le Préfet n'est pas un organe constitutif de la Préfecture. Si on excepte ceci, qui le caractérise : délivrer les mandats de perquisition et de saisie, en vertu de l'article 10 du Code d'instruction criminelle, son rôle, au point de vue du commandement de la force publique et des investigations criminelles est nul. Le Chef de la Police Municipale tient tout dans sa main. Il a, en effet, le commandement direct des 7,756 gardiens de la paix ou inspecteurs, il a la direction de la brigade de la Sûreté et des Brigades de Recherches, il reçoit directement les rapports de tous les officiers de paix, il leur donne les consignes, il propose l'avancement dans tout le corps. C'est un chef de service complet, et le Préfet de police se borne à recevoir de ses mains ce qu'il lui apporte.

Donc, si le Préfet de police n'avait pas le privilège que lui donne l'article 10 de délivrer des mandats, son action serait réduite à fort peu de chose : il règne, il ne gouverne guère. Les jurisconsultes, peu au courant des nécessités de la police, qui se sont imaginé de demander la suppression de l'article 10 du Code d'instruction criminelle, ne se doutent probablement pas qu'ils porteraient ainsi un coup mortel au Préfet de police, en lui enlevant, dans l'état actuel de l'organisation, l'instrument à l'aide duquel il peut encore pénétrer dans les services de la Police Municipale et participer effectivement au mécanisme des recherches.

Le Préfet de police porte une responsabilité énorme ; il est, au regard de la population, le représentant de l'ordre à Paris. Au fond, il n'a pas le maniement direct de la force publique. Il donne des ordres au Chef de la Police Municipale, qui seul les fait exécuter. Les officiers de paix ne connaissent même pas la signature du Préfet, et c'est au Chef de la Police Municipale qu'ils rendent compte de leurs actes. C'est par l'intermédiaire de celui-ci que le Préfet est renseigné sur toutes les opérations actives.

Sur les commissaires de police, le Préfet a-t-il au moins une action directe? Oui, en ce sens qu'il communique directement avec eux, qu'il les voit et reçoit personnellement. Mais, en tant qu'officiers de police judiciaire et d'auxiliaires du Procureur de la République, les commissaires de police relèvent du chef du parquet, et pour les procédures criminelles c'est ce dernier qui leur donne des instructions directes, sans aucunement passer par l'intermédiaire du Préfet.

Il suit de là une situation très curieuse. Responsable de l'ordre public, le Préfet ne commande pas directement un seul agent. Les officiers de paix qui ont les brigades dans la main, ne communiquent avec lui que par l'organe du Chef de la Police Municipale, à qui ils adressent leurs rapports.

D'autre part, le Préfet peut bien donner, sans intermédiaire, des ordres aux commissaires de police, mais ceux-ci n'ont pas un seul homme de police active à leur disposition, et, s'ils en veulent, ils doivent eux aussi en demander au Chef de la Police Municipale. En un mot, de quelque côté qu'il se tourne et retourne, le Préfet de police est borné par les limites de la Police Municipale, qui l'enserrent de toutes parts.

En réalité, chargé d'une responsabilité énorme, le Préfet de police est une tête qui conçoit, mais sans bras ni jambes. C'est un autre que lui qui tient la clef du réservoir des forces agissantes de la police. Fonctionnaire responsable, il ne dispose pas de la liberté d'action et de l'initiative de direction qui devraient être les corollaires de la responsabilité.

Certes, tous les Préfets de police, hommes de la plus grande distinction et de la plus absolue droiture, se sont imaginé, durant leurs fonctions, qu'ils étaient les maîtres sans conteste. C'est leur honneur de n'avoir jamais reculé devant leur écrasante responsabilité ; mais, une fois hors du bâtiment, nous ne craignons pas de nous aventurer beaucoup, en affirmant qu'ils ont rêvé une autre distribution des services, qui aurait laissé plus de jeu à leurs efforts personnels.

CHAPITRE XII

Le Contrôle Général

Son rôle normal prévu par les règlements. — C'est le Contrôle
qui essaie d'affranchir le Préfet des entraves qui l'enserrent.
— *Un œil.* — *Deux œils.* — Sa composition. — Anomalie dans
l'investiture des chefs de service. — Les attributions. —
Affichage. — Colportage. — Enquêtes sur le personnel sédentaire. — Le contrôle de la Police Municipale usurpé par la
3° Brigade de Recherches.

Le Préfet de police a cependant un organisme à sa
disposition immédiate, et c'est miracle que cet organisme n'ait pas été absorbé par la Police Municipale : c'est le Contrôle Général. Nous en avons déjà
dit quelques mots. Le Contrôle Général a été créé par
un décret du 17 septembre 1854. Sa fonction essentielle était, aux termes mêmes de sa constitution,
d'exercer son action sur les services de la Police Municipale et sur les autres services extérieurs de la
Préfecture. Dans ce but, l'article 93 de l'arrêté préfectoral du 14 avril 1856 chargeait le Contrôleur Général « de visiter et de faire visiter, de jour et de nuit,
les arrondissements et de rendre compte au Préfet,
en personne, chaque matin, des résultats du contrôle ».

Cet article porte, en outre que, lors des fêtes et
cérémonies publiques, le Contrôleur Général recevra
communication de la distribution des divers services,
afin de pouvoir vérifier si les instructions du Préfet
sont exactement suivies. Il signalera, en général,

toutes les améliorations qui lui paraîtraient utiles dans l'intérêt d'un bon service.

Le Contrôleur Général est donc l'œil même du Préfet. C'est par les agents du Contrôleur Général que le Préfet plonge dans les divers services, se rend compte de l'assiduité et de la conduite professionnelle des fonctionnaires, qu'en un mot, il se renseigne librement. C'est donc un organe essentiel. Sans le Contrôle Général, le Préfet serait vite tenu en charte privée par les autres services. Grâce au Contrôle Général, il peut prendre l'initiative d'instructions vraiment personnelles. Aussi ne faut-il pas hésiter à dire que, de tous les organes de la Préfecture, celui-ci est à la fois le plus délicat et le plus utile au Préfet. C'est le Contrôle qui l'affranchit.

Le Contrôleur Général doit réunir nombre de qualités : jugement, tact, initiative, esprit de progrès et de décision. Il ne doit pas craindre de froisser les susceptibilités de quelques-uns. C'est le seul souci de servir le Préfet qui inspire sa conduite, et il ne doit s'arrêter devant aucune autre considération. C'est l'homme du Préfet et du Préfet seul. Ce qu'il voit, ce qu'il apprend, c'est au Préfet seul et en personne qu'il en rend compte.

Dans une pièce de Sardou, jouée il y a une quinzaine d'années aux Variétés, et dont nous avons oublié le titre, les mœurs du Directoire étaient dépeintes avec autant d'esprit que d'exactitude. Il n'y a pas eu, dans notre histoire, d'époque où la police ait joué un rôle plus actif que pendant cette période. On conspirait partout, à l'armée, dans les salons, dans les jardins publics. Les agents secrets abondaient. Sardou représente deux agents qui se prennent mutuellement pour des conspirateurs. Chacun fait causer l'autre et le pousse hypocritement à se confesser. Bientôt, l'un de ces policiers met la main au collet de son confrère inconnu et lui dit : « Ah ! mon gaillard, enfin je vous tiens, vous allez me suivre, je suis agent de la Sûreté publique. Voici ma carte. » Et il lui montre une carte avec un œil, le vieux symbole de la clairvoyance de la police.

— Eh ! bien, vous tombez bien, répond l'autre, tenez, moi aussi, je suis de la police — voyez ma carte : *deux œils*.

— Excusez-moi, reprend le premier, tout confus, *deux œils !* Vous êtes du contrôle ! J'aurais dû m'en douter.

Cette scène, qui nous reporte à quatre-vingt-dix ans en arrière, serait encore exacte. « Deux œils », c'est bien encore l'agent du Contrôle Général, avec cette différence pourtant que les cartes ne portent plus cet emblème démodé. La clairvoyance de la police est assez connue sans qu'elle ait besoin d'être symbolisée.

Le Contrôle Général est ainsi composé :

1 contrôleur général, chef du service,
1 commissaire de police (1),
1 inspecteur principal,
1 secrétaire,
1 brigadier,
4 sous-brigadiers,
38 inspecteurs.

L'article 91 de l'arrêté préfectoral du 14 avril 1856, aussi bien que l'arrêté présidentiel du 20 juin 1871, portent que le Contrôleur Général doit être commissaire de police ; mais cette disposition n'est pas observée, de telle sorte que le Contrôleur Général, nommé par simple arrêté préfectoral, a sous ses ordres un commissaire de police nommé par décret.

------

(1) Le Contrôle Général a compté pendant trois ans deux commissaires de police. Il n'en a plus qu'un, depuis que la Sûreté en compte deux. Le nombre des commissaires de police de la Ville de Paris, prévu par les décrets, ne se trouve pas ainsi dépassé.

Ce sont là des anomalies regrettables que rien ne justifie et qui frappent tout le service de la police. On doit penser que le Préfet en est ignorant, car son devoir serait d'y porter remède. D'ailleurs, il faut dire que la même dérogation aux dispositions réglementaires se remarque dans la constitution de la Police Municipale, dont le Chef devrait également être commissaire de police. En effet, l'article 34 de l'arrêté préfectoral du 14 avril 1856 et l'arrêté présidentiel du 20 juin 1871 disposent que le Chef de la Police Municipale doit être commissaire de police.

Il résulte de cet oubli des dispositions fondamentales qui ont présidé à la constitution de ces deux corps des conséquences curieuses. Le Chef de la Police Municipale est nommé à cet emploi par un simple arrêté du Préfet de police (article 35, paragraphe 2 de l'arrêté du 14 avril 1856), tandis que ses subordonnés, les officiers de paix, sont nommés par arrêté du ministre de l'intérieur (article 37 du même arrêté). Le Chef a donc une investiture moins haute que ses sous-ordres.

De même pour le Contrôle Général; le Chef du service est nommé par simple arrêté préfectoral, puisqu'il n'est plus commissaire, tandis que le commissaire de police, son subordonné, tient ses pouvoirs d'un décret présidentiel. C'est là, nous le répétons, une situation absolument incorrecte, que seules des considérations étrangères au service ont pu faire maintenir et qui est en contradiction avec les principes essentiels de la hiérarchie.

Avant la loi du 29 juillet 1881, qui a abrogé toutes les entraves apportées à la liberté de la presse, à l'affichage et au colportage, par les lois antérieures, le Contrôle Général avait des attributions très étendues en dehors de son rôle de surveillance sur l'ensemble des services. En effet, c'était lui qui assurait l'exécution des lois et ordonnances de police concernant la librairie, les publications périodiques, l'affichage et le colportage. Dans ses bureaux ont lieu encore, chaque jour, pour le compte du Parquet, le dépôt des écrits périodiques, qui sont restés soumis à cette formalité.

C'est le Contrôle Général qui surveille l'affichage des discours et des actes du gouvernement, et fait vérifier si tous les exemplaires livrés par l'Imprimerie Nationale ont été promptement et convenablement apposés dans les communes du département de la Seine et celles du département de Seine-et-Oise où la juridiction du Préfet de police a été étendue par l'arrêté du 3 brumaire an IX (Saint-Cloud, Meudon, Sèvres, Enghien).

Le Contrôle veille encore à l'application des lois et ordonnances concernant les emplacements interdits ou réservés à l'affichage, la couleur et le timbre des affiches. Il recherche, en même temps, les infractions qui peuvent se commettre au point de vue fiscal, et il transmet les procès-verbaux au ministère des finances. Le Contrôle Général surveille aussi incessamment le colportage et la vente ou la distribution des écrits sur la voie publique. La loi du 29 juillet 1881, complétée heureusement par celle du 2 août 1882, a prohibé l'exhibition et la vente des écrits obscènes. C'est ce service qui est chargé d'appliquer ces lois.

Ainsi le Contrôle Général est une sorte de synthèse des services de la Préfecture de police. Au début, son rôle essentiel, fondamental, était d'avoir une action sur la Police Municipale. Mais les Chefs de la Police Municipale se sont vite affranchis de cette gêne et ils ont créé, sous leur dépendance même, un service de contrôle spécial, exercé, comme nous l'avons vu, par la 3ᵉ Brigade de Recherches. Alors les Préfets ont profité de ce que ce service se trouvait immédiatement sous leur main pour s'en faire une sorte de brigade active à leur usage, qui a remplacé

par certains côtés la 4ᵉ Brigade, supprimée par arrêté
du 12 mars 1879. Mais, en plus, le Contrôle Général a
conservé la surveillance et les enquêtes sur les commissariats et tous les agents sédentaires, la surveillance de la librairie, du colportage, et la vérification de l'exécution des ordres du Préfet.

Le commissaire de police qu'il emploie fait les opérations qui exigent le concours d'un magistrat, telles
que saisies de brochures poursuivies, de gravures
obscènes, constatations de fraudes en matière de
marques de fabrique, etc., etc. Le travail s'est encore
trouvé accru depuis la suppression des commissaires
de police à la librairie et à l'imprimerie qui relevaient
autrefois du ministère de l'intérieur. Les fraudes en
matière de marques commerciales sont, notamment,
venues apporter un surcroît considérable de travail à
ce service, et c'est cette circonstance qui avait motivé
un instant l'adjonction d'un second commissaire de
police pour l'attribution, commissaire actuellement
supprimé.

Le Contrôle Général est, sans conteste, l'un des
plus importants services de la Préfecture de police,
par la variété, la multiplicité, la délicatesse des opérations dont il est chargé. Ses agents sont choisis
parmi les plus intelligents, les plus actifs, les plus
experts.

CHAPITRE XIII

La Police secrète

La Police secrète. — Sa nécessité. — L'agent secret se propose et ne se recrute pas. — Confidences salariées. — Abandon de toute police de provocation sous la République. —
La Police secrète sous la monarchie. — « Citoyens, il y
aura toujours des traîtres parmi vous. » — Le valet de
chambre, le secrétaire, la maîtresse, agents secrets. — Vieux
jeu répudié.

Ce chapitre est le dernier de l'organisation de la
police de Paris, et il pourrait même n'être considéré
que comme une annexe, car la police qualifiée de
« secrète » n'entre pas dans l'organisation proprement dite, mais plutôt dans le fonctionnement de la
Préfecture. Il ne faudrait pas croire que les braves
gens dont nous avons parlé jusqu'ici, ces serviteurs
dévoués de l'ordre public, soient les collègues des
agents secrets. Ils s'en distinguent, au contraire,
absolument, complètement, et par leur origine, et
par leur recrutement, et par leur tâche, qui s'accom-
plit à ciel ouvert. Donc, la police secrète n'a aucun
point de comparaison ni de contact avec les brigades
de recherches et encore moins avec la brigade de
sûreté, service qu'on affuble parfois de ce nom.

Qu'est-ce donc que cette police et quel mystère la
recouvre ? De mystère, il n'y en a guère à la Préfecture de police. On s'imagine bien à tort, dans le
public, qu'il s'y combine les trames les plus sombres.
La vérité est que la Préfecture de police a une haute

mission qu'elle doit remplir et qu'elle remplit par les seuls moyens possibles.

Il ne s'agit plus aujourd'hui, en effet, de garder contre toute aventure, la personne d'un souverain n'ayant d'autre droit au trône que d'avoir été un soldat heureux ou un conspirateur sans remords ; mais il importe de défendre les droits politiques de tous les citoyens, le domaine inviolable de la souveraineté nationale et la République, qui est la seule organisation légitime du suffrage universel. Ce n'est plus le patrimoine contesté d'un homme seul, mais le bien sacré de tous que le Préfet de police a la charge, terriblement lourde, de défendre contre les attaques coalisées des perturbateurs de tous les partis. Pour cela, il doit être renseigné sur leurs efforts, sur leurs projets, sur leurs espérances. C'est de toute nécessité, de toute légitimité.

Comment le sera-t-il ? Sont-ce les journaux de chaque parti qui le tiendront au courant ? Oui, quant à la surface des choses et aux poussées d'ordre politique. Mais les entreprises personnelles, les combinaisons privées, les tentatives préparatoires d'un mouvement d'ensemble, comment les saura-t-il ? D'autre part, qui le renseignera sur les entreprises de tel groupe n'ayant d'autre plan que de faire table rase de ce qui est, sans souci du lendemain ? Qui l'avertira de telle équipée projetée par un insensé ? Est-ce la presse qui lui livrera ces secrets ? Non.

Et, cependant, la paix de la rue, la tranquillité de Paris, le respect de la République exigent que le Préfet soit au courant de ce qui peut constituer un péril, pour le patrimoine commun des citoyens. Quand un fou, comme Gallo, tire un coup de revolver à la Bourse, toute la ville est en émoi, et pourtant, pour un Gallo qui tire, que de Gallos sur lesquels s'est abattue préventivement la main de la police ! Pour un seul qui échappe à sa vigilance, que de bruit, et pour vingt qui sont retenus au seuil du crime, rien que le silence! Depuis seize ans, toutes les nations ont eu leurs explosions, leurs mouvements en sens contraires, leurs houles venant tantôt d'en haut, tantôt d'en bas. En France, malgré trois ou quatre partis, malgré de terribles défilés de misères et de cessations de travail, nous n'avons jamais eu aucune insurrection, à peine quelques rides à la surface. A quoi cela tient-il? A la sagesse du parti républicain et à sa force, cela n'est pas contestable. Mais cette sagesse et cette force étaient doublées de vigilance, et cette vigilance offrait ce caractère particulier qu'elle s'exerçait au profit de tous et non plus au bénéfice d'un seul. La police, qui pénétrait dans les centres d'action ou d'agitation politique, n'y allait pas pour y signaler les ennemis d'un souverain, mais pour y découvrir les ennemis de la chose publique.

Sous quelle forme la police pénètre-t-elle ainsi dans les centres d'action ou d'agitation politique? Sous la forme de l'agent secret. Le mot pénétrer n'est pas exact, car ce n'est pas elle qui envoie l'agent, elle le reçoit plutôt. Qu'on ne s'y méprenne pas. La police n'a pas à faire œuvre active, la plupart du temps, en cette matière. On vient la trouver et on se propose à elle, qui souvent n'a que répugnance et dégoût à entendre de pareilles offres. Tous les partis ont leurs traîtres, et ce n'est pas d'aujourd'hui qu'il en va de la sorte. Quand un parti n'est plus au pouvoir, les traîtres abondent. La nature humaine n'est pas héroïque et il lui faut l'espérance ou l'intérêt pour la soutenir. Quand l'espérance s'est évanouie et que l'intérêt n'a plus une caisse publique où il va se rafraîchir, les plus fermes résolutions fléchissent et les trente deniers de Judas perdent de leur noirceur.

L'agent secret n'est donc pas autre chose qu'un homme appartenant à un groupe ou à un parti, et qui vient volontairement faire des confidences sala-

riées à la Préfecture. L'argent doit sans doute lui
être tendu du bout des pincettes, mais la confidence
est notée et soigneusement contrôlée. Il en est de
vulgaires, il en est d'utiles, il en est de précieuses.
Elles ont leur tarif, suivant leur importance du moment.

Mais ce qui est certain, c'est que ces confidences
sont volontaires, qu'elles ne sont pas provoquées et
qu'il n'y a même pas besoin de les provoquer. La
Préfecture de police est assaillie de demandes de
gens qui veulent entrer dans la « police secrète ». A
Paris, rien n'est plus fréquent que cette marotte. Il
est à remarquer même que ces demandes sont d'autant plus nombreuses que la Préfecture est plus
attaquée. Quand une campagne est ouverte dans un
journal, c'est alors que les lettres affluent. Il n'y a
qu'à se baisser pour en prendre, et ce sont parfois
les plus proches amis des journaux à tapage qui
viennent s'offrir.

Donc, il n'y a jamais provocation à la délation :
elle s'offre sans pudeur. Ajoutons qu'il n'y a pas
davantage, cela va sans dire, provocation à commettre un délit destiné à effrayer le bourgeois. Si
ce jeu-là a été joué naguère, ce n'est pas sous le
régime républicain, où la police ne s'est jamais inspirée que de sentiments d'honnêteté et de droiture.
On n'a plus besoin d'échafauder de conspirations
pour sauver le souverain et revenir l'affection de
son peuple. Ce sont là vieux errements à jamais
répudiés.

Ce point est un de ceux qu'il importe le plus de
mettre en lumière. La police, aujourd'hui, n'a rien de
mystérieux ni de sombre. Tout s'y fait au grand jour,
mais personne n'ignore que, pour savoir ce qui se
dit dans un conciliabule où il y a dix personnes seulement, il faut bien que quelqu'un vienne le rappor-
ter. C'est enfantin, et, ce qui est non moins puéril,
c'est de croire que les secrets sont gardés malgré

DEUXIÈME PARTIE

LE FONCTIONNEMENT DE LA POLICE A PARIS

CHAPITRE XIV

La Distribution du travail. — Les Divisions.

Les Divisions distribuent le travail et transmettent l'impulsion. — Le Cabinet, division politique. — La 1re Division, attributions criminelles, centre de la Préfecture.— La 2e Division, administrative. — La Police Municipale, chargée de l'exécution.

Nous voici parvenus à la deuxième partie de cette étude, au fonctionnement de la police. Nous avons décrit, un à un, chacun des organes, examinons maintenant comment ils fonctionnent, c'est-à-dire comment leurs mouvements se combinent pour produire le travail.

Dans toute machine, il y a une partie essentielle qu'on appelle la Distribution. La Distribution se trouve partout, aussi bien dans la locomotive routière, que dans cet organisme admirable qu'on appelle le corps humain. Dans le corps humain, c'est le cœur qui est l'organe de la distribution, et il remplit exactement le même office que le distributeur dans la machine à vapeur : il reçoit le sang et il le refoule,

tout comme l'autre reçoit la vapeur et la refoule.
Donc, réception et impulsion, telles sont les fonctions
de l'organe de la Distribution.

A la Préfecture de police, il n'en va pas autrement.
Le premier organisme que nous ayons donc à montrer dans son fonctionnement, c'est celui de la distribution, à la fois récepteur et impulseur. Cet organisme, ce sont les bureaux.

Les bureaux de la Préfecture de police sont répartis en trois Divisions :

La Division du Cabinet, comprenant trois bureaux,
et qui s'occupe de la police générale, c'est-à-dire de
la sûreté des pouvoirs publics et de la connaissance
des nouvelles politiques ;

La 1re Division, comprenant cinq bureaux, et qui
s'occupe, sous toutes les formes, de la poursuite et
de la répression des crimes et délits ; c'est la Division
judiciaire ;

La 2e Division, comprenant quatre bureaux et qui
a dans ses attributions tout ce qui touche principalement à l'hygiène publique et à l'application des règlements de police relatifs à la salubrité ; c'est la
Division administrative.

Ces trois Divisions forment les trois valves de la
Préfecture de police, si l'on peut ainsi parler.

La Division du cabinet est informée des nouvelles
politiques — mouvement de réception — elle transmet les ordres du Préfet pour les enquêtes ou les
recherches dans l'ordre politique — mouvement d'impulsion. C'est la valve des nouvelles.

La 1re Division concentre les procès-verbaux des
commissaires de police en matière de crimes et de délits — mouvement de réception — elle donne des ordres
pour la recherche des malfaiteurs inconnus ou des
instructions pour la mise à la disposition du Parquet
des individus arrêtés, ou encore pour l'exécution des
peines d'emprisonnement encourues ; — mouvemen
d'impulsion. C'est la valve des crimes et délits.

La 2° Division recueille les plaintes contre l'inexécution des ordonnances en matière de salubrité, par exemple, — mouvement de réception; — elle envoie des instructions pour les faire exécuter, — mouvement d'impulsion. C'est la valve des besoins matériels et de l'hygiène publique.

Tel est le va-et-vient de la distribution dans ce qu'il a de plus élémentaire.

Il est bien clair que dans cette étude, forcément sommaire, nous nous bornons aux grandes lignes. Nous ne pouvons pénétrer dans le détail. Mais nous tenons à bien faire comprendre deux idées essentielles pour la suite : 1° Tout arrive dans les bureaux ; 2° L'impulsion en part le plus ordinairement, mais l'exécution est remise aux soins de la Police Municipale, c'est-à-dire du service actif. Notons encore ceci : de toutes les divisions de la Préfecture de police, la plus importante, celle qui forme le centre nerveux, c'est la première division, la division criminelle. Nous ne sommes pas de ceux qui croient qu'on pourrait ébrancher la Préfecture de police, sans nuire à son action et à son influence ; mais s'il est un point sur lequel tous les bons esprits doivent se rencontrer, c'est sur l'identification même de la première division avec la Préfecture de police.

Cette division a toujours eu à sa tête des chefs de grande valeur. Il faut, en effet, à l'homme qui la dirige, une incessante activité, une surveillance de tous les instants sur le travail de ses sous-ordres et une connaissance parfaite du jeu de la police.

Deux bureaux dans la 1re Division jouent un rôle prépondérant : ce sont les deux premiers. Le premier a dans ses attributions la suite à donner aux procès-verbaux dressés contre les individus non arrêtés ; au second bureau incombe le même travail, quand les individus ont, au contraire, été mis en état d'arrestation. Si l'on considère qu'à Paris le nombre des individus arrêtés chaque jour varie entre 250

et 300, on devine quelle somme de travail doit fournir ce bureau et, par suite, quelle activité il exige du
chef qui le dirige.

La réception des nouvelles à la division du cabinet
s'opère par le canal du Chef de la Police Municipale.
Nous avons dit que les brigades de recherches, c'est-
à-dire les brigades de reportage de la Préfecture,
étaient placées sous la main du Chef de la Police
Municipale, tout comme les brigades des gardiens
de la paix. Les nouvelles recueillies sont concentrées
à la Police Municipale, puisque les officiers de paix
des brigades de recherches ne communiquent pas
directement avec le Préfet, et le Chef de la Police
Municipale les transmet au cabinet du Préfet.

La première et la deuxième Division reçoivent leurs
communications, le plus ordinairement, par le canal
des commissaires de police, sous la forme de procès-
verbaux, pour tout ce qui concerne les crimes et
délits, et sous la forme de rapports, et même parfois
de procès-verbaux, pour ce qui concerne la police
administrative.

CHAPITRE XV

Les Commissaires de Police

Les commissaires n'ont pas d'agents sous leur direction. —
Le commissariat abandonné à un garçon de bureau, de cinq heures à huit heures du soir.— De huit heures à dix heures, alternat des commissaires. — De dix heures du soir à neuf
heures du matin, tous les commissariats sont fermés à
Paris, soit, pendant onze heures consécutives. — Nécessité
d'une permanence de nuit.

Avant d'aller plus loin, il est indispensable que
nous nous étendions sur les attributions des commissaires de police. Nous en avons dit un mot, au début
de cette étude, mais nous avons surtout procédé par
voie d'interrogation, pour mieux faire ressortir le
peu d'importance des fonctions du commissaire, en
ce qui concerne la police de la rue, exercée tout entière par la Police Municipale qui, seule, donne des
ordres aux officiers de paix investis du commandement de la force publique dans les arrondissements.

Les commissaires de police à Paris ne sont pas,
peut-être à leur grand regret, des hommes d'action.
Tandis qu'en province, ils ont des agents sous leurs
ordres, tandis que, même dans les communes de la
banlieue, ils dirigent et commandent les sergents
de ville; à Paris, le commissaire de police, dans son
quartier, est surtout un magistrat. La Préfecture de
police, en le classant dans l'ordre des agents sédentaires, a bien marqué son rôle. C'est un homme de
plume; et s'il n'avait pas, de temps en temps, une

perquisition à faire, une descente de jeux à opérer
ou une visite de garnis à effectuer nuitamment, il
pourrait, comme un notaire de campagne, travailler
en pantoufles et bonnet grec. Et cependant, les commissaires de police de Paris sont des hommes non
seulement très courageux, mais expérimentés et
connaissant bien la population. Sauf dans les petites
affaires qu'ils gardent, ou plutôt qu'on leur laisse,
toutes les investigations importantes sont dévolues
à la brigade de la Sûreté placée sous la main du Chef
de la Police Municipale. Ils n'ont pas davantage la
Police des Mœurs dans leur circonscription. La voie
publique n'est pas leur affaire. Ils ne chassent pas le
gibier dans la rue : c'est la Police Municipale qui a
ce rôle et l'exerce seule. Mais c'est le commissaire de
police qui met le gibier en bourriche, c'est-à-dire
expédie le malfaiteur au Dépôt, après avoir consigné
dans un procès-verbal les actes délictueux ou criminels qui lui sont imputés.

Les commissaires de police sont nommés par le
Président de la République sur les propositions du
Préfet de police, transmises au Ministre de l'Intérieur et agréées par lui. Ils sont au nombre de
soixante-quinze pour les 20 arrondissements de Paris.
Ils devraient être au nombre de 80, car il y en a un
affecté à chaque quartier, et il y a quatre quartiers par
arrondissement, mais dix quartiers sont groupés deux
par deux ; ainsi, par exemple, le quartier de Bel-Air
est joint au quartier Picpus ; de même pour le quartier de la Salpêtrière, avec le quartier Croulebarbe ;
celui de la Muette, avec la Porte-Dauphine, etc., etc.

Avant que la loi du 16 juin 1859 eût reculé ses
limites jusqu'aux fortifications, la Ville de Paris était
divisée en 12 arrondissements municipaux, comprenant chacun quatre quartiers, à la tête desquels était
placé un commissaire de police, soit au total 48 commissaires. Ce système datait du décret du 27 juin 1790,
sur l'organisation municipale de Paris. L'étendue du

nouveau territoire permit de créer 20 arrondissements, dans lesquels fut maintenue la division en
quatre quartiers, mais on n'égala pas immédiatement
le chiffre des commissaires à celui des quartiers. On
se borna provisoirement à créer 18 commissaires qui
portèrent le nombre de ces fonctionnaires à 66.

Des 80 commissariats dont la circonscription avait
été fixée par le décret du 17 décembre 1859, il y en
eut 28 qui, groupés deux par deux, furent placés
sous l'autorité d'un seul commissaire de police.

Au 1er mai 1863, le commissariat du quartier des
Epinettes fut séparé de celui des Batignolles ; en 1869,
quatre nouveaux dédoublements furent opérés ; plus
tard, en 1882, le quartier de la Plaine-Monceau fut
séparé de celui des Ternes. La tendance très louable
de la Préfecture est d'attribuer un commissaire à
chaque quartier.

Le commissaire de police a sous ses ordres un
secrétaire titulaire, et la plupart du temps un secrétaire suppléant, jeune homme à ses débuts dans
l'administration et qu'il est chargé de former. Il a, en
outre, à sa disposition, deux inspecteurs, qu'il ne faut
pas confondre avec les inspecteurs attachés aux brigades de la Police Municipale... Ce sont deux employés chargés de prendre des informations sur les
individus arrêtés ou de vérifier les allégations qu'ils
produisent devant le commissaire. Il y a parfois un
de ces inspecteurs qui n'est autre qu'un gardien de
la paix détaché ; mais, dès lors, il n'appartient plus
en fait à sa brigade.

Les commissaires de police de Paris sont à la disposition du public, depuis neuf heures du matin jusqu'à cinq heures du soir, mais à cet instant précis, il
se produit une intermittence dont le public s'est
plaint souvent, et non sans raison. De cinq heures à
huit heures, tous les commissariats de police de la
Ville de Paris sont fermés. Le garçon de bureau reste
seul pour inviter le public à repasser plus tard. Le

commissaire de police n'est pas là. Nous ne conseillons à personne de se faire voler durant cet intervalle. A huit heures, reprise du travail jusqu'à dix heures, mais reprise dans des conditions toutes particulières. Il n'y a qu'un commissaire de service en personne, par deux quartiers. Les quartiers sont, suivant l'expression usitée, *alternés*. Les quatre quartiers d'un arrondissement sont conjugués deux par deux. Un soir, c'est le commissaire de police de l'un qui est de service, de huit heures à dix heures; le lendemain, c'est l'autre. A dix heures, extinction des feux sur toute la ligne, ou plutôt les feux ne s'éteignent pas, ce qui est trompeur. Au-dessus de la porte, la lanterne rouge reste parfaitement allumée comme un phare d'espérance pour l'infortuné qui a besoin du commissaire; mais il peut frapper tant qu'il voudra: porte de bois. Il faut alors se rendre au poste de gardiens de la paix le plus voisin, d'où, s'il y a un crime commis, un fait grave motivant ou plutôt nécessitant l'intervention du magistrat, on dépêche un homme chez le commissaire, à son domicile privé. Mais si le fait ne paraît pas absolument grave, on vous prie de vous présenter le lendemain, à neuf heures, au bureau du commissariat. Vous avez ainsi à attendre pendant onze heures de suite, avant de pouvoir faire votre plainte.

Il n'y a pas à Paris un service permanent de commissariats de police. C'est une grave lacune qu'il est bien difficile de s'expliquer. Dans toutes les villes de France un peu importantes, il y a ce qu'on appelle la Permanence, où le public est certain de trouver un commissaire de police, c'est-à-dire un fonctionnaire de la police portant l'écharpe, pouvant verbaliser, à qui parler, à qui se plaindre, et qui, instantanément, est en mesure d'agir légalement dans les petites comme dans les grandes choses.

A Paris, non! De cinq heures à huit heures, les commissariats sont clos, car on voudra bien nous accorder

qne le garçon de bureau n'est pas une autorité; de
huit heures à dix heures, il n'y a plus qu'un seul commissariat sur deux quartiers où l'on puisse parler à
un commissaire en personne, et enfin, à partir de
dix heures du soir, jusqu'à neuf heures du matin,
c'est-à-dire pendant onze heures consécutives, il n'y a
pas moyen de trouver un commissaire de police, à
moins, nous le répétons, qu'il n'y ait un incident
assez notable pour nécessiter le réveil du magistrat
par un gardien de la paix.

Il serait bien à souhaiter que ce service de permanence des commissariats fût créé; il existe partout
ailleurs qu'à Paris. N'y en aurait-il qu'un par arrondissement qu'il y aurait grand avantage pour le
public à savoir, du moins, où aller quérir l'autorité
pouvant opérer au nom de la loi, chose que ne
peuvent faire ni l'officier de paix, ni ses agents.

Nous insistons beaucoup sur ce point, parce qu'il
nous sera d'une grande utilité dans l'examen des
espèces que nous allons tour à tour examiner.

C'est ainsi que nous allons successivement exposer le mécanisme de la police et les mouvements
combinés qui se produisent dans les cas suivants :

Vol commis sur la voie publique, sans effraction,
pendant le jour, — pendant la nuit, — avec flagrant
délit, sans flagrant délit.

Vol commis dans l'intérieur d'une habitation, avec
flagrant délit, sans flagrant délit, pendant le jour,
pendant la nuit.

Agression commise sur la voie publique, pendant
le jour, pendant la nuit.

Recherches, dans ces diverses hypothèses, quand
l'auteur est connu mais a disparu, et, en second lieu,
quand l'auteur est inconnu.

Nous verrons ensuite, comment se donne l'impulsion des recherches, en cas de grands crimes, soit
quand les auteurs sont connus et en fuite, soit
quand les auteurs sont inconnus.

CHAPITRE XVI

Les espèces de délits et de crimes.
Vol à la roulotte.

Le vol à la roulotte. — Les commissaires de police dépourvus
d'agents sont obligés d'en demander à la Préfecture de
police. — Série des notes administratives et des intermé-
diaires entre une demande d'agents et l'arrivée de ceux-ci.
— Malgré toute diligence, ils arrivent fatalement en retard.
— Organisation défectueuse, que l'attribution de quelques
agents en bourgeois à chaque commissariat de quartier
modifierait avantageusement. — Système suranné de la
concentration des agents de la Sûreté au quai de l'Horloge.

Arrivons aux espèces, c'est-à-dire aux exemples
de délits ou de crimes que nous avons indiqués à la
fin du précédent chapitre, et voyons comment opère
la police, à Paris, pour en découvrir et arrêter les
auteurs.

Et, comme il ne faut jamais se lasser de bien
éclairer sa lanterne avant de se mettre en route,
qu'on nous permette de répéter encore une fois, en
le résumant, ce que nous avons déjà dit : de cinq
heures à huit heures du soir, il n'y a pas un seul
commissariat de police garni de son personnel utile,
dans toute la ville de Paris. Ne prenez pas la peine
de frapper à la porte du commissaire, vous n'y trouveriez qu'un garçon de bureau qui vous dirait de
repasser.

De huit heures à dix heures du soir, sur deux
commissariats, il n'y en a plus qu'un où vous trou-
viez un commissaire en personne. Sur les quatre

commissaires des quatre quartiers d'un arrondissement, deux seulement sont de service, un soir et
non l'autre. Donc, ne vous avisez pas d'aller deux
soirs de suite, entre huit heures et dix heures, au
même commissariat. Un soir, vous y trouveriez un
commissaire, le lendemain soir, c'est à l'autre quartier, à l'*alternant*, qu'il faudrait vous présenter pour
rencontrer le magistrat, qui ne serait pas, d'ailleurs,
celui de votre quartier.

Enfin, de dix heures du soir à neuf heures du
matin, c'est-à-dire pendant onze heures consécutives,
comprenant la nuit, il n'y a pas un seul commissariat ouvert dans une ville de près de trois millions
d'habitants.

Si vous voulez bien additionner, vous trouverez
que, pendant quatorze heures, sur les vingt-quatre
dont se compose la journée, les commissariats de
police de Paris sont démunis du commissaire. Et si
même, de huit heures à dix heures du soir, le commissaire de votre quartier n'est pas de service (ce
qui se produit un jour sur deux), c'est encore deux
heures à ajouter à ce total, ce qui porte à seize
heures sur vingt-quatre le nombre d'heures pendant
lesquelles le propre commissaire de police d'un
quartier n'est pas visible pour les affaires ordinaires.
C'est évidemment beaucoup trop d'absence et la
nécessité d'une permanence s'impose. Il est à
souhaiter que Paris ne soit pas en retard sur les
villes secondaires de France.

Encore une observation, sous forme de souvenir.
Elle jettera du jour sur notre pensée.

Le brave lieutenant-colonel Froidevaux, du régiment des sapeurs-pompiers de Paris, tué héroïque-
ment au feu, lors de l'incendie de Charonne, avait
pour habitude de dire que si, dans chaque maison
de Paris, il y avait un simple seau toujours plein,
et placé dans un coin où chacun pût le trouver et le
saisir, nuit et jour, il n'y aurait jamais d'incendie

grave à Paris. A la première alerte, au premier
papier, au premier chiffon enflammé, vite le seau
d'eau renversé d'un tour de main, et le feu est éteint
dans l'œuf.

Au lieu de cela, pas d'eau à la maison ! On court
en chercher, et en ramenât-on, un quart d'heure
après, des tonneaux, il est trop tard ! Le feu a gagné
de proche en proche, la maison est perdue. Courage,
dévouement, adresse, rien n'y fait. La Seine y passerait qu'elle ne noierait plus que des décombres.
Impossible de remédier au mal que le simple seau
d'eau eût conjuré, versé dès la première minute.
Mais pour cela, il faut le seau toujours à la portée
de la main, et le seau plein d'eau.

En matière de police, n'en est-il pas de même ? Là
où vingt hommes de la Sûreté, des plus habiles, des
plus sagaces, sont impuissants, parce qu'il faut aller
les chercher loin, à la Préfecture, qui sait si la simple
action, mais rapide, instantanée, assurée dans le
quartier, de trois ou quatre hommes toujours pré-
sents, ne suffirait pas.

Ceci posé, voyons la première espèce indiquée :
vol sur la voie publique, de jour et sans effraction.
Prenons un cas des plus simples, des plus communs,
le vol *à la roulotte,* par exemple.

Le vol *à la roulotte* est pratiqué par des bandes de
mauvais sujets qui s'associent au nombre de six,
huit, dix, pour dévaliser les voitures qui font le
transport des marchandises, soit dans les marchés,
soit dans les gares. Rien de plus fréquent que ce
genre de vol aux abords des marchés publics. Pendant que le maraîcher ou le camionneur, ayant
arrêté son véhicule, est occupé à livrer sa marchandise dans le voisinage, ces malfaiteurs s'emparent
d'un paquet ou de deux laissés sur la voiture. Tout
leur est bon; ils raflent tout aussi bien un colis
qu'un panier de raisins, une bourriche de fruits
qu'une botte de carottes ou le portefeuille du voitu-

rier commissionnaire. Ils filent avec leur butin pendant que les camarades font le guet et, parfois, détournent l'attention du livreur. Dans la même journée, la bande commet ces rapines sur dix voitures ou camions.

Eh! bien, nous voici au marché Saint-Pierre, à Montmartre, par exemple. C'est le matin. Trois maraîchers se sont aperçus qu'ils ont été volés durant la livraison. Les roulottiers sont là, ce n'est pas douteux. Vite, les malheureux volés vont chez le commissaire, dès neuf heures, c'est-à-dire dès l'ouverture du bureau. Ils sont haletants.

— Monsieur le commissaire, nous sommes victimes de roulottiers. Ils sont au marché; ils doivent être une bande, car nous avons été volés trois en même temps. Envoyez immédiatement des agents de la Sûreté au marché en surveillance et ils ne leur échapperont pas; ils en prendront sûrement une dizaine d'un coup de filet. Vite, vite. Quelle chance de pincer ces gredins-là!

— Messieurs, répondra le commissaire de police, je vais tout de suite prévenir la Préfecture de police et lui demander des agents, car vous ignorez peut-être que je n'ai pas un seul agent de la Sûreté sous la main. Je n'ai que mon secrétaire, qui m'aide actuellement à faire mes procès-verbaux du matin; mon premier inspecteur, qui est en course, et mon second inspecteur, qui va aller à la Préfecture porter un mot pour demander les agents dont vous réclamez l'emploi.

— Mais, monsieur le commissaire, télégraphiez vite, plutôt, car il est neuf heures, nos livraisons sont à peu près terminées, et, si vous tardez, les roulottiers seront partis.

— Je télégraphierais avec plaisir, messieurs, mais je ne suis pas directement relié avec la Préfecture par un fil. Ce n'est que l'officier de paix de l'arrondissement qui est rattaché par un fil, et non pas même avec M. le Préfet de police, mais bien avec M. le Chef de la Police Municipale, avec lequel seul il communique directement. Il me faudrait envoyer ma dépêche au poste central de la mairie, qui est situé à une demi-heure d'ici. Nous ne gagnerions pas de temps. Laissez-moi faire de mon mieux ; je vais envoyer mon inspecteur en voiture à la Préfecture porter une lettre réclamant l'envoi des agents de la Sûreté. Ayez confiance, messieurs, tout ira bien, ayez confiance !

Les volés s'éloignent, un peu refroidis, mais confiants tout de même, puisque la confiance leur a été recommandée comme salutaire.

Le commissaire, homme actif, se jette sur sa plume, et il rédige la note suivante ou quelque chose d'approchant :

VILLE DE PARIS

18° ARRONDISSEMENT

Commissariat de police
du Quartier de X...

1re DIVISION

Vols commis par des roulottiers au marché Saint-Pierre de Montmartre.

DEMANDE D'AGENTS

Paris, 24 septembre 1886,
9 h. 1/2 matin.

Le commissaire de police du quartier de X... a l'honneur d'informer M. le Préfet de police que ce matin les nommés A..., B..., C..., maraîchers, livrant des fruits et légumes à leur clientèle des détaillants du marché Saint-Pierre, à Montmartre, se sont aperçus qu'ils avaient été volés de paniers de primeurs, pendant le temps très court de la livraison. Des roulottiers seuls peuvent avoir opéré avec cette rapidité et cette simultanéité. Il est important de procéder à la capture de ces malfaiteurs et je vous prie de mettre d'*urgence* à ma disposition dix agents de la sûreté, pour établir une surveillance audit marché.

.. Vite sous pli la note, et, afin que les choses aillent avec une célérité extraordinaire, le commissaire dit à son inspecteur : Prenez une voiture et déposez cette lettre aux mains mêmes de M. le Chef de la première Division avec le procès-verbal de la plainte des maraîchers, sans passer par aucun intermédiaire.

Le garçon de bureau file comme une flèche, prend un fiacre qui vole comme le vent (nous mettons les choses au mieux, n'est-ce pas?) et arrive à dix heures à la Préfecture de police.

Nous ne supposons pas une minute d'attente dans une antichambre, pas un mécompte, pas un retard. Le Chef de la première Division ou son remplaçant autorisé lit la note du commissaire.

— Bien, répond-il, dites que le nécessaire va être fait immédiatement.

Nous supposons toujours qu'on laisse tout de côté instantanément, qu'il n'y ait pas d'autre travail en train ; on se jette sur une plume et on rédige la note suivante :

PRÉFECTURE
de
POLICE
1re DIVISION

NOTE

POUR M. LE CHEF DE LA POLICE MUNICIPALE

Le commissaire de police du quartier de X... fait savoir que trois maraîchers ont été volés ce matin par des roulottiers, au marché Saint-Pierre, à Montmartre. Une surveillance dans ce marché pourrait amener la capture de ces malfaiteurs. Prière à M. le Chef de la Police Municipale d'envoyer sur ce point le nombre d'agents de la Sûreté convenable (M. le commissaire estime que dix hommes seraient nécessaires).

Supposons encore qu'on abandonne tout ce qui est en train pour porter cette note à M. le Chef de la Police Municipale (on nous concédera bien que dans la pratique il est impossible de laisser ainsi tout de côté). Le Chef de la Police Municipale, lui aussi, néglige tout son travail pour lire cette note. Que fait-il ? Encore une note, peut-être, au Chef de la Sûreté ! Mais nous comptons sur son activité. Il se borne à mettre sur la note précitée : *Sûreté — urgent*, et il la fait porter.

La Sûreté est située au quai de l'Horloge et le Chef de la Police Municipale a son cabinet sur la place du Parvis-Notre-Dame — 400 mètres de distance, un boulevard à traverser.

Nous supposons encore que le garçon de bureau prenne ses jambes à son coup (mode de courir inconnu de tous les garçons de bureau de l'administration française). Mais enfin, nous sommes dans le train rapide. Ce garçon de bureau vole à la Sûreté. Le Chef, vite ! Voici une note urgente !

— Ah ! bien, je vois ce que c'est. Où est l'inspecteur principal chargé de la voie publique ?

— Il est là.

— Qu'il entre !

— Vous allez prendre dix hommes et un brigadier intelligent ; roulottiers au marché Saint Pierre ; surveillance adroite ; pigez-moi ces gaillards-là et promptement.

Exit l'inspecteur principal. Il est (on voudra bien nous l'accorder), onze heures du matin. Tous les hommes de la Sûreté sont déjà en campagne. Néanmoins, on en ramasse une dizaine un peu partout. Qu'on se dépêche ! en route.

Les dix hommes partent — à pied, bien entendu. Le brigadier, homme actif, fait presser le pas. En trente minutes, on est au bas de la butte, c'est bien marcher, depuis la Préfecture. Ouf ! il est midi moins vingt. Il n'y a plus de roulottiers au marché Saint-Pierre ; les voitures des maraîchers sont reparties depuis longtemps, et le brigadier et ses dix hommes s'en retournent bredouille.

Est-ce concluant ?

On ne nous accusera pas d'avoir accumulé des lenteurs, d'avoir amoncelé les impossibilités. En fait d'impossibilité, il n'y en a qu'une : c'est d'aller aussi vite que nous l'avons supposé.

Il n'est pas admissible que, dans une administration, on lâche toute la besogne pour ne s'occuper que d'une chose seule. Il est non moins admissible que les chefs eux-mêmes s'occupent de tout. Donc, la note en question aurait été examinée, à son tour, par un sous-ordre, qui ne se serait pas du tout pressé, car il est blasé sur tout cela, et le vol à la *roulotte* ne lui donne pas une seconde d'étonnement ni de fièvre. Donc, ce n'est pas à onze heures, soyez-en sûr, que la note serait parvenue au Chef de la Sûreté, mais bien dans l'après-midi, au plus tôt.

Inutile d'ajouter que, le lendemain matin, les roulottiers n'opèrent plus au marché Saint-Pierre, à Montmartre, mais au marché Saint-Honoré ou au marché de Grenelle. Et ce sera à recommencer.

Mais, dira-t-on, vous exagérez en un point, sans doute. Pourquoi le commissaire de police du quartier ne s'est-il pas directement adressé au Chef de la brigade de Sûreté pour lui demander les dix hommes? A quoi bon passer par la première Division, puis par cette cascade de notes d'un service à l'autre? Ce n'est pas toujours ainsi que cela se passe dans la pratique.

Oui, nous n'hésitons pas à le dire, un commissaire de police qui s'adresserait directement à la Sûreté ne serait pas blâmé, et très probablement le Chef de la brigade de Sûreté mettrait des hommes à sa disposition; mais il n'agirait pas hiérarchiquement et, en fait, il lui est presque toujours impossible de s'affranchir de cet intermédiaire.

En effet, tout d'abord il n'agirait pas hiérarchiquement, car le Chef de la Sûreté, étant le subordonné du Chef de la Police Municipale, peut parfaitement ne pas vouloir disposer de ses hommes sans un ordre de ce dernier. Il pourra répondre au commissaire du quartier : — Je n'ai plus d'hommes disponibles sous la main, ils sont en expédition, et M. le Chef de la Police Municipale ne m'a pas prévenu de votre désir, cas auquel j'aurais réservé des agents pour vous.

En second lieu, nous disons qu'il est parfois impossible au commissaire d'agir autrement ; car, remarquons que le commissaire de police d'un quartier envoie toutes ses procédures à la première Division, et, dans la pratique, la note par laquelle il demande des agents de la Sûreté n'est que le corollaire, l'annexe même du procès-verbal qu'il aura dressé, relatant, dans le cas présent, les déclarations des maraîchers volés.

En effet, ces notes demandant des agents suivent ou accompagnent les procès-verbaux des déclarations des volés, et la première Division, saisie du tout, fait le nécessaire. Le commissaire de police se conforme donc à la fois à la hiérarchie et aux règlements, en faisant passer sa demande par la première Division, qui transmet, d'une part, les procès-verbaux au parquet, et, d'autre part, la note à la Police Municipale.

Voilà donc une espèce très simple, très commune, qui démontre la lenteur, la multiplicité, en même temps, des rouages à faire mouvoir dans un cas journalier.

Si le commissaire de police du quartier avait eu, dès le matin même, à neuf heures, sous sa propre main, non pas dix agents en bourgeois, mais trois, mais quatre au plus, pour faire la surveillance, messieurs les roulottiers n'auraient pas été le lendemain opérer librement à Grenelle ou aux Batignolles : ils eussent été capturés le matin même.

Et si, au lieu de n'ouvrir qu'à neuf heures, le commissariat avait été doublé d'une permanence pour la nuit, les maraîchers se seraient présentés à six ou à sept heures du matin, c'est-à-dire à l'heure où

le vol à la roulotte bat son plein, et les malfaiteurs
eussent été pris la main dans le sac.

On est allé chercher la pompe à vapeur pour
éteindre l'incendie. Que n'a-t-on eu le seau d'eau, le
simple seau d'eau sous la main? C'eût été tout de
suite fini.

Est-ce clair?

CHAPITRE XVII

Les Cambrioleurs

Comment ils opèrent pour dévaliser les chambres inhabitées, pendant le jour. — Les recéleurs, associés obligatoires des cambrioleurs, qu'ils exploitent à leur tour. — Comment s'opèrent les échanges et les ventes. — Les casseurs de portes. — Leur façon d'opérer. — La pince-monseigneur et son usage pour désarticuler les fermetures des boutiques. — La banlieue de Paris. — Marquelet.

Arrivons à la deuxième espèce de vols indiqués dans notre énumération : vols avec effraction non commis sur la voie publique, puis vols avec effraction commis sur la voie publique.

Les voleurs qui ne reculent pas devant l'effraction sont les plus dangereux. Ces malfaiteurs sont les vrais criminels de profession, ceux que n'arrêterait pas le meurtre à commettre pour terminer leur œuvre ou assurer leur fuite.

Les types de ces genres de voleurs sont les *cambrioleurs*, pour les vols avec effraction non commis sur la voie publique et exécutés, le plus souvent, pendant le jour, et les *casseurs de portes* (autrement dits *voleurs à la casse*), pour les vols commis sur la voie publique et presque toujours pendant la nuit.

Voyons de quelle manière la police, dans son organisation actuelle à Paris, peut s'y prendre pour découvrir et arrêter ces malfaiteurs.

Les *cambrioleurs* sont des malfaiteurs de profession, ayant tous passés par les maisons centrales, et qui s'associent par bandes de dix, quinze, vingt, jusqu'à cinquante, pour dévaliser les chambres qui restent inhabitées pendant le jour. Il y a dans les quartiers populeux, dans le troisième et le quatrième arrondissement (Temple et Hôtel-de-Ville), par exemple, beaucoup de personnes qui partent le matin de fort bonne heure pour se rendre à leur travail. Elles donnent un tour de clef à leur porte et filent en toute hâte. Dans les rues de Rambuteau, Beaubourg, du Temple, Quincampoix, des Vieilles-Haudriettes, les étages élevés sont tous occupés ainsi par des employés de maisons de commerce, ordinairement célibataires, qui, l'heure venue, quittent leur domicile pour n'y rentrer que le soir. La chambre reste donc inhabitée tout le jour. Elle renferme les effets du locataire, cela va sans dire, et aussi ses bijoux et ses économies, ce qui n'est point rare, car Paris est aussi bien la ville de l'épargne que la ville de la dépense.

Le cambrioleur connaît merveilleusement tous ces quartiers. Sous des prétextes quelconques, il visite la maison, guette les habitudes des locataires, s'assure que, durant toute l'après-midi, le quatrième étage, par exemple, reste absolument vide, puis il se met en campagne.

C'est très simple. Il monte doucement l'escalier, sans se presser, ayant revêtu d'ordinaire la blouse du maçon ou du fumiste, un sac d'outils à l'épaule. Arrivé devant la porte de la chambre, vite un coup de crochet dans la serrure, qui est rarement fermée avec une clef de sûreté. Si elle résiste, une barre de fer longue de trente centimètres, amincie en ciseau au bout, est insérée entre la serrure et le chambranle de la porte ; une pesée, un craquement, et le pène cède. C'est fait. La *pince-monseigneur*, dont parlent si souvent les nouvelles diverses, n'est pas autre chose que cette tige de fer amincie du bout, très résistante, et faisant office de levier. Au fond, ce n'est pas

autre chose que le ciseau à froid avec lequel nous
déclouons les caisses d'emballage, en faisant levier
sur la partie fixe de la caisse pour soulever le cou-
vercle, partie mobile. Avec la pince-monseigneur,
la partie fixe, c'est le chambranle de la porte, et la
partie mobile, c'est le vantail qu'il s'agit de détacher
au point où le clou entre, c'est-à-dire où est la serrure. L'opération est des plus simples et, comme
les voleurs ne craignent pas les dégâts, elle est très
rapidement faite. Un craquement, et c'est tout. Encore
construit-on si légèrement à Paris que le craquement
ne fait guère plus de bruit que le clou qui s'arrache
de la partie inférieure de la caisse d'emballage.

A peine dedans, le cambrioleur jette son sac
d'outils à terre, près de la cheminée. Si, par aventure, on venait à entrer, il dirait qu'il est envoyé
pour faire une réparation à la cheminée ou au carre-
lage. Puis il se livre au « barbotage » rapide des
effets. Vite la montre, la bague; voici un petit
meuble, un coup de ciseau; c'est bien là qu'est le
magot; enlevez, ça y est ! Et il redescend, toujours
avec le bon air placide de l'ouvrier pas pressé, son
sac à l'épaule, qui vient de travailler pour le compte
du propriétaire.

Le coup fait ou les coups faits, car le combrioleur
qui connaît la partie dévalise trois ou quatre chambres dans son après-midi, il s'agit de se débarrasser
de son butin. Quatre montres, six bagues, trois
paires de boucles d'oreilles, un paquet de dentelles
cinq obligations de la Ville de Paris, il faut se dé
faire de tout cela. C'est là le difficile, et c'est là aussi
le côté important à connaître. Il faut, en effet, avoir des
recéleurs. Sans recéleurs pas de voleurs, dit un vieux
dicton parfaitement juste. Eh ! bien, c'est ici que l'as-
sociation des cambrioleurs entre eux joue son rôle.

A l'état isolé, le cambrioleur pourrait bien voler,
il ne pourrait pas se défaire de son butin. Comment
aller vendre soi-même — et cela tous les jours —

quatre montres, six bagues, etc., etc. En admettant qu'un bijoutier lui achète une montre un jour, il ne lui en achètéra pas quatre. Et le lendemain, il faudra chercher un autre bijoutier, et encore et toujours de nouveaux bijoutiers. Ce n'est pas possible; le cambrioleur serait pincé au bout de deux jours. Donc, il faut un recéleur, c'est-à-dire un acheteur affilié qui se charge d'écouler la marchandise avec un fort bénéfice pour lui, mais à ses risques et périls.

Or, ce recéleur, cet acheteur affilié, ne peut pas acheter tous les produits volés. S'il achète les montres, il n'a pas l'écoulement des dentelles; s'il prend les dentelles, il ne pourra se charger des obligations.

Donc, deuxième conséquence : il faut plusienrs recéleurs, c'est-à-dire plusieurs acheteurs affiliés, ayant chacun la charge d'écouler les marchandises de diverses catégories, celui-ci les bijoux, celui-là les objets de toilette, le troisième les valeurs, etc.

Or, les cambrioleurs, eux, ont volé toutes ces espèces d'objets pêle-mêle. Le triage s'opèrera plus facilement entre eux, chacun devant porter à chaque espèce de recéleur les objets volés qui concernent sa partie. De là des échanges qui s'opèrent de deux manières.

Première manière. — Le matin, de très bonne heure, à la rentrée des expéditions (car il faut attendre le retour des *casseurs de portes*, qui n'opèrent que la nuit), les affiliés de la Cambriole se donnent rendez-vous par dix, par douze, par quinze, à un point déterminé : four à plâtre à Gentilly, excavation aux carrières d'Amérique, embranchement de caniveau, à Clichy — ou plus près, cabaret de la place Maubert, de la rue des Anglais ou arrière-boutique de marchand de vin aux Halles, — et là, ils échangent entre eux le butin; ils font troc pour troc. Ces deux-ci prennent les montres, ces deux-là les bagues et pendants, ces autres les objets de toilette, et ils se char-

gent, chacun dans sa partie, de porter les objets à
des recéleurs qui ne font que tels et tels achats, parce
qu'ils en ont l'écoulement. Ainsi les montres seront
toutes vendues au père Luisant (1), qui en a le débit,
dans les maisons de tolérance de Belgique ; les bagues au *Chéri-Loupeur*, dit *Vieille-Graine*, qui les
brise et les vend au poids, en Suisse ; les dentelles, à
la maman Gustave, dite mère *Larme-à-l'Œil* (2), qui
les recède à des marchandes à la toilette, pour le plus
grand agrément des demoiselles du quartier Bréda,
dont elles orneront les jupes bouillonnées.

Ce sont toujours les mêmes cambrioleurs qui portent, dans cette façon d'opérer, les objets aux recéleurs. Ces derniers ne sont en relation qu'avec peu
de personnes, et ils ne quittent pas la boutique.

Deuxième manière. — Les recéleurs sont plus actifs que dans la première. Ils se rendent eux-mêmes
au point de rencontre des cambrioleurs, et là, ils
assistent au triage. Collègues dans le crime, ils font
le marché tout comme à l'Hôtel des Ventes et maintiennent les prix très bas. Si, de plus, le recéleur en
montres a reçu une indication pour telle espèce de
bagues, il peut faire son emplette, séance tenante. Il
y a là un échange de bons offices mutuels entre recéleurs, et ils n'hésitent pas à payer le moins qu'ils
peuvent les cambrioleurs. On a vu des cambrioleurs
« volés » si manifestement par les recéleurs qu'ils
sont venus eux-mêmes les dénoncer par vengeance.

Afin de ne pas faire double emploi, parlons tout
de suite des *casseurs de portes* ou *voleurs à la casse*.
C'est pour employer le mot d'un ancien Chef de la

---

(1) Vieux recéleur de la rue des Anglais, mort au bagne, en
1879, et qui exerça l'industrie du recel pendant plus de vingt
ans.

(2) La mère *Larme-à-l'Œil*, née Coralie Mégin, dont les journaux ont souvent parlé, est morte à Saint-Lazare, il y a quelques années. Elle avait exercé, pendant trente ans, le recel,
sous les dehors les plus honorables.

Sûreté, la grosse cavalerie du vol. Le cambrioleur prend quelques précautions, le casseur de portes n'en prend guère. Il est brutal dans ses opérations, sans art, parce qu'il est décidé à tout. Le couteau et le revolver accompagnent dans sa poche la pince-monseigneur. Le casseur de portes n'opère jamais seul, il a toujours un ou deux ou trois camarades. Ils se mettent en campagne vers deux heures du matin et vont dévaliser les boutiques de fruitiers, de marchands de vin, de marchands de tabac, dans les rues désertes ou dans les quartiers excentriques.

La banlieue de Paris est leur champ ordinaire d'opérations. Neuilly, par exemple, a été dévasté, il y a trois ans, par les casseurs de portes. Le bandit du nom de Marquelet, qui blessa d'un coup de revolver le courageux M. Vérillon, commissaire de police de Neuilly, était un casseur de portes. Il avait dévalisé la veille un bureau de tabac, et quelques semaines avant, il avait assassiné une vieille aubergiste de l'Isle-Adam, qui refusait de lui donner son argent. Il habitait à Paris, un bouge du boulevard Rochechouart, et opérait de préférence en banlieue.

Les casseurs de portes profitent d'une circonstance que tout le monde connaît. Il est rare, au moins dans certains quartiers de Paris, que les marchands logent dans le local même où est installée leur boutique. Ainsi, nombre de fruitiers, de marchands de vin ont leur appartement particulier soit au cinquième étage de la maison, soit parfois dans une autre rue. Une fois close, la boutique est donc seule et il est facile de faire main basse sur la recette et les objets pouvant être facilement transportés.

Les casseurs de portes se mettent au courant de ces particularités, bien faciles à connaître. On n'a qu'à aller boire un soir, au moment de la fermeture. On voit si le patron fait ses préparatifs de départ, s'il emporte sa caisse, s'il remet ses habits du jour pour rentrer chez lui. On note les points où il accroche telle ou telle clef, le tiroir où il place celle de la cave. D'un coup d'œil cela est vu, et souvent les casseurs de portes simulent l'ivresse afin de détourner tout soupçon. Avec cette bonhomie confiante qu'on témoigne à Paris pour les pochards, rien n'est plus commode.

La nuit venue, les trois camarades avancent vers la porte. Tout est silencieux aux environs, pas un bruit dans le lointain. Un d'eux fait le guet et les deux autres « travaillent ». Si la devanture est fermée avec des volets tenus par une barre longitudinale, rien de plus simple. En deux coups de ciseau on désemboîte chaque bout de la barre, en creusant davantage le trou où elle plonge dans le mur, et on troue le pan du volet au point où s'emmanche la cheville que l'on fait sauter en la frappant d'un coup sec en dessous. C'est l'affaire d'un instant. Reste la porte. C'est plus dur, parce que les verrous la maintiennent en haut et en bas, car la serrure ne compte pas. Il faut faire trois pesées avec la pince : l'une en haut, près de l'imposte, au point où pénètre la targette ; l'autre en bas, ce qui est facile, en creusant la pierre ; puis on fait voler les deux ventaux au moyen d'une violente pesée au centre. Tout se détraque, mais ça fait du bruit. Aussi les casseurs de portes ne peuvent-ils opérer que là où ne loge pas le patron. Pendant ce temps, le guetteur a l'œil de tous les côtés. S'il voit une ronde de gardiens de la paix en uniforme, vite, il donne un signal convenu et tous déguerpissent. Si, au contraire, le guetteur voit un bourgeois qui regagne son domicile, il simule l'ivresse et en festonnant il se dirige du côté du passant. Celui-ci, qui ne veut pas avoir d'affaire avec un ivrogne, prend le large et gagne l'autre trottoir ; quelquefois même, il enfile une rue latérale. Le tour est joué.

Les casseurs de portes s'attaquent également aux maisons de campagne qui restent sans gardiens et aux petits hôtels des boulevards de Passy et d'Auteuil où, durant trois mois, il n'y a souvent qu'un domestique, qui s'absente de temps en temps. On épie le domestique, on le débauche même et on profite de la nuit pour pénétrer dans la maison. Avec quelques dégâts à la porte ou à une fenêtre, l'effraction est consommée.

Quand il s'agit d'hôtels particuliers, dans les quartiers aristocratiques ou dans la banlieue, les casseurs de portes font main basse sur tout ce qu'ils trouvent. Ils ont parfois des voitures à bras, dissimulées dans le voisinage, pour emporter le butin. Si quelqu'un les dérange dans leur opération, ils n'hésitent guère, un coup de couteau est vite donné. Aussi, avec de pareils bandits ne doit-on pas avoir une minute d'appréhension, il faut leur décharger le revolver au visage, sans aucun souci de ce qui peut advenir.

Les casseurs de portes, leur besogne accomplie, ont également recours aux recéleurs. Le triage que nous avons indiqué comme nécessaire aux cambrioleurs, leur est bien plus nécessaire, car les espèces d'objets volés sont plus nombreuses. Donc, c'est encore par la voie du troc (première manière) ou d'achats directs (seconde manière) que la vente des objets a lieu. Tantôt l'opération se fait sur un point, tantôt sur un autre, mais dans tous les cas, il y a un lieu fixe et déterminé pour tel ou tel jour où il y a rencontre, échange, marché.

C'est ce point qu'il est essentiel de découvrir pour la police, car le flagrant délit est bien difficile à surprendre. Comment la police cherche-t-elle et découvre-t-elle, dans l'état actuel de l'organisation, ce point de rencontre de l'échange? Est-elle outillée pour cela, ou bien le hasard la sert-elle uniquement, à défaut du flagrant délit? C'est ce que nous allons examiner, maintenant que nous connaissons les deux catégories de voleurs, leurs habitudes et les nécessités de la profession.

CHAPITRE XVIII

La recherche des cambrioleurs et casseurs de portes

Inconvénients du défaut de permanence du service des commissariats. — Chances de découverte des complices variant suivant les heures. — Les pérégrinations d'un volé. — Visite tardive des agents. — La police de banlieue mieux constituée que celle de Paris pour la capture des malfaiteurs. — Les arrestations dans « le tas ». — Le service des gardiens de la paix en bourgeois, progrès réel. — Les brigades mobiles sous les ordres directs du commissaire de quartier, voie indiquée du progrès.

Maintenant que nous connaissons les habitudes des cambrioleurs, leurs façons de procéder et les nécessités de leur profession, examinons de quelles ressources dispose la police dans son organisation actuelle, à Paris, pour les découvrir et les capturer.

Le cambrioleur opérant dans les maisons, il est bien clair que les agents de police ne peuvent pas le saisir en flagrant délit d'effraction, puisque les agents restent sur la voie publique. Donc, le cambrioleur ne sera arrêté, en état de flagrant délit, que par les voisins, attirés par le bruit ou le surprenant par hasard en train de dévaliser la chambre inhabitée. On s'empare de l'homme, on appelle un gardien de la paix qui l'arrête, ou bien, séance tenante, ce qui n'est pas rare, les voisins le conduisent eux-mêmes chez le commissaire de police — Remarquons, en passant, que les citoyens, agissant eux-mêmes pour leur sécurité, vont droit au commissa-

riat de police et jamais au poste, tellement le
commissaire personnifie à leurs yeux la police,
tellement ils le considèrent comme un homme d'action, ce qui devrait être, et non comme un homme
de plume, ce qui est.

Supposons que notre cambrioleur ait été arrêté
ainsi, par les voisins, dans la journée, de neuf heures
du matin à cinq heures du soir. Rien de mieux : on
trouve le commissaire de police à son bureau, il
interroge l'homme et il obtient ou n'obtient pas ses
aveux. Ne compliquons rien, suivant notre méthode :
le cambrioleur avoue. Quel aveu le commissaire a-t-il
intérêt à en tirer ? Pas d'autre que celui-ci : l'indication de l'endroit où les affiliés du cambrioleur doivent aller le lendemain matin, ou dans la nuit, porter,
trier et échanger leur butin. Tout va bien dans ce
cas. Le commissaire de police qui, comme nous le
savons, n'a pas un seul agent sous ses ordres, écrit
à la Préfecture pour demander des hommes de la
Sûreté, qui le lendemain matin devront l'accompagner au lieu indiqué, où toute la bande pourra être
capturée avec leur aide.

Mais immédiatement la question d'heure se pose.
Si le cambrioleur a été arrêté dans la matinée, ou
même avant deux heures de l'après-midi, par exemple, les agents de la Sûreté pourront être commandés en temps utile par le Chef de la Police Municipale. Mais si, au contraire, c'est vers quatre heures
que l'arrestation a eu lieu, eh ! bien, en suivant la
filière réglementaire que nous avons indiquée dans
un précédent article et même en l'abrégeant par une
demande d'agents faite directement au Chef de la
Sûreté, il y a bien des chances pour que les hommes
de la brigade ne puissent être commandés en temps
opportun. Le lendemain matin ou la nuit, le commissaire de police, dépourvu des forces nécessaires, ne
pourra faire sa descente au lieu de rendez-vous des
malfaiteurs. Et, alors, qu'arrivera-t-il ? C'est que

ceux-ci, ne voyant pas revenir leur camarade, comprendront qu'il est pincé, décamperont au plus vite et s'assigneront un rendez-vous sur un autre point, inconnu du capturé et par suite du commissaire, qui ne trouvera plus rien au nid, quand enfin, il aura obtenu ses agents.

Et si le cambrioleur est amené de cinq heures à huit heures? Alors, on ne trouve que le garçon de bureau au commissariat. Il faudra consigner le voleur au violon du poste jusqu'à huit heures, pour le conduire peut-être près de l'*alternant*.

Or, on ne peut demander commodément, pendant la nuit, des agents de la Sûreté à la Police Municipale. Le plus ordinairement, le commissaire attendra, par suite, au lendemain, et le lendemain, nous avons dit pourquoi, il sera trop tard. Les affiliés auront fait une nouvelle élection de domicile, dès qu'ils auront constaté l'absence de leur complice.

Que si c'est après dix heures du soir que le cambrioleur est arrêté, c'est pis encore, puisqu'il faudra le déposer pendant onze heures consécutives au poste. Ce n'est que le lendemain matin, à neuf heures, qu'on le conduira devant le commissaire, et alors, il sera absolument trop tard. Plus rien de possible comme opération d'ensemble. Il y aura beau temps que les oiseaux seront envolés. C'est à peine si on pourra arrêter un ou deux complices dont le capturé voudra bien donner le domicile, en admettant, chose bien rare, que ces gens aient jamais un domicile certain.

Eh! bien, tous ces mécomptes disparaîtraient, tous ces inconvénients n'existeraient pas, si le commissaire de police, au lieu d'être un magistrat nu, était un magistrat pourvu d'agents de la Sûreté placés immédiatement sous sa main, même en petit nombre, et si, de plus, il y avait une permanence de police, ne fût-elle exercée que par un seul commissaire de police dans chaque arrondissement, durant la nuit. Alors, tout devient aisé et rapide. A quelque heure qu'un cambrioleur soit amené, soit au début, soit au milieu, soit à la fin de la journée ou de la nuit, ses aveux deviennent utiles et ils commandent l'action instantanée du magistrat. C'est à quatre heures du matin que le partage des dépouilles a lieu, dans un coin sombre des carrières d'Amérique? Le commissaire prend quatre hommes de la Sûreté, les siens, ceux qu'il a toujours sous sa main; il requiert en route deux gardiens de la paix, pour faire sentinelle aux abords, et toute la bande est forcée au gîte. Plus de lettres à la Préfecture de Police provoquant des cascades de notes, mais l'action rapide, sûre, efficace. Le lendemain matin, il n'y aura plus qu'une écriture à faire à la Préfecture, celle de l'écrou de ces vauriens au Dépôt.

Qu'on remarque bien que ceci n'est pas une invention de réformateur ni une nouveauté. Cela se fait tous les jours, mais pas à Paris, — dans la banlieue. Les commissaires de police des communes de la banlieue, plus heureux que ceux de Paris, ont le commandement des agents. Suivant l'importance de leur circonscription, ils ont douze, quinze, vingt sergents de ville sous leurs ordres. Eh! bien, ils opèrent avec beaucoup plus de célérité qu'à Paris. Nous pourrions citer une quantité d'exemples de rapidité dans l'exécution d'opérations de force. Dans l'ordre d'idées qui nous occupe, nous nous bornerons à rappeler qu'il y a cinq ans, le commissaire de police de Clichy (1), ayant appris, à huit heures du soir, de la bouche d'un cambrioleur arrêté, que ses complices devaient se réunir à minuit dans une excavation à laquelle on ne parvenait qu'en se traînant à quatre pattes le long d'un caniveau, put capturer toute la bande. Accompagné du brigadier et de deux sergents de ville qu'il

____

(1) M. Guénin, actuellement commissaire de police du quartier de la Chaussée-d'Antin.

fit habiller en bourgeois, il rampa le long de ce conduit et, le revolver au poing, sauta au milieu de la bande qui, stupéfaite de cette irruption, se rendit au commissaire dont l'attitude la terrifia. Le coup était audacieux, imprudent même, tenté par un homme moins énergique. La soudaineté de l'attaque paralysa la défense.

Si ce commissaire eût été à Paris, il n'aurait pu agir avec cette rapidité, car il n'aurait pas eu d'agents sous la main, et il n'eût pu en faire venir de la Sûreté, de huit heures du soir à minuit. L'opération n'eût pas été exécutée, car le lendemain c'est sur un autre point que le rendez-vous des cambrioleurs aurait eu lieu.

Donc, ce ne sont pas des innovations, c'est-à-dire des choses toujours incertaines, que nous préconisons, mais bien l'application à Paris de ce qui se passe ailleurs et y réussit à merveille.

Supposons maintenant que le cambrioleur n'ait pas été arrêté en état de flagrant délit par les voisins. Il a dévalisé la chambre à loisir, et le soir, le locataire qui rentre s'aperçoit qu'on lui a tout dérobé, argent, bijoux, valeurs. Vite, il court chez le commissaire de police de son quartier. Il n'est pas tard, il n'est que neuf heures et demie, le volé vient de quitter son magasin. La lanterne rouge est allumée, c'est ici. Il demande avec instance à parler au commissaire en personne, pour un fait grave, pour un vol. On lui répond que M. le Commissaire de police n'est pas de service ce soir. C'est l'*alternant*. Qu'est-ce que cet alternant, et où le trouve-t-on ? Dans l'autre quartier, à vingt-cinq minutes d'ici. L'infortuné garçon court à perdre haleine. Il arrive. Toujours la lanterne rouge allumée. Il est dix heures cinq minutes. Il frappe, rien. Il refrappe, rien. Enfin, la concierge de la maison lui explique qu'à Paris, de dix heures du soir à neuf heures du matin, on ne trouve plus de commissaire de police à un bureau quelconque. Notre volé ne peut en croire ses oreilles. Mais il y a le poste ; là, du moins, il trouvera des gardiens de la paix à qui parler. Il entre. Le brigadier l'écoute et lui dit :

— Passez demain matin au commissariat, à neuf heures, et vous conterez votre affaire au commissaire.

— Mais vous, vous ne pouvez rien faire pour moi ?

— Moi, non ; je vais prendre note du vol commis chez vous, je vais écrire cela sur mon rapport de la nuit, mais je ne puis vous aider en quoi que ce soit.

— Et votre officier de paix ?

— Pas davantage, ça n'est pas son affaire. Prenez patience, mon garçon, et revenez demain à neuf heures, chez le commissaire. Seulement, n'allez pas chez celui d'où vous venez, mais chez l'autre, le premier où vous vous étiez rendu.

Le volé commence à trouver qu'il est vraiment difficile de parler à un commissaire de police à Paris. Il rentre chez lui, dort mal, et le lendemain vole au commissariat, dès neuf heures du matin.

Le commissaire l'écoute avec soin, consigne méticuleusement ses déclarations sur un procès-verbal. La chose faite, dûment signée, le magistrat renvoie le plaignant en lui disant : « La Sûreté va être informée et elle cherchera votre voleur. Restez tranquille maintenant. C'est fini pour vous. »

Le procès-verbal est envoyé au 1er bureau de la 1re division, sous la rubrique : Procès-verbal contre inconnu. Il y en a, de cette nature, environ cinquante par jour à Paris. Comme rien ne presse, une note au Chef de la Police Municipale est calligraphiée tranquillement par un sous-ordre. Elle est renvoyée à la Sûreté par le Chef de la Police Municipale, en compagnie d'une trentaine d'autres. Enfin, au bout de quarante-huit heures, un agent de la Sûreté, chargé de trois ou quatre enquêtes analogues dans le quartier,

arrive chez le volé. Il demande à voir les fractures de
la serrure. Le plus souvent, il est impossible de les
lui montrer, attendu que le volé s'est hâté de faire
réparer les montants et placer une serrure neuve.
L'agent prend note des bijoux dérobés, de la somme
d'argent volée, et recueille auprès de la concierge des
renseignements sur les gens qui sont montés dans la
maison le jour du vol.

Le plus souvent, on ne parvient à lui fournir que
des renseignements vagues ; néanmoins, tel homme
en blouse, comme ceci, comme cela, est signalé. Il
avait un sac d'outils sur l'épaule et personne dans la
maison n'a eu besoin de réparations. C'est évidemment le voleur. Mais où est-il ? Il n'est pas sans
exemple que cet individu suspect ait bu toute la soirée dans un débit de vin voisin. On l'y a vu, on aurait
pu l'y arrêter deux heures après le vol. Mais maintenant, sa recherche est impraticable. Si le commissaire avait été là avec des agents, c'eût été chose
faite. Mais il était plus de dix heures !

Comment la police parvient-elle à mettre la main,
cependant, sur tel et tel individu, qui est plus tard
reconnu comme l'auteur, resté longtemps ignoré, de
certains vols ? C'est parce que cet individu tombe
sous sa main par suite d'autres circonstances. Alors,
il est dénoncé par ses complices, comme ayant
commis antérieurement tel vol. La capture et la
poursuite de ce chef sont nées de circonstances imprévues, étrangères à l'affaire et souvent engendrées
par le hasard. Il y a un mot bien expressif à la Sûreté,
pour désigner ces coups de hasard. Les agents
disent : « Nous l'avons cherché longtemps, puis un
« beau jour, il a été arrêté *dans le tas. — « Le tas !* »
Quelle expression significative pour exprimer que ce
n'est plus une arrestation méditée, mais le résultat
d'un coup de filet. Heureusement, ces coups de filet
sont souvent donnés, et avec un réel bonheur,
par la brigade de Sûreté, dans des bouges infects

où on arrête par *tas* les bandits des deux sexes.

Pour les casseurs de portes, qui opèrent la nuit et qui commettent les effractions, non plus dans l'intérieur des habitations, mais sur la voie publique, le flagrant délit est assez fréquemment constaté. Il arrive souvent, très souvent, que les casseurs de portes sont empoignés, au moment même où ils fracturent les devantures. Mais par qui sont-ils arrêtés ? Par le service des gardiens de la paix en bourgeois. Nous avons déjà dit ce qu'est ce service, création excellente due à M. le Chef actuel de la Police Municipale et qui lui fait le plus grand honneur. Ce sont des gardiens de la paix de l'arrondissement même, notons-le bien, qui, la nuit venue, se mettent en vêtements civils défraîchis et parcourent l'arrondissement. Il n'y en a que trois par arrondissement ; ce n'est pas assez. Ces hommes connaissent à merveille les lieux où ils opèrent. Pendant leur temps de service en tenue, ils ont, dans le calme de la promenade quotidienne autour des îlots, observé à loisir chaque ruelle, examiné chaque coin de maison, chaque mur, sondé chaque refuge sombre où un homme peut se dissimuler. L'arrondissement, ils en connaissent tous les méandres, toutes les sinuosités, toutes les cachettes.

La nuit venue, la canne à la main, la pipe à la bouche, ils marchent à cinquante mètres l'un de l'autre, prêts à se joindre au premier cri. Dans l'ombre, ils s'effacent, et si des gens suspects s'arrêtent devant une devanture, eux se blotissent dans un coin, observant en silence. Aussi, il n'y a pas de nuit où trois, quatre arrestations de casseurs de portes n'aient lieu en flagrant délit. Au moment où la pince-monseigneur et le rossignol font leur œuvre, les trois agents bondissent, et leur lourde main s'abat sur le col des bandits.

Voilà de la bonne, de l'excellente besogne. Qu'on veuille bien nous dire par qui elle est accomplie. Par des agents de l'arrondissement, faisant le service en bourgeois, c'est-à-dire par des hommes qui connaissent à merveille le quartier, parce qu'ils y vivent, parce qu'ils y marchent et y observent tout le jour.

Cette création du service des gardiens de la paix en bourgeois est le plus grand progrès, nous serions tenté de dire le seul, accompli depuis dix ans, par la police parisienne. C'est le premier essai dans la voie que nous indiquons. Pour faire de nouveaux progrès, il faudra s'inspirer de cette idée qu'à la masse compacte des agents, il importe de substituer l'ordre dispersé, avec des hommes connaissant dans la perfection les quartiers où ils opèrent. Vous pouvez envoyer vingt hommes de la Sûreté en rondes de nuit à la Villette, qu'ils ne connaissent pas, ils feront évidemment moins de besogne que les trois gardiens de la paix en bourgeois de cet arrondissement, qui en ont sondé des journées entières toutes les impasses, toutes les ruelles, tous les recoins. Paris n'est pas une ville, c'est vingt villes, et vous voulez que la brigade de la Sûreté, massée au quai de l'Horloge, connaisse ces vingt villes? C'est impossible. Et quand Paris aura quatre millions d'habitants au lieu de trois millions, vous pensez qu'il suffira d'augmenter la Sûreté de quelques hommes pour satisfaire aux nouveaux besoins? C'est une erreur. Il faut modifier la tactique de la police, en même temps que son organisation.

Le flagrant délit est donc, nous le répétons, très souvent constaté en ce qui concerne les casseurs de portes. S'il n'est pas constaté, alors le volé passe par les mêmes épreuves décrites plus haut, au sujet du vol par les cambrioleurs : plainte au commissaire du quartier, envoi du procès-verbal à la première Division, puis mise en œuvre tardive de la Sûreté, arrivée d'un agent qui visite les lieux — puis à la grâce du hasard!

La conclusion est qu'il faut, autant que possible, multiplier les possibilités de l'arrestation en flagrant délit. Pour cela, il est indispensable que le service des gardiens de la paix en bourgeois soit plus nombreux. Aujourd'hui, il n'y a que trois gardiens de la paix faisant le service de nuit en bourgeois, par arrondissement. Il en faudrait dix, quinze, vingt, le plus possible. Quel intérêt y a-t-il à ce que les gardiens soient en tenue la nuit dans les quartiers excentriques? Est-ce pour que les malfaiteurs les voient mieux? Les gardiens en tenue se promènent, deux par deux, la nuit, faisant résonner le pavé de leur pas cadencé. On les entend de deux cents mètres. Que peuvent-ils faire dans de pareilles conditions, sinon ramasser quelque ivrogne attardé ou empêcher les rixes de souteneurs qui se battent entre eux? Mais, quant au flagrant délit de vol, d'attaques nocturnes, il leur est très difficile de le surprendre, attendu qu'ils se dénoncent eux-mêmes à longue portée.

La création de ce service de gardiens en bourgeois a donc été un progrès considérable. Il importe de l'étendre, car il répond bien aux nécessités de l'ordre public à Paris. La police doit être faite par des agents connaissant à merveille leur terrain d'opérations, et non par des hommes qu'on envoie un jour à la Villette, le lendemain à Montparnasse, le surlendemain à Ménilmontant, et qui ne sont familiers ni avec la population du quartier, ni avec les rues. Si ces agents en bourgeois, empruntés aux gardiens de la paix de l'arrondissement, étaient au nombre de six seulement par quartier, mis sous la main immédiate et les ordres directs de chaque commissaire de police, on aurait réalisé un progrès incomparable. Là sera, un jour ou l'autre, le véritable sens de la réorganisation de la police à Paris, en ce qui concerne l'unité tactique. La force des choses imposera ce système, si l'initiative d'un Préfet, ne craignant pas d'être maître chez lui, ne le crée pas de toutes pièces. Celui-là sera un grand Préfet.

CHAPITRE XIX

Les grands Crimes

Les diverses faces du problème : Victime dont l'identité est
connue. — Victime dont l'identité est inconnue. — Assassin
connu et à trouver. — Assassin inconnu et à chercher. —
Toutes ces recherches confiées à un service unique, celui de
la Sûreté opérant indistinctement dans tous les quartiers. —
Difficultés des recherches dans de pareilles conditions. —
Exemples à l'appui. — Des agents de la Sûreté attachés à
chaque commissariat et opérant au milieu d'une population
et d'un quartier connus ne les rencontreraient pas. —
Exemples à l'appui de cette organisation et avantages
qu'elle présenterait. — La brigade des garnis devrait être
rattachée à la Sûreté. — L'ordre dispersé, en matière de
recherches de police, devrait être substitué à l'ordre compact.

Terminons cette série des espèces les plus caractéristiques, en matière de crimes et délits, en ren-
dant compte de la manière dont la police parisienne
opère, dans l'état actuel de son organisation, pour
découvrir l'auteur ou les auteurs de ces crimes
retentissants qui mettent de temps en temps la capitale en émoi.

On a trouvé un homme assassiné chez lui ou les
débris d'une femme coupée en morceaux dispersés
sur la voie publique. Les deux hypothèses sont tout
à fait différentes. Dans le premier cas, la victime
est connue; dans le second, l'identité de la victime
est à rechercher tout d'abord. Simple dans la première espèce, le problème est double dans la
seconde.

Prenons d'abord le premier cas, celui où la victime est connue : c'est le marchand de vin de la rue de la Gaieté ; c'est encore, si l'on veut, l'infortuné pharmacien de la place Beauveau, assassiné par Walder. La victime étant connue, le premier soin est de faire les constatations, c'est-à-dire de fixer dans un procès-verbal authentique, dressé par le commissaire de police du quartier, le plus souvent en présence du Procureur de la République, la position du corps, la présence de tels ou tels objets dans la salle du meurtre ou dans l'appartement de la victime, de préciser les inclinaisons des blessures, de vérifier l'état des portes ou cloisons, en un mot, de reconstituer idéalement la scène du crime à l'aide des choses matérielles. Remarquons qu'une photographie bien exécutée, sur l'heure, serait le plus précis et le plus exact des procès-verbaux. On n'y songe jamais, et c'est ordinairement le lendemain ou le surlendemain, après que le corps a été dérangé, que la voiture photographique de la Préfecture se rend sur les lieux. Cette voiture n'a pas d'attelage. Il faut requérir des chevaux à la Compagnie des Omnibus, ce qui est une perte de temps. Quelquefois même, on ne photographie le cadavre que sur la dalle de la Morgue.

Ceci fait, il importe de connaître les habitudes de la victime, ses relations, ses tenants, sa vie privée, ses inimitiés, ses intérêts domestiques, son passé, ses plus récentes préoccupations. Ce travail est commencé par le commissaire de police du quartier, mais, comme il n'a pas d'agents (car on en revient toujours là), c'est la Sûreté qui prend en main l'affaire. Il serait plus logique, cependant, que le commissaire de police du quartier où vivait la victime continuât les recherches, mais, dans l'état actuel de l'organisation, cela est impossible. Si, au contraire, ce magistrat avait à sa disposition constante trois ou quatre agents de la Sûreté, qui finiraient par connaître tous les gens du quartier et surtout tous les gredins, il lui serait commode, avec leur concours, immédiat, de poser ses hypothèses de recherches et de les suivre sans désemparer.

Au lieu de cela, c'est le service de Sûreté qui suit l'affaire, comme l'on dit. « Suivre l'affaire » veut dire la recommencer. En effet, les agents que l'on expédie de la Préfecture ne connaissent pas le quartier et ils sont obligés d'interroger une foule de gens qu'ils voient pour la première fois, et qui disent plus ou moins bien les choses. En un mot, ils se livrent à une enquête sur « tout l'environ du crime », suivant le mot très exact d'un vieil agent. Les hommes de la Sûreté opéreraient à Bourges, au lieu d'opérer dans le 14e arrondissement, par exemple, qu'ils ne s'y prendraient pas autrement. Ils marchent sur un terrain inexploré.

Cette enquête, si le Chef de la Sûreté qui la dirige n'est pas un homme de coup d'œil, sachant d'un simple détail inférer une déduction d'ensemble, connaissant la vie, fureteur et philosophe à la fois, cette enquête durera plusieurs jours. Les agents, avec grand soin, avec sagacité, nous le reconnaissons, battront le quartier, bâtiront des hypothèses, suivront des pistes, mais tout cela c'est du temps perdu pour eux et gagné pour le malfaiteur.

Les agents de la Sûreté, et quelques-uns ont des qualités de premier ordre, nous rappellent dans ces recherches les chasseurs bourgeois qui explorent en troupe tout un pays, à dix lieues à la ronde, sans parvenir à lever un lièvre. Le soir, exténués, honteux, ils rencontrent un vieux paysan qui connaît tous les coins de la région et à qui ils se plaignent de n'avoir pas trouvé de gibier. Pas de gibier! mes bons messieurs; mais, tenez, voyez donc ce petit bois, il y a un lièvre depuis ce matin. Je l'y ai vu entrer, bien sûr, il n'en est pas sorti. Pas de gibier! Mais traversez donc un peu ce champ de luzerne, il

— y a une compagnie de perdrix. Je les ai entendues ce matin piailler. — Et nos chasseurs vont au petit bois et débusquent en trois enjambées le lièvre; ils traversent la luzerne, et la compagnie de perdrix s'envole devant eux à grand bruit d'ailes. Pas de gibier! Il y en a toujours pour le paysan braconnier, parce qu'il connaît le terrain de longue date et que, d'un bout à l'autre de l'année, il guette le poil et la plume.

Il en va de même pour la police. Un crime se commet à Montparnasse, un assassinat est perpétré à la Villette ou à Charonne, vite les chasseurs partent guêtrés du quai de l'Horloge, et ce sont les mêmes qui vont, indistinctement, à Moutparnasse, à la Villette, aux Batignolles, tout comme ils iraient à Belleville ou à Ménilmontant. Et ils ne trouvent pas toujours le gibier! Mais il faudrait, vraiment, être sorcier pour mettre du premier coup la main dessus dans ces conditions. Ils ne connaissent pas le pays! Tandis que les agents qui, toute l'année, parcourraient le même quartier et y vivraient, sauraient à merveille le gîte de la bête, parce qu'ils l'auraient vue grandir, aller, venir, se dissimuler, se terrer.

Ces agents joueraient le rôle du vieux paysan dont nul ne se méfie et qui sait, à un oisillon près, le nombre des bêtes à plumes du pays, c'est-à-dire, dans l'espèce, le contingent du gibier de potence dans le quartier.

Aussi n'hésitons-nous pas à dire qu'il faut à ces agents de la Sûreté qui opèrent tantôt ici, tantôt là, beaucoup plus de sagacité qu'il n'y aurait lieu d'en avoir s'ils avaient vécu au milieu même de la population où le méfait a été commis. Si les assassins ne se livraient pas quelquefois eux-mêmes par leur étourderie (cette étourderie tend à diminuer) ou si le hasard ne se mettait heureusement de la partie, les arrestations seraient encore moins nombreuses. Et on avouera qu'elles commencent à se raréfier. Eh!

bien, il ne faut pas hésiter à dire que cette malechance est beaucoup moins imputable aux hommes
qu'à une mauvaise organisation. Avec les mêmes
hommes, affectés à des surveillances restreintes,
mais continues, dans le même quartier, sous la
direction même du commissaire, on arriverait
bien plus sûrement aux captures, car on connaîtrait
de longue date les gredins et leurs gîtes. Vous avez
beau prendre un brigadier de la Sûreté intelligent,
cet homme, nous le répétons, n'est pas un sorcier.
Quand il est envoyé dans un quartier, il faut d'abord
qu'il l'étudie. Le temps qu'il passe à cette étude de
topographie morale est un temps dont bénéficie
l'assassin.

Que d'exemples nous pourrions donner à l'appui
de cette opinion. En veut-on un bien caractéristique?
Il y a un an environ, un vieil employé de l'Assistance
publique, M. Maton, était trouvé pendu dans son
petit logement de la rue de Rambuteau. Pendu ! Il s'est
pendu, dit le commissaire. La concierge, cependant,
insiste. La Sûreté s'occupe de la chose. Enquête, on
s'informe ; après avoir interrogé les gens du quartier
tout comme ils auraient interrogé des gens de Car-
pentras, les agents envoyés du quai de l'Horloge
concluent de même : Il s'est pendu. Quelques jours
après arrive un parent de M. Maton, vieux Picard
qui connaissait la vie du petit employé. Pendu, sui-
cidé, mon cousin ! jamais de la vie. Il était bien trop
tranquille et honnête pour cela. Le bonhomme s'informe, retrouve des amis de M. Maton dans le quartier, bref, fait, lui, son enquête. On reprend l'affaire
et finalement on découvre la vérité, à savoir que, riche
et avare, M. Maton avait été vu d'une fenêtre d'en
face par un assassin, nouveau style, qui avait combiné
son plan, et, après avoir dévalisé M. Maton, l'avait
assassiné par strangulation. Des agents qui eussent
bien connu le quartier ne seraient pas tombés dans
une erreur pareille, erreur bien pardonnable chez

des hommes qu'on expédie de la Préfecture pour
voir clair dans les dessous d'une population qu'ils ne
connaissent pas.

Avez-vous remarqué combien aisément, dans les
petites localités de province, on trouve les assassins,
quand ils sont du pays. Pourquoi? Parce que tout le
monde se connaît, qu'on sait sur le bout du doigt les
affaires de chacun, ses intérêts, ses inimitiés, et
aussi qu'on tient à l'œil tous les gredins de la con-
trée. Chacun des habitants devient agent de police.
La vérité germe dans toutes les cervelles à la fois.
Eh bien! à Paris, il faudrait se rapprocher, pour les
investigations de police, de ce morcellement par
quartier qui serait très propice aux découvertes dans
la grande majorité des cas.

, Voici une observation qui corroborera encore tout
ce qui précède : il arrive fréquemment que les muni-
cipalités des grandes villes demandent à la Préfecture de police des agents de la Sûreté pour se livrer
à des investigations. Tantôt ce sont des incendies
qui éclatent par série dans une région, tantôt ce sont
des vols dont les auteurs restent inconnus. Eh! bien,
la Préfecture de police, avec infiniment de bon sens,
refuse, presque toujours, d'envoyer ces agents hors
de Paris, et elle fait remarquer aux autorités locales
que les hommes de la Sûreté leur seraient inutiles,
« car ils ne connaissent pas le pays ». Or, nous le
demandons, à Paris n'en est-il pas de même? Croit-on
que certains quartiers ne soient pas tout aussi inconnus aux agents du quai de l'Horloge que le seraient
Poitiers ou Saint-Brieuc? Suffit-il d'avoir un agenda
des rues dans sa poche pour manœuvrer avec utilité
et certitude dans certains coins de la grande ville,
aussi perdus que ceux d'une ville de province pour
ceux qui n'y vivent pas?

Autre espèce, toujours dans la même hypothèse,
d'une victime dont l'identité est connue : c'est le cas
où l'assassin est également connu, mais en fuite. Il

faut le découvrir. C'est le cas, par exemple, de Walder, le commis assassin de la place Beauveau.

Dans ces espèces, deux précautions sont à prendre : empêcher l'assassin de sortir de France et le découvrir. Or, il n'est pas commode d'arrêter un assassin à la frontière, depuis la suppression du passeport. On traverse la ligne séparative de deux Etats, sans que personne vous dise rien. Il s'est introduit des habitudes nouvelles, fort agréables à coup sûr pour les voyageurs honnêtes, qui n'ont plus à justifier de leur identité, mais encore bien plus agréables pour les assassins, qui passent haut la tête comme les plus honnêtes gens. Donc, à cet égard, les garanties d'exécution des mandats de justice sont bien compromises par les règlements nouveaux.

La seconde précaution est de s'informer aussitôt du logement de l'assassin. Ici encore, il existe à la Préfecture de police une lacune singulière. Le service des garnis, nous l'avons expliqué à son heure, est distinct du service de la Sûreté. Il est fermé à cinq heures, comme un bureau d'hypothèques. Passé cette heure, le Chef de la Sûreté ne peut plus avoir son renseignement vite et commodément. Finalement, si l'affaire ne lui paraît pas d'une urgence absolue, il prend le parti de patienter jusqu'à neuf heures du matin. Certes, les assassins ne sont pas toujours dans leur logement, attendant la police, mais presque toujours, cependant, ils y reviennent à un moment ou l'autre, surtout s'ils pensent ne pas être trop tôt découverts. Abandonner son logement, remarquons-le, c'est se trahir, c'est se dénoncer. L'assassin qui croit avoir bien pris ses précautions ne s'en va pas tout de suite. Il attend pour savoir si les soupçons se portent sur lui. C'est alors qu'il file. Il est établi, paraît-il, que Walder a couché dans sa chambre, la nuit qui a suivi le crime, et qu'il y a séjourné encore assez avant dans la matinée du lendemain. Or, le bureau des garnis était fermé quand il y aurait eu un intérêt pressant à connaître la maison meublée où il logeait. Quand enfin, on a connu son adresse, il avait décampé depuis quelques heures à peine. Ces faits sont de notoriété publique. Ils ont fait l'objet de réclamations répétées de la part du Chef de la Sûreté de l'époque et de son successeur. Eh ! bien, malgré cela, le service des garnis continue à être indépendant de la brigade de Sûreté.

Voyons maintenant le cas d'un crime où victime et assassin sont également inconnus. Des débris humains sont trouvés dans un quartier, informes, sans signes caractéristiques. La brigade de Sûreté se met en quête. On expédie dans le quartier trois ou quatre agents parmi les plus habiles, c'est-à-dire les plus déductifs, si le mot est français. Or, ces hommes sont obligés de faire un apprentissage aussitôt. Ce quartier dont ils sont chargés de découvrir les secrets, ils l'ignorent. La victime inconnue est une personne qui a disparu subitement. Que d'incertitudes dans ces investigations au milieu d'une population qu'ils ne connaissent pas. Au contraire, quelles facilités rencontrerait un service de Sûreté fonctionnant dans le quartier depuis longtemps. Le commissaire de police du quartier, qu'on néglige trop, dont on fait presque uniquement un greffier, serait le véritable instrument de découverte, s'il avait des agents sous ses ordres. En veut-on un exemple bien caractéristique ? car rien n'est probant comme un fait. Tout le monde se rappelle cet assassin du nom de Prévost, qui tua deux personnes et successivement les coupa en morceaux. La première fois, c'était sa maîtresse, la dame Blanchard ; la seconde fois, un courtier en bijoux nommé Lenepveu.

Eh ! bien, lorsque la disparition de la dame Blanchard eut été signalée par des parents, la Sûreté fut chargée de faire une enquête. Elle interrogea Prévost, se contenta de ses réponses, et les choses en restèrent là. On le crut sur parole, car les agents ne

savaient pas quel homme c'était. Au contraire, au
second assassinat commis par ce bandit, ce fut le
commissaire de police du quartier de la Chapelle (1)
qui se chargea, séance tenante, de l'enquête — en
attendant la Sûreté — et le lendemain même, rien
que sur le signalement de l'homme qui avait été vu
avec un panier sous le bras, jetant des morceaux de
chair dans les bouches d'égout, il arrêtait Prévost. Il
l'avait reconnu, d'après la description qui lui avait
été faite de sa taille, de sa démarche, de sa coupe de
barbe. Et pourquoi l'avait-il si vite reconnu? Eh!
tout simplement, parce qu'il le connaissait déjà
comme habitant du quartier, condition que n'eût
remplie aucun agent de la brigade de la Sûreté.

Dans des crimes de cette importance, il faudrait
que tous ces petits services de la Sûreté, ainsi créés
dans les quartiers, fussent mis en mouvement, au
lieu de trois ou quatre agents qui, en dernière analyse, restent chargés des investigations, et qui, finalement, les abandonnent, quand ils voient qu'ils ne
trouvent rien. Or, ce n'est pas seulement trois ou
quatre hommes qu'il faudrait investir de ce soin : il
serait de toute utilité d'avoir un réseau de surveillance permanente, continue, dans tous les quartiers
de Paris, car le meurtrier peut se trouver aussi bien
sur un point de la capitale que sur un autre. Si les
quatre-vingts quartiers avaient leur service particulier de Sûreté fonctionnant sans cesse, ce ne
serait plus seulement trois paires d'yeux qui cher-
cheraient.

Cette distribution des forces de la police n'empê-
cherait point de fonctionner le service central de la
Sûreté, qui renforcerait les autres, au même titre
que les brigades centrales renforcent, le cas échéant,
les brigades d'arrondissement. Mais, du moins, on ne

---

(1) M. Lefébure, actuellement commissaire de police du
quartier Saint-Avoye.

procéderait plus par à-coups, et on ne marcherait pas dans les ténèbres et sur un terrain nouveau. On trouverait partout des éclaireurs et des guides, dans ces vingt villes distinctes qui constituent la grande cité parisienne.

On objectera peut-être que ce serait morceler les forces de police. C'est là une erreur. On ne morcelle pas un régiment, parce qu'on combat en ordre dispersé, au lieu de combattre en ordre compact. Mais il faut un commandement très énergique, unique, ne relevant que d'un maître. Or, ce maître, à notre avis, doit être l'Etat, et l'Etat seul; nous développerons, dans le chapitre suivant, les raisons pour lesquelles nous réclamons la direction de l'Etat, en matière de police parisienne.

CHAPITRE XX

L'Etat et la Police parisienne

Nécessité du rattachement à l'Etat de la police parisienne. —
Pourquoi, sans ce rattachement, les réformes seront bien
difficiles.

L'Etat, avons-nous dit, en terminant notre dernier
chapitre, devrait être le maître, le seul maître de la
police à Paris. Les raisons en sont multiples et nous
tomberions dans des redites, nous ressasserions des
idées connues, si nous nous bornions à fonder notre
opinion sur des considérations politiques. Paris,
siège des pouvoirs publics, doit être gardé, protégé,
défendu par une police dont l'Etat est le maître, et
non par une police mise à la discrétion de cette
assemblée mobile, perpétuellement agitée, comme
l'aiguille d'une boussole, qu'on appelle le Conseil
municipal. Voilà la raison politique. Elle est archi-
connue et ne peut plus être discutée.

Mais nous nous placerons à un autre point de vue.
Nous disons qu'il ne s'accomplira jamais de progrès
dans l'organisation de la police parisienne, tant
qu'elle ne sera pas absolument aux mains de l'Etat;
nous disons que les deux raisons principales pour
lesquelles, depuis dix ans, il ne s'est pas tenté même
une amélioration dans le service de la police, c'est,
d'une part, que les Préfets hésitent à rien innover,
à cause des discussions que la moindre modification
soulèverait au sein de l'assemblée communale, et,

d'autre part, qu'ils ne veulent pas entamer cette masse énorme, compacte, de forces de police qui s'appelle la Police Municipale, laquelle ils considèrent comme une division militaire garantissant la sûreté publique à Paris.

Nous, au contraire, nous disons : Il faut soustraire la police aux fantaisies du Conseil municipal de Paris, la dégager des craintes perpétuelles qui paralysent ses chefs, la fortifier dans ses origines, la garantir contre les discussions incessantes, ne lui donner qu'un maître, le Préfet de police, agent responsable devant le gouvernement seul, ne devant des comptes qu'au ministre de l'intérieur seul, et n'étant pas mis dans cette alternative ou d'être énergique et toujours attaqué, ou d'être mou et sans caractère, sous couleur de diplomatie, pour éviter les attaques et obtenir le silence de la presse ennemie de la police.

Dans ces conditions, on pourra réorganiser sans danger la police parisienne, et, au lieu de la laisser constituée à l'état de lourde armée chargée de garantir la *sûreté publique*, la transformer en troupes légères, mobiles, pouvant garantir la *sécurité des particuliers* — ce qu'elle est impuissante à faire aujourd'hui.

Nous disons que, sous la main de l'Etat, la centralisation s'opérera naturellement par la hiérarchie, tandis qu'aujourd'hui, elle n'existe que par le fait d'un groupement épais dans la main d'un seul homme, qui n'est même pas le Préfet, mais le Chef de la Police Municipale, qui commande en bloc toutes les forces de la police, ne laissant au Préfet que le soin de se débrouiller avec le Conseil municipal.

Nous disons encore que le jour où, par malheur, le Conseil municipal mettrait la main sur la police parisienne, il ne songerait nullement à l'améliorer, mais, au contraire, à rendre plus énorme encore, plus dense, cette armée d'agents, qu'il songerait à employer à tout autre chose qu'à chasser les voleurs.

Donc, l'Etat seul peut, sans péril, innover dans l'organisation de la police. Ces innovations s'imposent, car, si les choses restent telles qu'elles sont aujourd'hui, nous aurons bientôt dix mille hommes de police, une armée d'agents, et nous n'aurons pas, en réalité, une police parisienne; et plus Paris s'agrandira, plus cet état de choses deviendra visiblement défectueux, car la concentration rendra l'action impraticable.

Eclairons ces idées générales, bien familières à coup sûr aux hommes compétents, par une étude particulière, celle du corps des gardiens de la paix. Nous disons que ce corps est une armée, une troupe militaire, et qu'il ne constitue pas un organisme de police. En un mot, le gardien de la paix en tenue ne se préoccupe pas assez du voleur, de l'escarpe, de l'assassin. Certes, s'il se jette dans ses bras, comme, tout récemment, celui de la rue Boissy-d'Anglas, il ne le lâche pas; mais il ne le poursuit pas — il l'attend; s'il le rencontre, il ne le cherche pas.

Entrons dans le détail.

CHAPITRE XXI

Le Service des Gardiens de la paix

L'officier de paix. — La situation vis-à-vis du Commissaire de
police. — Son indépendance, qui en fait l'agent exclusif du
Chef de la Police Municipale. — Le service des îlots. — Le
gardien de la paix et les filles publiques. — Trop de fami-
liarité. — La rareté des gardiens de la paix dans certains
quartiers. — Nécessité de multiplier les plantons. — Le
service des plantons et des voitures. — Comparaison avec
la police de Londres. — Inertie ou hostilité du public à l'é-
gard des agents de l'autorité. — Exemples.

Les gardiens de la paix forment, par chaque arrondissement, une compagnie de 300 hommes environ.
Cette compagnie s'appelle la brigade. Il y a 20 brigades d'arrondissements. Chacune est commandée
par un officier de paix, qui en est le capitaine. Il en
porte les insignes au képi : trois galons. Trois brigadiers en sont les lieutenants. Bien qu'ils aient sur la
manche les insignes des maréchaux des logis chefs,
ils ont les deux galons d'argent au képi. Sous leurs
ordres sont 24 sous-brigadiers avec un galon unique.
Le cadre de chaque brigade est donc de 28 gradés.

L'officier de paix intrigue toujours beaucoup les
Parisiens; quelques-uns le prennent encore, en dépit
de son uniforme, pour le Commissaire de police du
quartier. Cette erreur est fréquente. Cependant, il n'y
a entre l'officier de paix et le commissaire aucun
rapport de subordination. Les officiers de paix sont

choisis, après un concours qui ne manque pas de difficultés, parmi les secrétaires des commissariats de police. Ce concours est le même, soit pour devenir commissaire de police dans la banlieue de Paris, soit pour être nommé officier de paix. Sont de préférence nommés officiers de paix, les secrétaires de bonne tournure et de constitution robuste.

Une fois officier de paix, l'ex-secrétaire du commissaire de police semble appartenir à une tout autre administration que celle des commissariats. Les officiers de paix ne relèvent plus que du Chef de la Police Municipale, avec lequel, seul, ils communiquent, qu'ils vont voir chaque jour au rapport, revêtus de leur uniforme, et à qui ils adressent toutes leurs communications. Ils n'ont pas de relations directes avec le Préfet de police, qui ne leur donne pas d'ordres personnels. C'est le Chef de la Police Municipale qui est leur colonel.

A l'égard de l'officier de paix, le commissaire de police se borne à exercer le droit de réquisition, quand il a besoin d'hommes. En un mot, l'officier de paix est, vis-à-vis du commissaire de police, dans la position d'un officier de gendarmerie, qui ne met ses hommes à la disposition du magistrat que sur réquisition.

Nous avons expliqué déjà l'organisation du corps des gardiens de la paix. Nous voudrions maintenant exposer le fonctionnement du service. Que fait le gardien de la paix sur la voie publique?

Reportons-nous aux règlements. L'article 56 de l'arrêté du 14 avril 1856, modifié à la suite du décret du 10 juin 1871, porte :

« Les gardiens de la paix devront, pendant tout le temps de leur service, parcourir sans discontinuer l'îlot auquel ils sont attachés. Ils feront ce parcours dans le sens et dans l'espace de temps qui aura été déterminé.

« Ils ne pourront s'arrêter pour causer, soit entre

eux, soit avec des particuliers, si ce n'est pour les besoins du service.

« *Toute conversation avec les filles publiques leur est particulièrement interdite.*

« Pendant le service de nuit, les gardiens de la paix de ronde se tiendront : l'un, d'un côté ; le second, de l'autre côté de la rue ; ils ne causeront pas, et mettront toute leur attention à la surveillance dont ils sont chargés. »

Ajoutons, comme complément, les articles 57, 58 et 59, qui nous permettront ensuite d'apprécier le rôle de ces agents sur la voie publique :

« Art. 57. — Chaque gardien de la paix *devra s'atta-cher à connaître les habitants de son îlot,* afin de pouvoir protéger d'une manière utile leurs personnes et leurs propriétés.

« Art. 58. — Pendant la durée de son service, il surveillera avec soin toute personne inconnue, dont la conduite et les allures lui paraîtront suspectes, de manière à *prévenir* tous crimes et délits contre la chose publique, contre les personnes et les biens des particuliers.

« Il devra également veiller à l'exécution des lois et règlements de police, et notamment, de ceux qui ont pour objet la liberté et la sûreté de la voie publique et la salubrité.

« Art. 59. — Les gardiens de la paix devront connaître parfaitement toutes les rues, places, passages, impasses, etc., de la division à laquelle ils sont attachés. »

Quelle admirable chose que les règlements, et comme ils prévoient bien tout ce qu'il faudrait faire....., et qu'on ne fait pas. Comme cela est bien pensé : « Toute conversation avec les filles publiques leur est particulièrement interdite. » Voilà un excellent article, et qui n'a qu'un défaut : celui de rester lettre morte.

Le gardien de la paix parcourt donc sans cesse,

« sans discontinuer » (comme il est écrit), l'îlot auquel il est attaché. Il le surveille. Si un incident se produit sur sa route, il le relève, le note, se met à la disposition du particulier qui a besoin de lui, qui le requiert de lui prêter assistance. Mais il n'est pas rare de chercher longtemps un gardien de la paix avant de le rencontrer. Aussi y a-t-il un dicton qui court les rues de Paris : « On ne trouve jamais un gardien de la paix, quand on en a besoin. » Il y a du vrai dans ce reproche. Le gardien étant toujours en marche, cela devient une vraie chance de *se rencontrer* sur son passage. Il serait de beaucoup préférable de multiplier le nombre des gardiens fixes, c'est-à-dire des plantons, car du moins on serait toujours sûr de trouver un agent à un endroit connu. Ces plantons surveilleraient aisément un rayon de cent mètres à droite et à gauche. Le public saurait où « trouver un agent », fortune qui devient un problème dans certaines rues.

Nous connaissons divers quartiers, notamment ceux d'Auteuil, de Passy, de la plaine Monceau, le quartier Marbœuf, le quartier des grandes avenues du bois de Boulogne, d'Iéna, de Wagram, de l'Alma, du Trocadéro, où on ne voit presque jamais un gardien de la paix. Quand on a besoin d'un agent dans ces parages, il faut aller au poste, qui est souvent situé à une grande distance.

Afin de donner au lecteur une idée de cette division des quartiers par îlots, nous allons énumérer les îlots composant le Faubourg-Montmartre et les îlots formant le quartier des Champs-Élysées. Ce sont les deux quartiers les plus connus des Parisiens.

Le quartier du Faubourg-Montmartre se compose de 16 îlots, desservis chacun par un gardien de la paix durant le jour.

Ilot n° 1. — Rue de Provence, rue Le Peletier, boulevard des Italiens, rue Laffitte.

Ilot n°.2. — Rue de Provence, rue Drouot, boulevard des Italiens, rue Le Peletier.

Ilot n° 3. — Rue du Faubourg-Montmartre, rue Le Peletier, rue de Provence, rue Laffitte, rue Fléchier.

Ilot n° 4. — Rue de Châteaudun, rue du Faubourg-Montmartre, rue Drouot, rue de Provence, rue Le Peletier.

Ilot n° 5. — Rue Lamartine, rue Cadet, rue de Châteaudun, rue du Faubourg-Montmartre.

Ilot n° 6. — Rue de Châteaudun, rue Cadet, rue du Faubourg-Montmartre.

Ilot n° 7. — Rue du Faubourg-Montmartre, rue de la Grange-Batélière, rue Drouot.

Ilot n° 8. — Rue de la Grange-Batélière, rue du Faubourg-Montmartre, boulevard Montmartre, rue Drouot.

Ilot n° 9. — Rue Bergère, rue Rougemont, boulevard Poissonnière, rue du Faubourg-Montmartre.

Ilot n° 10. — Rue Bergère, rue du Faubourg-Poissonnière, boulevard Poissonnière, rue Rougemont.

Ilot n° 11. — Rue Richer, rue de Trévise, rue Bergère, rue du Faubourg-Montmartre.

Ilot n° 12. — Rue Richer, rue du Conservatoire, rue Bergère, rue de Trévise.

Ilot n° 13. — Rue Richer, rue du Faubourg-Poissonnière, rue Bergère, rue du Conservatoire.

Ilot n° 14. — Rue Bleue, rue du Faubourg-Poissonnière, rue Richer, rue de Trévise.

Ilot n° 15. — Rue Bleue, rue de Trévise, rue Richer, rue Cadet.

Ilot n° 16. — Rue Montholon, rue du Faubourg-Poissonnière, rue Bleue, rue Cadet.

Voici, d'ailleurs, le nombre des îlots par arrondissement :

1er arrondissement.	52 îlots	4e arrondissement.	56 îlots.
2e	— 54 —	5e	— 60 —
3e	— 52 —	6e	— 60 —

7e arrondissements.	54 îlots	14e arrondissement.	64 îlots
8e —	58 —	15e —	70 —
7e —	66 —	16e —	64 —
10e —	68 —	17e —	66 —
11e —	68 —	18e —	66 —
12e —	68 —	19e —	78 —
13e —	70 —	20e —	78 —

Soit un total de 1,212 îlots dans Paris.

A ce service des îlots, il faut joindre le service des plantons. Ceux-ci ne sont qu'au nombre de six, pour les seize îlots détaillés plus haut :

Carrefour de Maubeuge, un gardien de planton ;

Carrefour Drouot, un gardien de planton ;

Carrefour Richer, un gardien de planton ;

Carrefour Geoffroy-Marie, un gardien de planton ;

Boulevard Poissonnière, à l'angle du faubourg Montmartre, un gardien de planton ;

Boulevard Montmartre, en face du passage Jouffroy, un gardien de planton.

Ces plantons sont beaucoup trop rares. Au lieu de fairé parcourir la rue du Faubourg-Montmartre par huit tournées d'agents, quatre plantons fixes, échelonnés de cinquante mètres en cinquante mètres, surveilleraient plus aisément toute cette voie, et le public saurait au moins où les trouver.

La rue de Provence, qui n'a que le tiers environ de son étendue comprise dans le quartier du Faubourg-Montmartre, est parcourue par quatre tournées d'agents (1er, 2e, 3e, 4e îlots), et il est cependant très difficile d'y trouver un agent quand on le cherche. Deux plantons fixes, à cinquante mètres l'un de l'autre, placés dans cette portion de rue, rendraient plus de services, parce qu'on saurait où les prendre. Que, la nuit, des gardiens de la paix en bourgeois parcourent le quartier, rien de mieux. Mais, le jour, l'important est de savoir où trouver sûrement un agent.

Les Parisiens seront tous de cet avis. Où est le gardien de la paix ? Il faut pouvoir mettre la main dessus sans tarder, au lieu d'attendre que l'agent vous rencontre sur son passage. En résumé, il faut pouvoir trouver instantanément un agent; au lieu qu'aujourd'hui c'est l'agent qui vous trouve, qui vous rencontre par hasard, au cours de sa mélancolique promenade.

Dans le quartier des Champs-Elysées, cette observation est encore plus sensible. Ce quartier est divisé en douze îlots (1) et ne comprend que quatre plantons fixes :

Ilot n° 1. — Avenue des Champs-Elysées, avenue Marigny, avenue Gabriel, place de la Concorde.

Ilot n° 2. — Cours la Reine, avenue Est du Palais de l'Industrie, avenue des Champs-Elysées, place de la Concorde.

Ilot n° 3. — Avenue des Champs-Elysées, avenue Matignon, avenue Gabriel, avenue Marigny.

Ilot n° 4. — Avenue d'Antin, avenue des Champs-Elysées, avenue Est du Palais de l'Industrie, cours la Reine.

Ilot n° 5. — Cours la Reine, place François-Ier, rue François-Ier, avenue Montaigne, avenue d'Antin.

Ilot n° 6. — Rue François-Ier, cours la Reine, avenue Montaigne.

Ilot n° 7. — Rond-point des Champs-Elysées, avenue Montaigne, rue François-Ier, rue Pierre-Charron, avenue des Champs-Elysées.

Ilot n° 8. — Rue François-Ier, avenue Montaigne, avenue de l'Alma, rue Pierre-Charron.

Ilot n° 9. — Rue Pierre-Charron, avenue de l'Alma, avenue des Champs-Elysées.

Ilot n° 10. — Rue Bassano, rue Euler, avenue Marceau, rond-point de l'Etoile, avenue des Champs-Elysées.

---

(1) Cette nomenclature des îlots est empruntée, ainsi que la précédente, au document officiel publié par la Préfecture, sous le titre de : *Notes sur l'organisation des divers services municipaux de la Préfecture de police.*

Ilot n° 11. —Avenue de l'Alma, rue Pierre-Charron, avenue Marceau, rue Euler, rue Bassano, avenue des Champs-Elysées.

Ilot n° 12. — Place de l'Alma, avenue Marceau, rue Pierre-Charron, avenue de l'Alma.

En outre du service des îlots, il y a quatre plantons :

Pont de la Concorde...............	1 gardien.
Rond-point des Champs Elysées...	1 —
Pont des Invalides................	1 —
Chevaux de Marly.................	1 —

Ces plantons ne sont pas assez nombreux. Ils devraient être triplés, dans ce vaste quartier où il passe tant de monde. L'important, nous le répétons, c'est qu'on sache où trouver un agent, et non pas que celui-ci rencontre un particulier en peine, au cours de sa tournée. Donc, le planton fixe est de beaucoup préférable, pendant le jour, au gardien qui tourne « sans discontinuer » dans son îlot et qui une fois qu'il a parcouru une rue, n'y repasse plus que deux heures après.

Dans ces dernières semaines, la Préfecture de police a inauguré un système de plantons sur les grands boulevards pour régler la circulation des voitures, les arrêter au besoin, faciliter aux piétons la traversée des passages difficiles. Ce sont les gardiens de la paix de la brigade des voitures (5° brigade centrale) qui sont chargés de ce service, de concert avec les hommes de l'arrondissement. Ce service est copié sur celui de Londres, mais il ne lui ressemble que d'assez loin. A Londres, il suffit que le policeman lève le doigt pour que les cochers arrêtent instantanément leur voiture. C'est affaire d'éducation publique ; le peuple anglais est essentiellement respectueux de l'autorité. En France, on la gouaille volontiers, et toujours on la discute. Le cocher français s'arrête bien sans doute sur le signe de l'agent mais il ne manque jamais d'entrer en conversation avec lui : ce sont les voitures d'à côté qui obstruent la route, ce sont les camarades qui n'avancent pas assez vite, etc. De là, interpellation à l'agent, et ce qu'il y a de plus grave, c'est que notre gardien de la paix répond. Il s'ensuit d'inutiles colloques. Jamais chose pareille ne se produit à Londres. Un policeman n'entre pas en conversation avec un cocher. Celui-ci n'a qu'à obéir, et il obéit sans grogner.

D'autre part, il n'est pas douteux que notre agent français n'a pas la maestria du policeman anglais, qui est vraiment un maître des cérémonies sur la voie publique. La jugulaire au menton, ganté de blanc, le bracelet bleu et blanc, ou rouge et blanc (dans la cité), passé au poignet gauche de sa tunique, il a vraiment grand air. Notre gardien de la paix n'a point cette haute mine. Le képi sur l'oreille, sans gants (sauf le dimanche), sans insignes de service, il n'a pas ce prestige qui se dégage du représentant de l'autorité à Londres.

Ces nouveaux plantons sur la ligne des boulevards sont, eux, beaucoup trop nombreux. On en a placé sur tous les refuges sans exception. Lorsqu'il y a deux refuges face à face, il y a deux plantons, un sur chacun, alors que la vraie place du gardien devrait être entre les deux refuges, arrêtant les voitures, faisant évacuer les piétons réfugiés, puis se tenant à l'écart pour laisser couler la file, l'arrêtant de nouveau, lorsque les refuges sont garnis. Au lieu de cela, les gardiens restent perchés sur le refuge et ils ne se remuent pas dans l'entre-deux du refuge au trottoir. C'est un service mal compris. L'agent ne doit pas mettre les pieds sur le refuge. Sa place est sur la chaussée, au milieu, quand il arrête les voitures, à gauche ou à droite, près du trottoir, lorsque d'un geste balancé de la main il les fait défiler. Ceux qui ont vu manœuvrer le policeman de Londres nous comprendront à merveille.

Il y a encore un autre service des gardiens de la paix affectés aux voitures, celui-là bien difficile à justifier. C'est le service des gardiens de la paix pointeurs aux stations de fiacres. Que fait cet agent ? Uniquement prendre les numéros des voitures qui arrivent et des voitures qui chargent à la station. Qui le paye ? La Ville de Paris. Pour qui travaille-t-il ? A qui son pointage est-il profitable ? Aux Compagnies des voitures de place. La Préfecture de Police croit que, sans la présence de ce gardien, les cochers se battraient et se chamailleraient entre eux. Est-ce bien certain ? Les cochers choisissent tant d'occasions de passer leur mauvaise humeur sur les clients qu'entre eux ils sont débonnaires. En réalité, ce service est sans utilité pour le public, et, si les Compagnies veulent faire surveiller leur monde, qu'elles payent leurs surveillants. De ce chef, 525 gardiens de la paix, présentement affectés aux 175 stations, rentreraient dans le service actif. Quand on pense qu'il y a plus d'hommes de police employés au timbrage des feuilles de cochers qu'au service de Sûreté, — qui compte 300 agents, — on devient rêveur.

Ces services annexes immobilisent et inutilisent nombre de gardiens de la paix, alors qu'ils sont si difficiles à rencontrer sur la voie publique dans certains quartiers. Les marchés de détail, au nombre de 57, occupent :

.4 brigadiers,

4 sous-brigadiers,

40 gardiens de la paix.

Les marchés dont l'importance est exceptionnelle sont surveillés par les brigadiers et les sous-brigadiers ; les autres le sont par les simples gardiens.

Le service des abattoirs exige 3 sous-brigadiers et 23 gardiens de la paix.

Bien que nous soyons, en principe, très peu favorables à un ébranchement des services de la Préfecture de police, nous avouons que nous verrions sans regret ces services des marchés remis à la Préfecture de la Seine, et tous ces agents de police rendus à la voie publique qui en manque.

Cette dispersion des gardiens de la paix est telle que les *Notes sur l'organisation de la Préfecture de Police*, publication officielle, ne peuvent s'empêcher de terminer cette énumération des non-valeurs par cette remarque attristée : « Lorsque, au service des kiosques, des marchés, etc., etc., on ajoute les malades, les hommes en congé, les détachés pour services divers et les vacances d'emploi, il ne reste pour la surveillance des îlots « qu'un effectif restreint à ce « point, qu'on est obligé, dans certains quartiers, « de donner à un seul gardien, deux, trois et même « quatre îlots (1). »

Défaut général inhérent à ces hommes détachés à des services spéciaux : ils ne veulent plus s'occuper de police. « Ça n'est pas leur affaire, » disent-ils. Exemple : il y a très peu de temps, un jeune homme, mis avec distinction, portant sous le bras un stick à pomme d'or, descendait la rue du Faubourg-Saint-Honoré. Un voyou à cravate débraillée s'avance vers lui, lui arrache le stick et le brise en deux morceaux, qu'il lui jette à la figure — puis il prend la fuite. Le jeune homme, indigné, se précipite à sa poursuite ; l'autre file. L'un des plantons des voitures de la rue Royale, en face de la rue du Faubourg-Saint-Honoré, se trouve sur un refuge ; le jeune homme s'adresse à lui et le prie de l'aider à se saisir du voyou, qui lui faisait la nique de l'autre côté de la rue. Le gardien de la paix refuse. « Ça n'est pas mon affaire. » Ce refus étonne le requérant, qui insiste. Impassibilité absolue du gardien. Ce que voyant, un monsieur,

______

(1) *Notes sur l'organisation des divers services de la Préfecture de Police*, publiées chez de Mourgues, 1880.

officier de la Légion d'Honneur, s'approche du gardien de la paix et lui dit :

— Je suis le colonel L..., attaché à la maison du Président de la République ; comment refusez-vous de prêter main-forte à monsieur contre ce drôle qui, sans motif, vient de lui briser sa canne ?

— Mais, mon colonel, ça n'est pas mon affaire ; moi, je suis pour les voitures.

— Mais qu'est-ce que cela fait ? Êtes-vous gardien de la paix, oui ou non ?

— Je ne vous dis pas non, mais vous voulez donc que je me fasse révoquer ; puisque je vous dis que ça n'est pas mon affaire.

Le colonel L... n'insista pas. Du reste, il y avait beau temps qu'à la faveur de tous ces colloques le drôle était parti.

« Ça n'est pas mon affaire, » — voilà un mot que répètent trop souvent les gardiens de la paix. Quand on les requiert sur un trottoir et qu'il faut aller sur l'autre trottoir prêter main-forte, si la rue est séparative de deux arrondissements : « Ça n'est pas mon affaire. » Quand on se plaint de l'envahissement d'un quartier par les filles de mauvaise vie : « Ça n'est pas mon affaire, » c'est l'affaire des agents des mœurs. Mais « ça n'est pas non plus leur affaire » de bavarder avec ces demoiselles, et cependant l'ancien troupier joli-cœur reprend trop souvent le dessus en ces occasions.

En réalité, ce qui manque aux gardiens de la paix, c'est l'initiative sur la voie publique. Ils ne sont pas suffisamment actifs, suffisamment éveillés. La raison de cette inertie est double. La première est que le gardien de la paix craint les affaires et que s'il a le courage du soldat, s'il se jette avec une intrépidité admirable au devant du danger, à la tête d'un cheval emporté, au secours de qui est menacé d'un péril, il n'a pas le courage d'affronter un lazzi ou un mauvais propos tenu à son oreille. Il ne se sent pas suffisamment soutenu — et il s'abstient.

La seconde raison est que le gardien de la paix, isolé, ne se sent pas solide. Il est, avant tout, un soldat. Autant il est hardi, quand il marche avec les camarades, coude à coude, sous l'œil de l'officier de paix, autant il est désamparé, quand il est seul. Il n'est pas un homme de police, il est une unité dans une brigade.

Nous reviendrons sur cette seconde raison, qui nous fournira matière au prochain chapitre ; nous voudrions insister aujourd'hui sur la première, qui saute aux yeux. Nous disons que le gardien de la paix ne rencontre pas toujours dans la population parisienne l'appui auquel il a droit. S'il est souvent mou, hésitant, eh ! bien, la faute en est à nous-mêmes autant qu'à lui. Au lieu de prendre son parti, ou nous nous éloignons, ce qui est le propre des Parisiens de bonne éducation, ou nous faisons chorus avec les gens de la rue contre ce défenseur du bon ordre. Le gardien bat en retraite devant ce groupe où il ne rencontre qu'hostilité ou, ce qui est pis pour lui, moquerie et persiflage. Nul ne lui donne d'appui moral. Il est seul contre tous, depuis l'homme important qui le menace d'écrire aux journaux et de lui « donner de ses nouvelles », jusqu'au mitron qui, sa manne sur la tête, imite des cris d'animaux à l'arrière du groupe pour se venger de ne rien entendre. Le pauvre homme ne peut parler raison à personne. S'il est jeune et qu'il ait le sang chaud, il s'empare d'un des braillards qui l'entourent et le conduit au poste, ce qui met fin à l'affaire ; s'il est vieux et de sens rassis, il se retire en « marronant », suivant l'expression populaire. Dans l'un et l'autre cas, il se promet bien de ne plus s'exposer sans nécessité absolue à de pareils ennuis. Voilà tout le secret de cette inertie que nous avons remarquée parfois chez les gardiens de la paix, mais dont nous sommes, nous public, les premiers responsables.

Il y a vraiment dans le peuple de Paris, qui a pour-

tant des qualités de cœur excellentes, une réelle
absence de bon sens et d'esprit de justice, toutes les
fois qu'il se trouve en présence de ces modestes
représentants de l'autorité, quels qu'ils soient. Ce
n'est pas seulement, en effet, le gardien de la paix
qui n'est pas soutenu par la population, mais l'agent
quelconque, même l'inoffensif gardien de square. Il
y a peu de jours, nous avons été témoin d'une scène
bien caractéristique au square Montmartre.

Un Auvergnat commissionnaire, qui avait fait des
stations trop nombreuses chez les marchands de vin,
s'était assis sur un banc de ce jardin. Loquace comme
tous les ivrognes, tenace autant que bruyant dans ses
discours, il interpellait les promeneurs, les bonnes
d'enfants, les vieilles dames, et se balançait sur son
banc, sa médaille de commissionnaire ballante à sa
veste de velours, avec des gestes peu convenables.

Le gardien du square, ancien soldat, amputé d'un
bras, décoré de la médaille militaire, s'approcha de
lui et le pria d'aller cuver son vin dehors. Refus du
pochard, qui prit un ton menaçant, se raidit plein de
dignité, nia en bégayant qu'il fût ivre et déclara qu'il
ne sortirait pas du square. Le gardien le prit alors
par l'épaule et voulut le conduire hors de la grille.
L'autre s'arc-boute, se débat, crie; bref, la foule
s'assemble. Elle prend tout de suite parti pour
l'ivrogne. Se sentant encouragé, celui-ci s'adresse au
gardien et, d'un ton d'ironie suprême, lui dit : « De
quoi ! c'est-y parce que t'as une médaille su'le torse
que tu fais le malin? Eh ben ! et moi, j'en ai-t-y donc
pas une aussi de médaille? Malheur ! elle vaut bien
la tienne. » Et il accentue ses paroles, en montrant à
la foule sa plaque vert-de-grisée de commissionnaire
ambulant.

Le soldat amputé n'y tint plus. « Vous entendez,
« messieurs, dit-il, il prétend que sa médaille vaut
« ma médaille militaire. Vous voyez bien qu'il est
« ivre. »

Et la foule de répondre : « Oui ! oui ! il a raison ;
sa médaille vaut la vôtre. — Lâchez-le ! — Quel mal
fait-il ? — Il est soûl ; eh bien, après ? C'est son droit
à cet homme ! »

Le gardien du square, se sentant débordé, sortit
et alla requérir deux agents pour l'aider à mettre
dehors cet enragé. Quand ceux-ci arrivèrent, l'ivrogne,
soutenu par la foule, toujours indulgente aux pochards, était parti.

Il résulte de ces exemples que nous devons entourer de notre estime ces serviteurs de l'ordre public,
qui ne rencontrent le plus souvent autour d'eux
qu'ironie et mauvais vouloir. Si nous étions à leur
place, nous aurions probablement moins de courage
encore ; car enfin, ce n'est pas leur bien qu'ils défendent. Soyons-leur donc bienveillants, et, au milieu
des critiques que nous pouvons relever contre l'organisation de leur service, sachons faire la part des
difficultés de leur tâche. Ils affrontent sans sourciller
la mort : ils reculent devant une sotte plaisanterie.

CHAPITRE XXII

Le Gardien de la paix soldat

L armement. — Les brigades centrales. — Les gardiens de la
paix agissant par masses. — Les rassemblements tumul-
tueux. — Comment ils sont dispersés. — Trois méthodes. —
La méthode préventive favorable aux particuliers et dangereuse pour les Préfets énergiques. — « La louvoyante, » dé-
sastreuse pour les particuliers. — La méthode légale, la
seule qu'on n'emploie pas.

Le gardien de la paix est bien plutôt soldat
qu'agent de police. Son groupement par brigade,
c'est-à-dire par compagnie, son obéissance aux ordres,
non du commissaire de police, — un magistrat, — mais
de l'officier de paix, — un capitaine, — son armement et son équipement en font un militaire. Il est
encadré par des sous-officiers, les brigadiers et
sous-brigadiers.

L'arrêté du 14 avril 1856 (modifié d'après l'arrêté
présidentiel du 20 juin 1871), dans ses articles 44, 45,
46, 47 et 48, lui attribue d'ailleurs ce caractère militaire d'une manière indéniable. Ces articles sont, en
effet, ainsi conçus :

Art. 44. — Les brigadiers, sous-brigadiers et les
gardiens de la paix continueront à recevoir, en sus
de leur traitement, les effets d'habillement et d'équipement dont le détail suit :

Une capote, une tunique, un képi, un pantalon eu
drap bleu, un fusil Chassepot, un revolver, un ceinturon.

La durée de ces effets devra être telle que la dépense d'habillement à la charge de la Préfecture de police n'excède pas 12 fr. 49 par mois pour chaque homme.

On se conformera, pour tout ce qui concerne les fournitures d'habillement, à l'arrêté du 31 décembre 1857, qui organise à cet égard une comptabilité en la matière.

Art. 45. — L'ordre de service de chaque jour indiquera la tenue que devront porter les gardiens de la paix, de manière qu'elle soit uniforme dans toute la ville.

Art. 46. — Les officiers de paix attachés aux diverses Divisions (arrondissements), ceux des brigades centrales et celui chargé du service des voitures seront habituellement en uniforme.

Art. 47. — Les gardiens de la paix, sous-brigadiers et brigadiers devront entretenir en bon état leur uniforme, ainsi que leur équipement.

Les vêtements et objets d'équipement détériorés par négligence, seront réparés et pourront même être remplacés aux frais des contrevenants.

Art. 48. — Tout gardien de la paix, sous-brigadier ou brigadier qui quittera le service par démission, révocation ou autrement, sera tenu de restituer le ceinturon et le sabre-baïonnette qui lui auront été confiés. Il remettra également les boutons et autres insignes des vêtements laissés en sa possession.

Ce règlement établit donc bien le caractère militaire des brigades de gardiens de la paix. Les hommes n'ont pas les chassepots à leur disposition. Ces fusils sont emmagasinés dans l'arsenal de la Préfecture de police, mais chacun d'eux a bien effectivement son fusil, dont le matricule correspond à celui du sabre-baïonnette inscrit à la garde et au fourreau. Le cas échéant, les vingt brigades d'arrondissement pourraient être armées en très peu de temps. Les brigades centrales ont, au contraire, les

fusils au râtelier dans les grands postes de la Cité.
Les hommes qui montent la garde devant la Préfecture, et aux dépendances du quai de l'Horloge et du
quai des Orfèvres ont en main leur propre chassepot,
car ils appartiennent aux brigades centrales. Donc,
ces dernières brigades sont armées, conformément
à l'ordonnance; celles d'arrondissement ont leurs
fusils à l'arsenal, où un brigadier armurier est
chargé de les tenir en parfait état de conservation.
Cet arsenal est très bien aménagé, et il n'y a pas de
place de guerre où plus de soin soit porté à la
réserve de l'armement.

Ces hommes, qui ont presque tous été sous-officiers dans l'armée, manœuvrent à merveille. Chaque
matin, les postes de service prennent les armes pour
relever les camarades. Autant il nous a fallu constater de mollesse, d'inertie chez le gardien de la paix
faisant sur la voix publique un service de police, autant nous sommes disposés à reconnaître ses qualités, lorsqu'il se meut en troupe sous le commade-
ment de ses chefs. Alors, c'est un tout autre homme.
Il n'a plus peur, il se sent soutenu, il sait que la responsabilité de l'action appartient à ceux qui commandent, et il « donne » tout entier.

Les circonstances où les brigades agissent ainsi
comme des compagnies militaires sont assez rares.
Cependant, on en a vu plusieurs exemples durant
ces dernières années. Il y a quatre ans, sur l'esplanade des Invalides, deux mille hommes des gardiens
de la paix luttèrent, pendant quatre heures consécutives, contre des groupes révolutionnaires convoqués
à un meeting public d'ouvriers sans travail. Ce fut
le jour où Louise Michel, un drapeau noir à la main,
précéda une troupe de gens qui, après avoir pillé
une boulangerie du boulevard Saint-Germain, jetèrent
de-ci de-là les pains enlevés qui les embarrassaient.
Ce même jour, un mouvement, aperçu par le Préfet
de police lui-même du haut du toit du Ministère des

affaires étrangères, faillit amener une colonne de turbulents jusqu'au palais de l'Elysée. Mais le Préfet (1), ayant vu cette colonne s'engager sur le pont des Invalides, galopa jusqu'à l'avenue de Marigny, en passant par le pont de la Concorde, et put mettre en bataille la première brigade centrale (2) aidée de vingt-cinq cavaliers de la garde républicaine, qui dispersèrent ensemble la colonne, après en avoir rudement reçu le premier choc.

Dans toutes ces occasions, fort rares, le corps des gardiens de la paix fait preuve de ténacité et de vigueur. Jamais jusqu'à ce jour, on n'a eu à constater une reculade, une faiblesse. Ces hommes ne sont plus les mêmes. A l'agent languissant qui se promène dans nos rues, se substitue un soldat intrépide, bien mené par ses brigadiers et qui devient un adversaire redoutable avec lequel il ne fait pas bon se chamailler.

Deux méthodes sont pratiquées à la Préfecture de police dans ces circonstances. Les Préfets, suivant leur tempérament, adoptent l'une ou l'autre.

La première consiste à agir par grosses masses et à vider l'affaire en une seule fois. C'est celle qui a été employée, il y a quatre ans, aux Invalides, et il y a trois ans, sur la place de l'Opéra. Un mouvement populaire est annoncé. On fait prendre position aux brigades, deux heures avant, sur le point désigné comme rendez-vous. Ainsi, par exemple, la place de l'Opéra fut occupée, dès deux heures de

---

(1) Alors M. Camescasse, qui fut un Préfet de police éminent, et eut, comme mérite caractéristique, de savoir discerner des collaborateurs de premier ordre, au nombre desquels nous citerons le regretté M. Kuehn, Chef de la Sûreté, qu'il sut dénicher dans la foule des serviteurs modestes.

(2) Commandée par son énergique officier de paix, M. Belin de Ballu, aujourd'hui commissaire de police du quartier de Grenelle.

l'après-midi, par six cents gardiens de la paix, renforcés de cinquante cavaliers de la garde républicaine. A quatre heures, lorsque les trois ou quatre cents anarchistes arrivèrent, ils trouvèrent les agents en masses profondes. Ils n'osèrent entamer la lutte et se dispersèrent aussitôt. Une heure après, on pouvait retirer les brigades, et, si elles ne reçurent pas immédiatement l'ordre d'évacuer la place, c'est qu'on pouvait craindre, à la nuit, un mouvement offensif.

Ce procédé a l'avantage de couper court aux promenades des turbulents. Mais il faut être un Préfet énergique pour y recourir. En effet, le lendemain, on est certain de lire dans les journaux hostiles que « la police cherchait une journée », qu'elle a été « provocatrice » et que c'est elle « qui a fait l'émeute ». La preuve, ajoutent ces feuilles, c'est qu'il n'y a pas eu « une seule tentative » dirigée contre les agents. Il n'y a pas eu tentative, parce qu'il n'y avait pas possibilité de rien essayer : « Il n'y avait rien à faire. »

C'est la méthode préventive.

La seconde méthode est appelée à la Préfecture de police « la louvoyante ». Elle consiste à attendre qu'on ait défoncé quelques devantures, cassé quelques carreaux, pour intervenir. Alors, on expédie les agents par petits pelotons. On donne la chasse aux turbulents d'une rue à une autre; on arrête, par-ci par-là, quelques braillards, puis on rentre dans ses postes. Le lendemain, on revoit les colonnes se reformer dans d'autres rues, on attend encore que quelques dégâts se produisent et on réexpédie de petits paquets d'agents. Cela se reproduit trois, quatre, cinq jours de suite. Puis, comme il faut que tout ait une fin, personne ne sort plus de chez soi et on se congratule.

La « louvoyante », comme disent les vieux brigadiers, a été récemment employée contre les garçons de café, qui, chassés par la police, le premier jour, de la rue Saint-Honoré, ont recommencé à troubler l'ordre, le second jour, dans la rue Montorgueil, et le troisième jour, dans la rue des Petits-Carreaux. Chaque journée était marquée par des bris de clôtures et par la fermeture des boutiques dans tout le quartier. Perte sèche pour le commerce. Mais, du moins, avec cette méthode, on risque moins d'encourir le reproche d'être « provocateur ».

Il y a une trosième méthode, qu'on pourrait qualifier de méthode « légale ». C'est la seule que la Préfecture de police n'emploie pas. Elle présenterait pourtant de réels avantages, et le parquet l'a toujours préconisée. Mais on recule — peut-être n'a-t-on pas tort — devant son caractère de solennité : c'est la méthode des sommations. Insistons un peu sur cette question, qui est curieuse à plus d'un titre.

Quand les gardiens de la paix dispersent un rassemblement et qu'un individu leur résiste, ils l'appréhendent et le conduisent au poste. Cet individu est poursuivi, pour rébellion, en vertu de l'article 212 du Code pénal, et il peut être condamné à une peine variant de six jours à six mois d'emprisonnement. Dans la pratique, ces arrestations ont lieu une à une, homme par homme, et, pour amener l'individu arrêté au poste, deux agents sont nécessaires. Ces opérations répétées dégarnissent donc les brigades manœuvrantes, et il n'est pas sans exemple que des Préfets de police aient recommandé d'arrêter le moins possible, de crainte de démunir les colonnes. Repoussez et dispersez, telle est la consigne. Il suit de là que, comme les agents ne peuvent pas aisément refouler les groupes compacts et qu'ils ont l'ordre d'arrêter le moins possible, ils perdent patience, les poings se ferment d'eux-mêmes et il se produit des scènes regrettables. Des arrestations sont opérées qui sont parfois assez peu fondées.

Par la méthode légale, au contraire, les arresta-

tions s'opéreraient tout différemment. Le seul fait
d'avoir, non plus résisté à l'invitation individuelle
d'un agent, mais d'avoir fait partie d'un attroupement, suffirait à motiver l'arrestation et des pour-
suites, après les sommations exigées par la loi. Il
suffirait alors d'entourer tout ou partie du rassemblement et de pousser les gens « permanents » dans
un lieu clos, poste, commissariat de police, édifice
public quelconque, d'où ils seraient conduits au
Dépôt par voitures cellulaires. Il est probable
qu'après une pareille opération les badauds se le
tiendraient pour dit et ne recommenceraientplus. La
loi sur les attroupements, loi du 7 juin 1848 est formelle à cet égard, et bonne à rappeler.

Art. 3. — Lorsqu'un attroupement armé ou non
armé se sera formé sur la voie publique, le maire
ou l'un de ses adjoints (à Paris, le Préfet de police,
qui exerce les pouvoirs municipaux de police), à leur
défaut, le commissaire de police ou tout autre agent
ou dépositaire de la force publique et du pouvoir
exécutif, portant l'écharpe tricolore, se rendra sur
le lieu de l'attroupement. — Un roulement de tambour annoncera l'arrivée du magistrat. — Si l'attroupement est armé, le magistrat lui fera sommation
de se dissoudre et de se retirer. — Cette première
sommation restant sans effet, une seconde sommation, précédée d'un roulement de tambour, sera faite
par le magistrat. — En cas de résistance, l'attroupement sera dissipé par la force. — Si l'attroupement est sans armes, le magistrat, après le premier
roulement de tambour, exhortera les citoyens à se
disperser. S'ils ne se retirent pas, trois sommations
seront successivement faites. — En cas de résistance, l'attroupement sera dissipé par la force.

Art. 5. — Quiconque, faisant partie d'un attroupement non armé, ne l'aura pas abandonné après le
roulement de tambour précédant la deuxième sommation, sera puni d'un emprisonnement de quinze

jours à six mois. — Si l'attroupement n'a pu être dissipé que par la force, la peine sera de six mois à deux ans.

Si l'on appliquait la loi du 7 juin 1848, la tâche de la Préfecture de police serait donc beaucoup plus simple. Trois roulements de tambour, une « exhortation » à se disperser, puis enveloppement des groupes et appréhension des gens en bloc, soit par des arrestations en masse, soit par un refoulement dans un lieu clos, où les individus seraient momentanément détenus.

Mais les Préfets de police ont toujours hésité à opérer de la sorte, parce que, en réalité, les rassemblements parisiens, quand un grave motif politique ou une idée généreuse ne les provoque pas, sont en général inoffensifs. On se borne à les disperser.

Les gardiens de la paix sont donc, en résumé, bien plutôt des soldats, dans toutes ces éventualités, que des agents de police. Est-ce en prévision des rassemblements sur la voie publique que leur organisation centralisée leur a été conservée ? Nous inclinons à le penser, mais nous n'hésitons pas à dire que la réforme dans l'organisation de la Police Municipale que nous avons indiquée, et qui est inspirée par la nécessité de garantir « la sécurité des particuliers », tout autant que l'ordre public, se concilierait parfaitement avec les éventualités signalées plus haut.

CHAPITRE XXIII

La Garde républicaine

C'est l'élite de l'armée au service de la loi. — Sa composition :
Infanterie et cavalerie. — Ses cadres. — Régiment de gendarmerie affecté à l'ordre public dans la ville de Paris.— Les
services ordinaires. — Service des théâtres et des bals. —
Son service extraordinaire en cas de trouble. — Le garde
républicain verbalise. — Comparaison avec le gardien de la
paix qui ne peut verbaliser. — Le garde républicain est un
petit magistrat. — Son rôle futur dans une réorganisation
de la police. — Regrets de son emploi à des services de
parade, qui se concilient mal avec son caractère.

Dans un récent rapport au Président de la République, le général Boulanger, exposant les motifs
pour lesquels il modifiait l'organisation des légions
de gendarmerie, écrivait : « Je ne touche pas à la
Garde Républicaine, cette garde d'honneur de la République. » L'éloge est mérité. Mais ce n'est pas seulement une admirable cohorte militaire que la garde,
c'est la force publique dans sa démonstration la plus
belle. La garde républicaine, en effet, c'est l'armée
au service de la loi.

La légion de la garde républicaine est un régiment
de gendarmes affecté au maintien de l'ordre public,
dans la ville de Paris. Gendarmes et gardes républicains sont les mêmes soldats, avec quelque différence
dans la couleur de la classique épaulette en forme de
trèfle, blanche pour les premiers, orangée pour les
seconds, et dans la coiffure, qui, au lieu d'être le

haut bicorne en bataille, est le shako d'Afrique, solide et un peu massif, pour l'infanterie, et le casque des cuirassiers pour la section de cavalerie. Car la légion de la garde républicaine se compose de deux divisions : la division d'infanterie, comprenant trois bataillons, et la division de cavalerie, comprenant trois escadrons. La légion est commandée par un colonel qui appartient à l'arme de la gendarmerie et qui n'est appelé ordinairement à ce commandement recherché qu'après avoir été chef de légion dans la gendarmerie départementale. Il est secondé par deux lieutenants-colonels, l'un affecté à l'infanterie et l'autre à la division de cavalerie. Chaque bataillon compte huit compagnies.

En résumé, la légion de la garde républicaine comprend :

1 colonel, 2 lieutenants-colonels, 6 chefs d'escadrons, 30 capitaines, 6 capitaines adjudant-major, 48 lieutenants ou sous-lieutenants d'infanterie, 24 lieutenants ou sous-lieutenants de cavalerie.

Soit un total de 117 officiers, commandant 2,800 hommes environ, sur lesquels il y a 600 cavaliers.

La légion de la garde républicaine s'est appelée naguère garde municipale, puis garde de Paris. Sans prétendre préférer ces appellations au beau nom de garde républicaine, elles avaient cependant le mérite d'une plus grande exactitude, puisque c'est à la garde de la cité parisienne que cette troupe est affectée. Ajoutons qu'elle est payée pour moitié par la ville de Paris, qui, chaque année, prélève sur son budget la moitié de la dépense, dont la seconde partie est fournie par l'Etat.

En tant que troupe de gendarmerie, la garde républicaine est gouvernée par le décret du 1er mars 1854 sur le service de la gendarmerie. Ce décret porte dans son article premier : « La gendarmerie est une force instituée pour veiller à la sûreté publique, et pour assurer le maintien de l'ordre et l'exécution des lois. »

La garde républicaine est affectée, elle, tout particulièrement, au maintien de l'ordre dans la Ville de Paris. De ce chef, elle devient l'auxiliaire de la Préfecture de police. En ce qui concerne l'exécution des lois, elle est l'auxiliaire du Parquet.

Le service de la garde républicaine se divise donc en deux branches : concours à la Préfecture de police, concours au Parquet.

Ce sont ces deux ordres d'opérations que nous allons exposer successivement.

La garde républicaine est l'auxiliaire de la Préfecture de police, pour le maintien de l'ordre. Son service à cet égard est scindé en deux : le service quotidien et permanent, et le service extraordinaire.

Le service quotidien comprend celui des théâtres, où des plantons de la garde républicaine sont envoyés chaque soir, et celui des bals publics, où des gardes, en nombre fixé par la Préfecture de police, se rendent pour assurer la décence. La pudeur du « municipal » est légendaire, et les mœurs publiques n'ont pas à la fois de plus vigilant et de plus débonnaire gardien. Quiconque a eu le bon sens d'être jeune à son heure et s'est égaré parfois à Bullier sait avec quelle bienveillance paternelle le garde républicain sait réprimer les écarts de la jeunesse.

Le garde républicain est également employé à maintenir le bon ordre dans les foules.

Tel est le service journalier. Mais le service extraordinaire est de beaucoup le plus important. Quand le Préfet de police craint une « journée », il s'adresse au colonel de la garde républicaine pour lui demander de mettre des hommes à sa disposition. Cette réquisition, si elle était faite à la gendarmerie par le Préfet d'un département, devrait être formulée dans les termes en quelque sorte sacramentels qu'indique l'article 96 du décret du 1ᵉʳ mars 1854. Mais le Préfet de police, aux termes de l'article 36 du décret du 12 messidor an VIII, a la gendarmerie à *sa disposition*. En conséquence, il n'y a pas besoin de réquisition formelle ; une simple lettre, une simple transmission téléphonique parfois, suffit pour la mettre en mouvement. La garde est toujours prête à marcher, et il y a constamment un piquet de vingt-cinq hommes à cheval, en selle, au premier mot parti du cabinet du Préfet.

Ces hommes de la garde républicaine ne sont ordinairement employés que comme force de réserve. Quand on redoute du tumulte, on prend soin de les dissimuler dans quelque bâtiment public, d'où on les fait sortir seulement en cas de nécessité absolue. Nous regrettons, pour notre part, la timidité avec laquelle on se sert de. la garde républicaine. Qu'on nous comprenne bien. Nous ne souhaitons point du tout qu'on envenime les passions populaires et qu'on lance hors de propos la cavalerie sur la foule. Loin de nous cette pensée. Ce que nous croyons, c'est que bien souvent quinze ou vingt hommes à cheval seulement mettraient l'ordre ou disperseraient un rassemblement là où l'on emploie quatre ou cinq cents gardiens de la paix. Il arrive que, durant deux ou trois heures, les brigades d'agents se heurtent avec la foule, se collettent, se « tamponnent », alors que vingt hommes à cheval, sans adresser la parole à personne, feraient rentrer les turbulents dans le rang et dégageraient la rue. Il n'est pas bon que le choc avec le peuple s'opère poitrine contre poitrine, car les oreilles s'échauffent vite et les poings se ferment. Le garde à cheval, impassible et ferme, en selle, refoulerait toute une masse de badauds, sans crier, sans discuter, ce qui est surtout le point important. Actuellement, quand on appelle la garde républicaine, c'est que les agents paraissent impuissants, et alors, il faut une charge pour les dégager. C'est une extrémité toujours pénible et qu'on pourrait éviter, précisément en commençant par l'emploi tranquille des cavaliers, opérant par pelotons.

Ce qui a empêché souvent le recours immédiat à la garde républicaine, c'est, d'une part, que le peuple de Paris croit volontiers que « ça va chauffer » quand il voit les casques brillants, ce qui est une erreur. La cavalerie ne peut guère faire d'arrestations et, par conséquent, elle·est moins dangereuse, en dernière analyse, qu'un corps à pied, comme celui des gardiens de la paix, qui appréhendent tout individu récalcitrant. Le second motif est que les chefs de la police, avec un sentiment très louable de leur responsabilité, entendent garder le commandement effectif le plus longtemps possible, tandis qu'ils le perdent dès que les mouvements de la gendarmerie commencent. En effet, l'article 115 du décret du 1er mars 1854 est ainsi conçu :

« Lorsque les autorités administratives ont adressé leurs réquisitions aux commandants de la gendarmerie, conformément à la loi, elles ne peuvent s'immiscer en aucune manière dans les opérations militaires ordonnées par ces officiers pour l'exécution desdites réquisitions. Les commandants de la force publique sont, dès lors, seuls chargés de la responsabilité des mesures qu'ils ont cru devoir prendre, et l'autorité civile qui a requis ne peut exiger d'eux que le rapport de ce qui aura été fait en conséquence de sa réquisition. »

La garde républicaine a donc, dans ces occasions, une sorte d'autonomie, et on comprend que le Préfet de police veuille garder le plus longtemps possible la direction des opérations. Mais, en réalité, il y aurait le plus souvent avantage à commencer par où l'on peut être obligé de finir. On arriverait plus vite au résultat, avec un moindre préjudice pour les manifestants, qui, à Paris, se composent toujours pour les trois-quarts de badauds venus pour « voir ».

Le badaud le plus intrépide risquerait sans doute d'être un peu froissé par la coupe du percheron du municipal, mais cela vaut encore mieux que d'attraper une condamnation en police corectionnelle qui grève toute une vie d'un casier judiciaire.

Le service quotidien de la garde républicaine est assez chargé. Chaque soir, près de six cents hommes sont employés soit dans les théâtres, soit dans les concerts et bals publics. Ainsi, par exemple, à l'Opéra, à chaque représentation, le service comprend un maréchal des logis et huit hommes de la garde républicaine à cheval, un maréchal des logis, un brigadier et trente-deux hommes de la garde républicaine à pied. A l'Opéra-Comique, la garde fournit, chaque soir, un maréchal des logis, un brigadier et dix hommes ; à l'Odéon, un maréchal des logis et dix hommes ; à la Comédie-Française, un maréchal des logis, un brigadier et douze hommes. Au bal Bullier, elle fournit un maréchal des logis et dix hommes. Ce nombre peut être augmenté, suivant les circonstances.

La seconde branche du service de la garde républicaine comprend son concours à la justice. Les gardes à pied, employés au Palais, pour le service du Parquet, des substituts du petit Parquet et des juges d'instruction, sont au nombre de plus de cent par jour, sans compter les deux postes militaires de la tour de l'Horloge et de la porte de la Souricière, dont le premier est commandé par un officier et comprend quarante-huit hommes, et le second, par un maréchal des logis avec vingt hommes.

Ces postes sont visités chaque jour par un capitaine de place et par un officier de ronde appartenant au corps.

Les gardes à pied affectés au service du Palais sont encore augmentés pendant les sessions d'assises, et il n'est pas rare que deux cents et même trois cents gardes soient quotidiennement de service durant cette période.

Le garde républicain n'est pas seulement un soldat au service de la justice. Il est en quelque sorte un auxiliaire direct du Parquet. La qualité légale d'auxiliaire du Procureur de la République n'est reconnue par le Code d'instruction criminelle et par l'article 238, § 2, du décret du 1er mars 1854, qu'aux officiers de gendarmerie, mais le garde républicain, tout comme le gendarme, verbalise, c'est-à-dire mentionne authentiquement et d'une façon définitive les actes qu'il a vus et les paroles qu'il a entendues. C'est là une grande supériorité sur le gardien de la paix, qui, lui, n'étant pas assermenté en justice, ne peut pas faire de procès-verbaux. Le gardien de la paix n'est qu'un agent d'appréhension, et son rapport, adressé à ses chefs, et non à la justice, a besoin d'être confirmé par son témoignage personnel à l'audience. Le gendarme, au contraire, fait un procès-verbal qui a une valeur intrinsèque, indépendante de l'attestation solennelle devant le tribunal. C'est donc, en réalité, un petit magistrat. Dans la pratique des choses la différence est énorme. Le gardien de la paix est toujours obligé de conduire le délinquant appréhendé par lui devant un commissaire de police, qui verbalise. Au contraire, le garde de Paris verbalise directement et lui même. Il n'a point besoin de recourir au commissaire de police, et son procès-verbal est envoyé au Parquet, par les soins du colonel, tel qu'il a été rédigé par ce soldat magistrat.

En réalité donc, voilà dans la Ville de Paris 2,800 hommes qui peuvent verbaliser, et c'est à peine s'ils usent de ce droit, parce qu'ils ne sont pas associés aux opérations ordinaires de police, sauf dans les cas indiqués plus haut. Eux qui sont en possession du droit de faire des procès-verbaux, c'est-à-dire de dresser l'acte fondamental de toute procédure criminelle, ils ne sont dans la pratique que des auxiliaires des gardiens de la paix, agents sans caractère judiciaire. Cette simple observation ne suffirait-elle pas à leur attribuer, dans une réorganisation de la police à Paris, une action nouvelle et plus active ? Pourquoi, par exemple, ne feraient-ils pas des patrouilles de nuit ? Pourquoi ne seraient-ils pas employés à la sécurité de nos boulevards extérieurs la nuit et, durant le jour, au bon ordre de la circulation dans les grandes avenues ?

Ce sont là des points qui méritent l'examen et que nous nous bornons à signaler, convaincus qu'un jour ou l'autre on fera participer plus directement les gardes républicains au maintien de la sécurité publique. En bonne conscience, cela ne vaudrait-il pas autant que de leur faire monter la garde devant les Folies-Bergères ou à la porte de Ba-ta-clan ?

Nous ne pouvons nous dispenser d'insister un peu sur cet abus que l'on fait de la garde républicaine. On oublie toujours que cette troupe est une légion de gendarmerie. On emploie ces soldats comme des figurants, même dans les fêtes privées. Une société quelconque donne-t-elle un bal, si un ministre doit s'y rendre, on demande des gardes républicains à la porte, et on voit ces gendarmes monter la garde devant l'hôtel public où la fête a lieu. Les hauts fonctionnaires de l'Etat donnent-ils un dîner ? Vite on commande les beaux cavaliers de la garde pour se tenir comme des cariatides sur les marches de l'escalier. Ce ne sont plus des soldats, ce sont de simples motifs décoratifs. Tout cela s'acommode mal avec le rôle de gendarmerie qui est celui de la garde républicaine ; tout cela, qu'on nous permette de le dire, ne se concilie pas d'avantage avec les traditions républicaines. Le monarchie avait des soldats de parade faits exprès pour cet usage : les gardes du corps, les cent-gardes, etc. Mais la République emploie pour ce service de figuration théâtrale les hommes qui sont l'élite de l'armée française et qui ont mérité, par leurs services et leur honneur, de devenir les auxiliaires de la justice. C'est une faiblesse et une concession à ce goût de paraître trop fréquent dans notre démocratie.

N'oublions pas que le ministre de la guerre lui-même a appelé la garde républicaine « la garde d'honneur de la République », et c'est cette gàrde d'honneur que l'on façonne à des services d'anti-chambre et d'escalier! Cela n'est pas digne d'elle, et sûrement les officiers de la garde doivent regretter une pareille affectation de leurs vieux soldats, qui sont faits pour tenir en main le sabre et non des tor-chères.

CONCLUSION

RÉFORMES ATTENDUES.

Le moment est venu de clore cette étude sur l'organisation et le fonctionnement de la police à Paris. Non pas, certes, que nous ayons tout dit sur cette question si variée, si complexe; mais il faut savoir se borner. Notre ambition, d'ailleurs, n'était que d'intéresser le public à une institution qui touche de plus près qu'aucune autre à ses droits et à ses intérêts les plus précieux, institution qui a été souvent attaquée sans être bien connue, critiquée sans être enseignée, vouée aux dieux infernaux toujours et défendue presque jamais. Nous avons essayé de guider le public à travers la Préfecture de police, domaine à peu près inexploré et dont chacun devrait connaître les sentiers, cependant, puisque tout citoyen est en droit d'y chercher refuge et protection. Aujourd'hui, nous avons atteint les limites que nous nous étions tracées à l'avance. Il ne nous reste qu'à conclure et qu'à indiquer d'une façon précise les réformes qui, dans l'intérêt de la sécurité des particuliers, nous semblent pouvoir être réalisées à bref délai.

Au début de notre étude, nous disions : « La question de la Préfecture de police n'est nullement dans les dissentiments, reproches ou imprécations qui s'élèvent autour d'elle et l'obscurcissent. C'est du mécanisme de la police qu'il faut s'occuper, afin de savoir si l'agent qui cherche a le moyen de courir aussi vite que le malfaiteur qui fuit, si instantanément les issues peuvent se fermer sur l'homme poursuivi ou si, au contraire, elles restent béantes devant lui. En un mot, il importe de se rendre compte des rouages de la police à Paris, en les décrivant isolément d'abord, en les mettant ensuite en mouvement sur des espèces bien choisies. Le public appréciera lui-même si le mécanisme est bon ou s'il ne devrait pas être simplifié. »

Le public, nous le croyons, est maintenant renseigné. Oui, le malfaiteur a le moyen de courir plus vite que l'agent ; oui, les issues, dans la plupart des cas, s'ouvrent béantes devant l'homme qui a commis un délit ou un crime; nous l'avons démontré. Le mécanisme de la police a donc besoin d'être perfectionné.

Organisation et fonctionnement, telles ont été les deux grandes divisions de notre travail ; ce seront également les deux points de vue sous lesquels nous jugerons l'ensemble décrit. Et d'abord, disons bien que nous ne voulons pas nous livrer ici à une discussion purement académique, sur une organisation rationnelle de la Préfecture de police, sur une refonte de la plupart des services. Une pareille réforme ne pourrait être envisagée et préparée que si la police était aux mains de l'État, ce qui, malheureusement, n'est point. Nous prenons la situation telle quelle est, et nous nous bornons à indiquer les modifications qui peuvent être apportées au profit de la sécurité des particuliers, et sans dommage pour la sûreté publique, à l'organisation actuelle.

En premier lieu, signalons la nécessité de fortifier l'autorité du Préfet de police, autorité nominative,

absorbée presque entièrement par l'autorité effective
du Chef de la Police Municipale. Et qu'on ne se
méprenne pas sur notre intention ; ici, nous ne visons
pas les personnes, pour lesquelles nous professons
la plus sincère estime, mais seulement les fonctions.
Nous demandons que l'autorité effective du Préfet
soit complète comme l'est sa responsabilité. Pour
cela, il nous paraît nécessaire que la section politique
de la Préfecture (brigades de recherches), ne reste
pas aux mêmes mains que la partie militaire (brigades des gardiens de la paix). Il n'est pas admissible
et il pourrait même, en d'autres temps, être dangereux, que le commandant en chef d'une division de
soldats chargés d'assurer l'ordre dans la rue, soit le
chef également d'une troupe de reporters mêlés
à la politique. Nous souhaitons que cela soit compris,
car nous désirons que le Préfet de police soit maître
chez lui, ce qu'il n'est pas; soit seul juge des ordres
à donner, ce qu'il n'est pas, qu'il le croie ou non, car
il ne voit pas les choses de ses propres yeux, mais
au travers des renseignements que la Police Municipale lui fournit et auxquels elle donne l'importance
qui lui plaît.

Le Préfet, une fois délivré des entraves qui le
gênent, les réformes sont faciles à accomplir. Ces
réformes, les voici :

Que le commissaire de police, qui n'est aujourd'hui
qu'un greffier, devienne un homme d'action. Aujour-
d'hui, les mendiants qui s'embusquent aux coins des
portes ne le concernent pas; les filles qui déshonorent nos rues ne le concernent pas; les recherches de
longue haleine des malfaiteurs ne le concernent pas;
les surveillances protectrices ne sont pas son fait.
Tout cela est remis aux mains soit d'une troupe de
300 hommes concentrés au quai de l'Horloge et qui
manœuvrent indistinctement dans tous les quartiers
de Paris, sous le nom de brigade de la Sûreté et de
section des Mœurs, soit à la discrétion d'une autorité

indépendante du commissaire et extérieure à lui. Est-ce rationnel? Est-il sage de remettre la sécurité des particuliers à 300 hommes seulement, alors que la police parisienne se compose de plus de 7,000 hommes, dont un grand nombre pourraient être convertis en auxiliaires des recherches criminelles? Nous ne le pensons pas.

Les commissaires de police n'ont à leur disposition qu'un secrétaire, deux inspecteurs et un garçon de bureau. Ce n'est pas suffisant dans des quartiers comptant parfois de soixante à quatre-vingt mille habitants. Quand ces magistrats veulent des agents, c'est toute une procédure à suivre, et nous avons longuement expliqué les retards qui en découlent. Nous demandons pour chacun d'eux un certain nombre d'agents en bourgeois, pouvant opérer sous la direction du commissaire, sitôt qu'un délit ou qu'un crime est signalé à ce dernier. Ce nombre peut varier selon les nécessités des arrondissements, car chacun d'eux a une physionomie particulière. Paris n'est pas, en effet, une seule ville, homogène dans sa population et dans ses mœurs. C'est l'agglomération de vingt villes. Les intérêts y diffèrent et les passions aussi. La voie publique n'a point partout ni la même physionomie, ni les mêmes dangers, ni les mêmes exigences. La nature des délits et, par conséquent, le caractère des délinquants y sont divers. La Préfecture de police possède, dès lors, les éléments propres à déterminer le nombre et la qualité des agents en bourgeois à affecter à chacun des commissariats.

Nous demandons encore que les commissariats de police aient la surveillance de la prostitution sur la voie publique. Il ne nous paraît pas bon que ce service soit confié à des agents sans responsabilité et qui manœuvrent un soir dans un quartier, un soir dans un autre. Et puis, ne pourrait-on pas, en ces délicates matières, tenter de renoncer à des procédés

arbitraires de police ? Des villes de province ont su
donner une sanction légale aux opérations dirigées
contre les filles de mauvaise vie. En serons-nous
toujours réduits, à Paris, à ces embuscades d'agents
donnant la chasse aux filles, à ces courses effrénées
de femmes poursuivies et se réfugiant dans des
cabarets ou cherchant asile parfois au bras du passant qui compatit à leur frayeur.

Pourquoi le Préfet de police ne prendrait-il pas,
comme le maire de Toulouse l'a fait, dès 1882, un
arrêté portant prohibition, pour toute femme de
racoler sur la voie publique, sous peine d'être dé-
férée au tribunal de simple police et de s'entendre
condamner à l'amende d'abord, à la prison ensuite,
s'il y a récidive dans les douze mois, conformément
à la sanction donnée à tout arrêté municipal par l'article 471, § 15, du Code pénal ? Ce même arrêté sti-
pule qu'aucune femme ne pourra être inscrite sur
les registres infamants de la prostitution et soumise
aux tristes obligations qui en sont le corollaire, que
dans le cas où elle aura été *condamnée trois fois* par
le juge de paix, pour infraction à cet arrêté municipal. Dès lors, ce n'est plus l'arbitraire obscur de la
police, c'est la justice, avec la garantie du grand
jour de l'audience et de la défense publique, par
ministère d'avocat, qui frappe la femme perdue,
récidiviste de la dégradation morale. Chacun, en as-
sistant à l'audience, pourra s'assurer de la nécessité
et de la légitimité de la répression, et il n'y aura
plus place à ces soupçons injurieux dont la police
porte la peine, alors que le plus souvent elle agit avec
une extrême mollesse. Donnez du jour à ce service,
faites-le au grand air, sous l'œil et sous le couvert
de la loi, et vous verrez quel bénéfice vous en tirerez.

Le système a fait ses preuves. Il a réussi. Ayez la
généreuse audace d'y recourir et de l'appliquer dans
cette grande ville de Paris que la prostitution envahit, et où il n'y a d'égal au dégoût qu'elle inspire

que la répugnance instinctive, quoique souvent immé-
ritée, soulévée par l'arbitraire du service chargé d'y
mettre bon ordre.

Il résulterait de ces réformes dans l'organisation
de la police, une décentralisation du service de la
Sûreté et des Mœurs. Au lieu d'avoir trois cents
agents au quai de l'Horloge, le Chef de la Sûreté en
conserverait le nombre suffisant pour les recherches
concernant les grands crimes et celles dont les commissaires ne pourraient être chargés, à cause de
leur complexité ou de leur nature spéciale, comme
la falsification des billets de banque, par exemple.
Le Chef de la Sûreté aurait ainsi plus de liberté
d'allures, son service serait désencombré des affaires
peu importantes, et il pourrait prêter plus d'attention aux grands crimes. Il va sans dire que ce service serait désormais placé immédiatement sous la
main du Préfet de police, sans aucun intermédiaire,
comme tous les autres commissariats.

En ce qui concerne le fonctionnement de la police,
est-il admissible que, de dix heures du soir à neuf
heures du matin, le public ne sache où trouver un
seul commissaire à qui parler dans une ville comme
Paris? Est-il admissible qu'un malfaiteur, arrêté la
nuit, ne soit interrogé que le lendemain dans la matinée, alors qu'un interrogatoire immédiat pourrait
faciliter la découverte de ses complices? Et lorsque
la personne arrêtée est innocente, l'interrogatoire ne
s'impose-t-il pas plus rapidement encore? La permanence au moins d'un commissariat par arrondissement
nous semble d'une urgence incontestable.

Est-il admissible également qu'il soit aussi difficile de trouver un gardien de la paix dans certains
quartiers, alors qu'il y a plus de six mille agents en
tenue? Les îlots sont une bonne chose; ils ont
l'avantage de soumettre Paris entier à une surveillance de jour et de nuit, mais ce tournoiement per-
pétuel d'agents en uniforme dans un cercle connu

des malfaiteurs n'est pas le dernier mot de la surveillance. La nuit, le nombre des gardiens de la
paix en bourgeois devrait être augmenté très sensi-
blement. Trois gardiens en bourgeois ne suffisent
pas dans un arrondissement peuplé comme le Havre
ou Amiens.

Pendant le jour, nous voudrions qu'on combinât
un système d'îlotiers et de plantons fixes; les premiers reliant les autres. Il est indispensable, en
effet, que, dans un quartier, on sache où trouver
sûrement un gardien de la paix, chose si difficile
parfois. Ce système a été, croyons-nous, proposé
autrefois par un homme d'un rare mérite, très au
courant des choses de la police. Nous voulons parler
de M. Cambon, actuellement préfet du Nord, et qui
occupa jadis les fonctions de Secrétaire général de
la Préfecture de police. Enfin, il faudrait qu'on pour-
vût tous les postes de police et les bureaux des commissaires d'appareils télégraphiques ou télépho-
niques, leur permettant de communiquer entre eux
et avec la Préfecture et le Parquet. Il faudrait, en
un mot, qu'aussitôt qu'un crime ou un délit ont été
commis, les issues pussent être fermées rapidement
sur leurs auteurs. Il n'en sera pas ainsi tant que
nous en serons réduits à nos bras et à nos jambes.
dans un temps où il est si facile d'agir vite.

Ces réformes accomplies avec tact, sans brus-
querie, mais aussi sans peur de personne, n'enta-
meraient pas le gros de l'organisation actuelle. Le
corps des gardiens de la paix resterait soumis à une
direction unique, celle du Chef de la Police Municipale, qui pourrait, sur l'ordre du Préfet, mobiliser
à sa guise les brigades d'agents dans les circonstances où elles seraient appelées à assurer la sûreté
publique dans la rue. Il devra toujours rester à la
Préfecture une réserve pour les cas imprévus ou
difficiles. Les brigades centrales ne pourraient être
amoindries sans péril; mais à quoi bon immobiliser

plus de 500 hommes pour timbrer les feuilles d'arrivée et de départ des cochers aux stations de voitures ? Voilà un demi-bataillon tout trouvé et qui est actuellement perdu pour la police. Le noyau d'agents laissé à la Sûreté se composerait d'hommes habiles, éprouvés, ayant fait leurs preuves dans les recherches compliquées. Nous n'avançons rien que de connu en affirmant qu'il n'y a pas aujourd'hui 150 hommes de la Sûreté, sur 300 dont se compose la brigade, dont on se serve pour les opérations particulières de la Sûreté, c'est-à-dire aussi bien pour les recherches criminelles que pour les investigations qui s'y rattachent. Les autres sont employés aux extractions des détenus, au port des lettres du parquet et à certaines menues besognes qui ne comptent qu'accessoirement dans l'œuvre de la police. Avec une brigade de 80 hommes bien choisis et suffisamment payés, on aurait assurément tous les éléments nécessaires pour la recherche des grands crimes, attendu que les commissaires des quartiers, aidés des agents nouveaux sous leurs ordres, resteraient chargés des autres affaires criminelles de moindre importance et les mèneraient beaucoup plus rapidement à bonne fin. Ce sont là des divisions d'attributions qui, dans la pratique, n'auraient peut-être pas cette netteté, mais ce serait au Préfet à prévoir l'émulation, les rivalités, qui pourraient se produire entre les agents des commissariats et ceux de la Sûreté, et à les faire tourner au maintien de la sécurité des particuliers.

Ces rencontres d'actions concurrentes ne sont pas nouvelles. Elles ont surgi à différentes reprises entre la Préfecture de police et la direction de la Sûreté générale dépendant du ministère de l'intérieur et exerçant, au nom du ministère et par ses ordres, la haute surveillance qui lui est, de par la loi, attribuée sur toutes les polices urbaines, la police parisienne non exceptée. Mais il est impossible, dans l'état actuel de l'organisation de la police à Paris, de sonrer à empêcher certains petits conflits d'attributions. Ces conflits, si nous avions le loisir de les exposer, nous fourniraient un argument de plus et non l'un des moins probants en faveur de la nécessité du rattachement de la Préfecture de police à l'Etat. Il nous faudrait pour cela prolonger une étude déjà bien assez longue et pénétrer dans l'organisation de la Sûreté générale, dont l'action s'étend sur le pays entier, ce qui nous obligerait à sortir des limites que nous nous sommes imposées. Nous préférons nous en tenir, pour l'instant, à la police de Paris, et demander certaines réformes qui garantiront notre sécurité à tous, mieux que ne le fait l'organisation actuelle.

ANNEXES

LA POLICE MUNICIPALE DE PARIS

LE SERVICE DES MŒURS

Ce ne sont pas seulement, comme on le croit généralement, les agents de la Brigade de Sûreté qui sont porteurs de la carte dont le fac-similé est ci-joint, mais bien tous les agents du service actif, en bourgeois ou en tenue, car les gardiens de la paix reçoivent également cette carte qui leur permet de requérir la force armée. La carte est donc le signe caractéristique de l'agent du service actif, gardien de la paix ou inspecteur.

Quand un agent est révoqué ou qu'il quitte le service pour une cause quelconque, il doit toujours rendre sa carte et, s'il est en tenue, rendre ses armes en même temps.

ANNEXES

ARRÊTÉ présidentiel, en date du 20 juin 1871, fixant le cadre et les traitements de la Police Municipale de Paris.

Le Président du Conseil des Ministres,
Chef du Pouvoir exécutif de la République française.

Vu les décrets des 17 septembre 1854 et 27 novembre 1859, sur l'organisation de la Police Municipale de Paris;

Vu la loi du 3 juin 1866 relative au même objet;

Vu l'arrêté du 16 de ce mois, qui a prescrit la création d'un bataillon de Gardiens de la paix, à l'effectif de 1,000 hommes, pour le service à faire à Versailles;

Sur le rapport du Ministre secrétaire d'État au département de l'Intérieur;

ARRÊTÉ :

ARTICLE 1er

A partir du 1er juillet 1871, le corps des gardiens de la paix de Paris est fixé, quant aux cadres et aux traitements, conformément au tableau annexé au présent arrêté.

ARTICLE 2

Le Ministre secrétaire d'État au département de l'Intérieur est chargé de l'exécution du présent arrêté.

Fait à Versailles, le 20 juin 1871.

A. THIERS.

Pour le Ministre de l'Intérieur :

Le Sous-Secrétaire d'État.

CALMON.

TABLEAU

Portant règlement du cadre et des traitements du corps des Gardiens de la paix de Paris

PERSONNEL

1	commissaire de police, chef de la Police Municipale, à Fr.		14.000
1	chef-adjoint, à		10.000
1	chef des bureaux		6.500
24	commis au traitement moyen de	2.425 =	58.200
5	inspecteurs divisionnaires, à	6.000 =	30.000
38	officiers de paix au traitement moyen de	3.725 =	141.550
25	inspecteurs principaux, à	2.500 =	62.500
100	brigadiers, à	1.800 =	180.000
700	sous-brigadiers, à	1.600 =	1.120.000
6.800	gardiens de la paix ou inspecteurs, au traitement moyen de	1.310 =	8.908.000
13	médecins		22.700
1	commissaire de police, contrôleur général, à		12.000
1	secrétaire, à		2.000
1	officier de paix, à		5.000
1	inspecteur principal, à		2.500
2	brigadiers, à	1.800 =	3.600
4	sous-brigadiers, à	1.600 =	6.400
38	inspecteurs, au traitement moyen de	1.450 =	55.100
7.756			**10.640.050**

MATÉRIEL

Gratifications, indemnités et primes	542.000
Frais d'agents auxiliaires	50.000
Frais de bureau	46.500
Habillement et équipement	1.046.000
Postes de police	120.000
Indemnités de logement	1.414.300
TOTAL	13.858.850

Vu pour être annexé à notre arrêté en date de ce jour.
Versailles, le 20 juin 1871.

Le Président du Conseil, Chef du Pouvoir exécutif de la République française,
Signé : A. THIERS.

Par le Président de la République :
Pour le Ministre de l'Intérieur,
Le Sous-Secrétaire d'État,
Signé : A. CALMON.

RÈGLEMENT GÉNÉRAL

Du service ordinaire de la Police dans la ville de Paris

*(Arrêté préfectoral du 14 avril 1856, modifié d'après l'arrêté
présidentiel du 20 juin 1871)*

CHAPITRE PREMIER

DIVISION DE PARIS, SOUS LE RAPPORT DE LA POLICE

ARTICLE PREMIER. — La Ville de Paris est divisée en
vingt divisions de police correspondant aux vingt arrondissements municipaux.

Chaque division est subdivisée en quartiers.

Chaque quartier comprend un certain nombre d'îlots.

Le nombre et l'étendue des îlots varient suivant la
nature des localités et la population.

ART. 2. — Il y aura dans chaque quartier un commissariat et un poste de police.

Ces deux établissements seront le plus rapprochés
possible.

CHAPITRE II

DES COMMISSARIATS DE POLICE

ART. 3. — Les commissaires de police, nommés par
décret du Président de la République *commissaires de police
de la Ville de Paris*, sont attachés, par arrêté signé de
nous, soit à un quartier déterminé, soit à un service
spécial.

Cet arrêté fixe le traitement et les frais de bureau qui leur sont attribués.

Art. 4. — Les commissaires de police des divers quartiers exerceront habituellement, dans les quartiers qui leur sont confiés, les fonctions de police judiciaire et de police administrative qui leur sont attribuées par les lois et règlements.

En cas de nécessité, ils ne devront pas s'arrêter aux limites de leurs quartiers respectifs. L'attribution qui leur est faite d'un quartier déterminé, ne limite ni ne circonscrit leurs pouvoirs, mais indique seulement, conformément à l'article 12 du Code d'instruction criminelle, les termes dans lesquels chacun d'eux est plus spécialement astreint à un exercice constant et régulier de ses fonctions.

Art. 5. — Les commissaires de police continueront, provisoirement, à être chargés de se procurer un local convenable pour leurs bureaux.

Ce local devra être agréé par nous.

Il sera préalablement visité par l'architecte-commissaire de la petite voirie, et devra, autant que possible, être situé dans la partie centrale du quartier.

Art. 6. — Les commissaires de police seront tenus de résider dans leurs quartiers respectifs, et d'avoir leur logement particulier dans la même maison que leurs bureaux.

Art. 7. — Les commissaires de police auront sous leurs ordres un secrétaire, deux inspecteurs et un garçon de bureau.

Dans les quartiers où le nombre des affaires l'exigera, un secrétaire adjoint pourra être attaché au commissariat.

Art. 8. — Les employés des commissariats seront nommés par arrêté signé de nous.

Cet arrêté contiendra l'indication du traitement.

Art. 9. — Les secrétaires titulaires et les inspecteurs seront tenus de loger dans le quartier auquel ils seront attachés.

Art. 10. — Les bureaux des commissaires de police seront ouverts de neuf heures du matin à six heures de relevée, et de huit heures du soir à dix heures. (Cir. préf. pol. 18 janv. 1879.)

Toutefois, les dimanches et jours fériés, il n'y aura qu'un bureau ouvert pour deux quartiers.

Art. 11. — Tous les jours, à partir de quatre heures du soir, un commissaire de police sera de permanence pour deux quartiers.

Art. 12. — Les secrétaires et inspecteurs attachés à un commissariat alterneront pour le service du soir, mais de manière à ce que le secrétaire soit toujours de service dans le quartier où le commissaire de police ne sera pas de permanence.

Les dimanches et jours fériés, le secrétaire et les inspecteurs attachés aux bureaux ouverts au public seront tous trois de service pendant la journée et pendant la soirée.

Art. 13. — Les commissaires de police détermineront eux-mêmes, suivant les besoins de leurs commissariats respectifs, le service des garçons de bureau.

Toutefois, ceux-ci devront toujours être de service, les jours ordinaires, de quatre à sept heures du soir, et les dimanches et jours fériés, lorsque le bureau auquel ils sont attachés ne sera pas ouvert au public.

Ils se tiendront dans le bureau, pendant ces heures de fermeture, pour donner au public les indications nécessaires, et pour prévenir le commissaire de police de permanence dans tous les cas d'urgence.

Art. 14. — Il sera fait tous les trois mois, par les soins du secrétaire général de notre préfecture, un état déterminant les divers services de permanence.

Cet état, approuvé par nous, sera transmis aux commissaires de police, qui devront s'y conformer exactement.

Art. 15. — Chaque commissaire de police dressera, dans les trois mois du présent arrêté, un inventaire exact des archives de son commissariat.

Art. 16. — Il tiendra à l'avenir un registre d'ordre sur lequel il inscrira, à la date de leur arrivée, et sous une série de numéros reproduits sur la pièce, l'analyse des différents actes, documents, règlements, lettres, etc., qui lui seront adressés concernant son service.

Art. 17. — Lorsqu'un commissaire de police changera de quartier, ou que, pour une cause quelconque, il cessera ses fonctions dans un quartier, il devra remettre à son successeur toutes les archives du commissariat, ainsi que l'inventaire et le registre dont il vient d'être parlé.

Un procès-verbal, dressé sous le contrôle et avec la signature d'un commissaire de police désigné par nous, constatera cette remise.

Ce procès-verbal, qui nous sera transmis, servira de décharge au commissaire de police sortant.

ART. 18. — Il y aura, dans chaque théâtre, un commissaire de police de service.

Il devra y rester en permanence, depuis l'ouverture des bureaux, jusqu'après la complète évacuation de la salle.

ART. 19. — L'état du service des théâtres sera réglé tous les trois mois par les soins de notre secrétaire général, et approuvé par nous.

Le commissaire de police de permanence pour deux quartiers ne pourra jamais être désigné pour un service de théâtre.

ART. 20. — Les commissaires de police ne pourront pas échanger leurs services dans les théâtres sans notre autorisation.

ART. 21. — Lorsque plusieurs commissaires de police seront appelés par nous, pour un service commun, nous désignerons celui d'entre eux auquel appartiendra la direction du service.

Lorsque, dans les cas d'incendie, accident, etc., plusieurs commissaires de police se trouveront réunis fortuitement sur un même point, la direction appartiendra de droit au commissaire de police du quartier.

ART. 22. — Les commissaires de police devront se pourvoir, à leurs frais, d'un costume tel qu'il est déterminé par le décret du 31 août 1852.

Ils le porteront dans les fêtes et cérémonies publiques, lorsque les lettres de service en contiendront l'indication.

ART. 23. — Les commissaires de police nous transmettront tous les jours un rapport sommaire conforme au modèle annexé au présent arrêté, indiquant les crimes, délits et contraventions qu'ils auront été appelés à constater dans la journée, les accidents qui auront eu lieu, etc.

Ils nous adresseront, sans délai, un rapport spécial et détaillé de tout fait important qui se sera passé dans leur quartier.

ART. 24. — Dans tous les cas de crimes ou délits contre les personnes ou la propriété, lorsque l'auteur du crime ou du délit ne sera pas arrêté, et qu'il y aura des recherches à faire pour découvrir, soit lui, soit ses complices, soit la propriété volée, etc., les commissaires de police qui auront reçu les déclarations de ces crimes ou délits, devront, sans aucun délai et en dehors des rapports ordinaires, transmettre, par l'intermédiaire du poste de police du quartier, une note indicative des faits au Chef de la Police Municipale, afin que les divers services, et notamment le service de Sûreté puissent faire le plus promptement possible les diligences nécessaires.

ART. 25. — Les commissaires de police attachés aux divers quartiers de la Ville de Paris se rappelleront sans cesse que la police doit être essentiellement protectrice; ils devront donc s'attacher à connaître les besoins de la population de leurs quartiers respectifs, et ils nous signaleront, par de fréquents rapports, les mesures qu'ils jugeraient utiles au bien public.

ART. 26. — Indépendamment des commissaires de police de quartier, il y en a d'autres qui sont chargés de services spéciaux.

ART. 27. — Trois commissaires de police sont chargés des délégations judiciaires ou spéciales.

Leurs bureaux sont placés à la Préfecture de police.

ART. 28. — Un commissaire de police, désigné par M. le procureur général, parmi les commissaires de police de la Ville de Paris, exerce les fonctions du ministère public, près le tribunal de simple police.

Deux commissaires de police, également désignés par M. le procureur général, parmi les commissaires de police de quartier, lui sont adjoints et le suppléent au besoin.

Ses bureaux sont situés au Palais de Justice.

Il a, sous ses ordres, deux secrétaires.

ART. 29. — Un commissaire de police est chargé de la police de la Bourse. Il doit veiller au maintien du bon ordre à l'intérieur et à l'extérieur de cet établissement, à l'exécution des lois et règlements relatifs aux professions d'agent de change et de courtier de commerce, etc.

Ses bureaux sont situés à la Bourse.

Un secrétaire, un écrivain-crieur, le concierge de la Bourse et six gardes sont placés sous ses ordres.

Art. 30. — Six commissaires de police sont chargés d'accompagner les contrôleurs de la garantie des matières d'or et d'argent dans leurs visites journalières chez les fabricants, marchands, etc.

Art. 31. — Neuf commissaires de police sont spécialement chargés de veiller à l'exécution des règlements concernant les poids et mesures, de s'assurer chez tous les marchands, sans distinction, de l'exactitude des instruments de pesage et de mesurage qu'ils emploient, et de surveiller la fidélité du débit des denrées qui se vendent au poids ou à la mesure.

Ils ont, sous leurs ordres, neuf hommes de peine.

Art. 32. — Un commissaire de police est attaché à l'état-major général de l'armée de Paris et de la première division militaire.

Art. 33. — Les commissaires de police de la Ville de Paris, chargés des services spéciaux, nous rendront compte immédiatement, par des rapports, de tous les faits intéressant les services qui leur sont confiés.

Il en sera de même des commissaires de police chargés de la surveillance des chemins de fer et de leurs dépendances, pour tous les faits qui se seront passés dans le ressort de la Préfecture de police.

CHAPITRE III

DE LA POLICE MUNICIPALE

Art. 34. — Le personnel de la Police Municipale de la ville de Paris est fixé ainsi qu'il suit :

    1 commissaire de police, chef de la Police Municipale,
    1 chef adjoint,
    1 chef des bureaux,
    24 commis,
    38 officiers de paix,
    25 inspecteurs principaux,

100 brigadiers,

700 sous-brigadiers,

6.800 gardiens de la paix ou inspecteurs.

Il comprend, en outre, un service médical composé de :

1 médecin, chef de service,

12 médecins d'arrondissements.

Art. 35. — Le Chef de la Police Municipale est institué, comme commissaire de police de la Ville de Paris, par décret du Président de la République.

Il est chargé de la direction de la Police Municipale, par arrêté signé de nous.

Art. 36. —. Ses bureaux sont situés à la Préfecture de police.

1 chef adjoint qui le supplée, en cas d'absence ou autre empêchement, 1 chef des bureaux et 24 commis y sont attachés.

Art. 37. — Les officiers de paix sont nommés, sur notre proposition, officiers de paix de la Ville de Paris, par arrêté du Ministre de l'intérieur.

Ils sont attachés à une division ou à un service spécial. par arrêté signé de nous.

Art. 38. — Toutes les autres personnes appartenant à la Police Municipale sont nommées par arrêté signé de nous.

Art. 39. — Nul ne pourra être admis dans le corps de la police de Paris, s'il ne réunit les conditions suivantes :

1° Être âgé de 21 ans au moins et de 30 ans au plus (les anciens militaires seront admis jusqu'à 35 ans, pourvu qu'ils justifient, indépendamment de leur congé, d'un certificat de bonne conduite au corps):

2° Avoir au moins la taille de 1 mètre 70 centimètres:

3° Être de bonne constitution;

4° Savoir lire et écrire, et avoir l'intelligence et l'attitude nécessaires pour faire un bon service;

5° Être porteur d'un certificat de moralité et de bonne conduite délivré dans la forme des certificats exigés par la loi sur le recrutement de l'armée.

Art. 40. — Les candidats seront visités par le médecin en chef de la Police Municipale, qui vérifiera s'ils sont de bonne constitution et propres au service.

Art. 41. — Ils seront ensuite examinés par le Chef de la Police Municipale, qui donnera son avis sur la capacité et l'aptitude du candidat.

ART. 42. — Le certificat du médecin, l'avis du Chef de la Police Municipale, ensemble les pièces produites par le candidat à l'appui de sa demande, nous seront transmis pour être par nous statué.

ART. 43. — Les traitements et appointements des fonctionnaires et employés de la Police Municipale seront réglés conformément à l'arrêté du 16 juin 1871, de M. le Chef du Pouvoir exécutif.

Un arrêté signé de nous fixera les appointements et traitements de chaque fonctionnaire ou employé.

ART. 44. — Les brigadiers, sous-brigadiers et les gardiens de la paix continueront à recevoir, en sus de leur traitement, les effets d'habillement et d'équipement dont le détail suit :

Une capote,
Une tunique,
Un képi,
Un pantalon de drap bleu,
Un fusil chassepot, — un revolver,
Un ceinturon.

La durée de ces effets devra être telle que la dépense d'habillement, à la charge de la Préfecture de police, n'excède pas 12 fr. 49 c. par mois, pour chaque homme.

On se conformera pour tout ce qui concerne les fournitures d'habillement, à l'arrêté du 31 décembre 1857, qui organise à cet égard une comptabilité en la matière.

ART. 45. — L'ordre de service de chaque jour indiquera la tenue que devront porter les gardiens de la paix, de manière à ce qu'elle soit uniforme dans toute la ville.

ART. 46. — Les officiers de paix attachés aux diverses divisions, ceux des brigades centrales et celui chargé du service des voitures, seront habituellement en uniforme.

ART. 47. — Les gardiens de la paix, sous-brigadiers et brigadiers devront entretenir en bon état leur uniforme, ainsi que leur équipement.

Les vêtements et objets d'équipement détériorés par négligence, seront réparés et pourront même être remplacés aux frais des contrevenants.

ART. 48. — Tout gardien de la paix, sous-brigadier ou brigadier qui quittera le service par démission, révocation ou autrement, sera tenu de restituer le ceinturon et le sabre-baïonnette qui lui auront été confiés. Il remet-

tra également les boutons et autres insignes des vêtements laissés en sa possession, dans le cas prévu par
l'article 4 de notre arrêté du 31 décembre 1857.

Art. 49. — Le service de la Police Municipale se divise
en deux parties principales :

Le service ordinaire et les services spéciaux.

Art. 50. — Le service ordinaire a pour but la surveillance habituelle de jour et de nuit dans les diverses divisions.

Art. 51. — Un officier de paix est attaché à chacune
des divisions de police.

Il aura sous ses ordres trois brigades commandées
chacune par un brigadier.

Chaque brigade se composera d'autant de sous-brigades
qu'il y aura de quartiers dans la division.

Chaque sous-brigade sera composée de deux sous-
brigadiers et d'autant de gardiens de la paix qu'il y aura
d'îlots dans le quartier.

Il y aura, en outre, dans chaque division, quelques
hommes de réserve.

L'état des diverses brigades et des réserves de chaque
division est annexé au présent arrêté.

Art. 52. — Le service de police dans chaque division
sera partagé entre les brigades, de manière à ce que
chacune d'elles ait en moyenne huit heures de service
sur la voie publique pour vingt-quatre heures.

La moyenne sera prise sur soixante-douze heures.

Chaque brigade se succédera dans le service, de manière que la brigade entière soit toujours de service
dans la division.

Les mêmes sous-brigades seront affectées aux mêmes
quartiers, et les mêmes hommes seront toujours, autant
que possible, chargés de la surveillance des mêmes îlots.

Art. 53. — Les trois brigades de chaque division seront
désignées par les lettres A, B, C.

Les gardiens de la paix, sous-brigadiers et brigadiers
porteront, d'une manière ostensible, sur le collet de la
tunique et de la capote, le numéro de la division, et un
numéro d'ordre.

Dans chaque brigade, le premier numéro appartiendra
au brigadier, les suivants, aux sous-brigadiers, et ensuite
aux gardiens de la paix.

Les hommes de réserve, dans chaque division, seront portés sur les contrôles de la brigade A.

Art. 54. — Le service des brigades sera réglé de la manière suivante :

	1er JOUR.	2e JOUR.	3e JOUR.	4e JOUR.
De 7 heures du matin à 10 heures..............	A	B	C	A
De 10 heures du matin à 2 heures du soir........	C	A	B	C
De 2 heures à 5 heures du soir....................	A	B	C	A
De 5 heures à 9 heures du soir....................	B	C	A	B
De 9 heures du soir à minuit....................	A	B	C	A
De minuit à 7 heures du matin....................	C	A	B	C

Et ainsi de suite.

Le service de sept heures du matin à minuit sera considéré comme service de jour, et celui de minuit à sept heures du matin comme service de nuit.

Pendant le service de jour, un gardien de la paix fera le service de chaque îlot.

Le service de nuit sera divisé en deux périodes : pendant chaque période, moitié de la sous-brigade restera au poste de police comme réserve, et l'autre moitié sera répartie dans les divers îlots. Les hommes marcheront deux par deux.

Art. 55. — Lorsqu'une brigade devra prendre le service, les hommes de chaque sous-brigade se réuniront au poste de leurs quartiers respectifs dix minutes avant l'heure fixée pour le relevé. Le plus ancien sous-brigadier fera l'appel des hommes, vérifiera si leur tenue est convenable et s'ils sont en état de faire un bon service. Il leur fera connaître les recommandations ou instructions nouvelles, s'il y en a. Si l'un des hommes de service manque à l'appel, il le fera remplacer immédiatement par un homme de la réserve, et le signalera sur son rapport. Les hommes se rendront ensuite à leurs îlots respectifs et relèveront ceux qui les précédaient dans le service.

Art. 56. — Les gardiens de la paix devront, pendant

tout le temps de leur service, parcourir, sans discontinuer, l'îlot auquel ils sont attachés.

Ils feront ce parcours dans le sens et dans l'espace de
temps qui aura été déterminé.

Ils ne pourront s'arrêter pour causer, soit entre eux,
soit avec des particuliers, si ce n'est pour les besoins du
service.

Toute conversation avec les filles publiques leur est
particulièrement interdite.

Pendant le service de nuit, les gardiens de la paix de
ronde se tiendront : l'un, d'un côté; le second, de l'autre
côté de la rue; ils ne causeront pas et mettront toute
leur attention à la surveillance dont ils sont chargés.

Art. 57. — Chaque gardien de la paix devra s'attacher
à connaître les habitants de son îlot, afin de pouvoir
protéger d'une manière utile leurs personnes et leurs
propriétés.

Art. 58. — Pendant la durée de son service, il surveillera avec soin toute personne inconnue, dont la conduite
et les allures lui paraîtront suspectes, de manière à prévenir tous crimes et délits contre la chose publique,
contre les personnes et les biens des particuliers.

Il devra également veiller à l'exécution des lois et
règlements de police, et notamment de ceux qui ont
pour objet la liberté et la sûreté de la voie publique et
la salubrité.

Art. 59. — Les gardiens de la paix devront connaître
parfaitement toutes les rues, places, passages, impasses, etc., de la division à laquelles ils sont attachés.

Ils devront également s'étudier à connaître toutes les
rues, passages, etc., de la ville de Paris, de manière à
pouvoir donner aux habitants et aux étrangers des indications utiles.

Art. 60. — Les gardiens de la paix devront se rappeler
sans cesse que leur premier devoir est de chercher à
prévenir les crimes, délits et contraventions, et que la
police n'est appelée à réprimer que lorsqu'il lui a été
impossible de prévenir.

En matière de contravention principalement, ils devront toujours prévenir tout particulier qu'ils verront
sur le point de commettre une infraction aux lois et
règlements, et ils ne la constateront que lorsque leurs

avertissements seront demeurés sans résultat ou que la mauvaise volonté sera évidente.

Art. 61. — Les gardiens de la paix feront des rapports des contraventions qu'ils auront constatées, et l'officier de paix transmettra ces rapports au chef de la Police Municipale, qui leur donnera la suite convenable.

Les officiers de paix déposeront ou feront déposer chaque jour au commissariat de police de chaque quartier une note indicative des contraventions qui auraient été constatées dans ledit quartier contre des personnes y établies ou domiciliées, afin que, s'il y a lieu, les commissaires de police puissent nous transmettre leurs observations.

Art. 62. — Les gardiens de la paix se rappelleront qu'il n'y a jamais lieu d'arrêter l'auteur d'une contravention.

Ils devront se contenter de lui demander ses nom, prénoms et domicile.

Dans le cas où l'auteur de la contravention refuserait de faire connaître ses noms, ou si, n'étant pas connu et n'étant porteur d'aucune pièce pouvant établir son individualité, il paraissait avoir donné un faux nom et un faux domicile, le gardien de la paix pourra l'inviter à l'accompagner chez le commissaire de police du quartier, pour y faire les justifications nécessaires.

Art. 63. — Si, pendant le cours de son service, un gardien de la paix opère une arrestation pour crime ou délit, il conduira aussitôt la personne arrêtée chez le commissaire de police du quartier, et, dans le cas où il ne pourrait retourner immédiatement dans son îlot, il préviendra ou fera prévenir le sous-brigadier de permanence au poste de police, afin que celui-ci pourvoie à la vacance.

Dans le cas où l'arrestation serait faite pendant les heures de fermeture du commissariat de police, la personne arrêtée sera consignée au poste le plus voisin, avec un rapport indicatif des faits, et elle sera conduite à la première heure chez le commissaire de police du quartier.

Art. 64. — Toutes les fois qu'une personne sera trouvée blessée ou malade sur la voie publique, ou retirée de l'eau en état de suffocation, et, en général, dans toute circonstance d'accident arrivé aux personnes, le gardien

de la paix de service fera transporter immédiatement
la personne blessée ou malade au poste de secours le
plus voisin.

Il préviendra, en même temps, un médecin, ainsi que
le commissaire de police du quartier, afin que tous les
secours nécessaires puissent être donnés.

ART. 65. — Un état des médecins qui peuvent être appelés pour donner des secours aux blessés, asphyxiés, etc.,
dressé par le commissaire de police du quartier, sera
toujours affiché dans les postes de police, et chaque
gardien de la paix devra connaître le nom et l'adresse
des médecins les plus voisins de l'îlot où il est de service, afin de pouvoir les appeler en cas de besoin.

ART. 66. — Aussitôt qu'un gardien de paix aura connaissance d'un feu de cheminée, il en donnera avis au
plus prochain poste de sapeurs-pompiers, et en rendra
compte au commissaire de police du quartier.

ART. 67. — S'il s'agit d'un incendie, il en informera
immédiatement le poste des sapeurs-pompiers, le poste
de police et le commissaire de police du quartier.

Le sous-brigadier de permanence se transportera aussitôt sur les lieux avec sa réserve, et fera prévenir sans
délai l'officier de paix de la division, ainsi que les agents
des eaux de Paris.

Si l'incendie présente un caractère alarmant, des
exprès seront envoyés au Chef de la Police Municipale,
qui nous avertira sans délai, et au général commandant
la place de Paris.

Le chef de la Police Municipale enverra sur les lieux
tous les renforts nécessaires.

Le commissaire de police du quartier, et, sous ses
ordres, les officiers de paix, brigadiers, etc., devront,
aussitôt leur arrivée sur le théâtre de l'incendie, veiller
à ce que l'eau soit fournie en abondance, organiser les
chaînes, et, en général, prendre toutes les mesures
utiles dans l'intérêt de l'ordre, de la sûreté des individus
et de la conservation des propriétés; quant à la direction des secours et de toutes mesures prises pour combattre l'incendie, elle devra être laissée au corps des
sapeurs-pompiers.

Ils rechercheront tous renseignements de nature à
faire connaître les causes de l'incendie.

Ils signaleront les personnes qui se seront fait remarquer par leur zèle et leur dévouement, etc.

Les gardiens de la paix de service dans les îlots voisins du lieu de l'incendie, ou qui y auraient été appelés dans les premiers moments pour donner leur concours, devront, aussitôt après l'arrivée des renforts, retourner dans leurs îlots respectifs.

ART. 68. — Un des sous-brigadiers parcourra, pendant la durée du service de la sous-brigade, le quartier dont la surveillance lui est confiée. Il examinera la manière dont les hommes s'acquittent de leurs devoirs, et rendra compte au brigadier de toutes les infractions qu'il aura remarquées.

ART. 69. — L'autre sous-brigadier restera au poste de police avec les hommes de la réserve, prêt à se porter partout où sa présence serait nécessaire.

Lorsque le service sera terminé, il recevra des hommes relevés, le rapport des faits qui se seront passés pendant la durée de ce service, et le portera au brigadier, au poste central de la division.

ART. 70. — Le sous-brigadier de permanence est responsable de la bonne tenue des hommes de réserve au poste de police.

Il devra veiller, d'une manière particulière, à ce qu'on ne dégrade pas le mobilier dudit poste, ainsi que les divers objets qui y sont déposés.

ART. 71. — *De sept heures du matin à minuit*, la réserve sera formée par les gardiens de la paix attribués à chaque division, en dehors du nombre nécessaire pour la surveillance des îlots.

La durée du service sera de huit heures et demie sur vingt-quatre heures, pour les hommes qui seront de réserve dans les postes.

L'officier de paix distribuera, chaque jour, les gardiens de la paix de réserve dans les postes des divers quartiers, selon les besoins.

De minuit à sept heures du matin, la réserve sera fournie naturellement par les hommes qui, aux termes de l'article 54, doivent rester au poste.

ART. 72. — Il y aura dans chaque poste de police :

Une boîte de secours,

Un brancard et ses accessoires,

Un tableau indiquant le service d'alternat des commissaires de police,

Un tableau indiquant les noms et adresses des médecins du quartier qui peuvent être appelés en cas de besoin,

Un tableau indiquant les noms et adresses des agents des eaux de Paris,

Un tableau indiquant les lieux de remisage des tonneaux de porteurs d'eau dans le quartier,

Enfin, un état des postes des sapeurs-pompiers.

ART. 73. — Le brigadier, au moment où sa brigade prendra le service, se trouvera à l'un des postes du quartier.

Il prendra alternativement chaque poste, de manière à s'assurer que le relevé se fait partout d'une manière convenable, et que les sous-brigadiers s'acquittent avec zèle de leurs fonctions.

Il parcourra ensuite tout ou partie de la division, pour contrôler le service, et rentrera, au moment du relevé, au poste central de la division, pour recevoir les rapports des sous-brigadiers. Il remettra ces rapports et le compte-rendu de sa surveillance à l'officier de paix.

ART. 74. — L'officier de paix est responsable du bon service de jour et de nuit de la division à laquelle il est attaché.

Il devra donc veiller continuellement à ce que le service soit fait et surveillé avec régularité et intelligence dans toute l'étendue de la division.

A cet effet, il visitera, une fois au moins, pendant les vingt-quatre heures, les postes de police, et parcourra les divers quartiers pour se rendre compte personnellement de la conduite des hommes placés sous ses ordres.

Il verra, chaque jour, deux au moins des commissaires de police établis dans sa division, afin de recueillir tous les renseignements qui pourraient être utiles à la bonne administration de la police.

ART. 75. — Il transmettra au chef de la Police Municipale, tous les matins avant huit heures, un rapport indicatif des opérations qui se seront faites, des crimes, délits ou contraventions qui auront été prévenus ou constatés, des accidents qui auront eu lieu, enfin de tout ce qui se sera passé dans sa division pendant la journée précédente.

Il indiquera en même temps, dans ce rapport, si les faits lui ont été signalés par le gardien de la paix de service dans l'îlot où ils ont eu lieu, et, dans le cas de la négative, les motifs qui ont empêché le gardien de la paix de les signaler.

ART. 76. — Indépendamment de ce rapport quotidien, il transmettra au Chef de la Police Municipale, aussitôt après le relevé de chaque brigade, un rapport sommaire indiquant qu'il n'y a rien de nouveau, ou signalant les faits importants qu'il serait urgent de faire connaître.

ART. 77. — Tous les jours, à midi, il se rendra à la Préfecture de police pour prendre les ordres que lui transmettra le Chef de la Police Municipale.

S'il reçoit quelques instructions relatives au service, il les fera connaître et les expliquera aux brigadiers sous ses ordres : ceux-ci les transmettront à leur tour aux sous-brigadiers, et l'officier de paix devra s'assurer avec le plus grand soin que les instructions sont régulièrement transmises et parfaitement comprises par tous les hommes.

ART. 78. — Le devoir de l'officier de paix est de s'attacher à connaître tous les hommes placés sous ses ordres, et de veiller à ce que les brigadiers et sous-brigadiers les connaissent parfaitement.

Il interrogera souvent les hommes placés sous ses ordres, et s'assurera qu'ils comprennent la nature des fonctions qui leur sont confiées; enfin, il devra se rendre compte de la conduite, du zèle et de l'intelligence de chacun, de manière à pouvoir signaler au Chef de la Police Municipale ceux qui lui paraîtraient dignes d'avancement.

ART. 79. — L'officier de paix devra demeurer dans la division à laquelle il est attaché.

Les brigadiers devront également demeurer dans la division.

Les sous-brigadiers et gardiens de la paix devront loger dans leurs quartiers respectifs.

Lorsque des maisons spéciales auront été adoptées pour le logement de la police, les officiers de paix, brigadiers, sous-brigadiers et gardiens de la paix seront tenus de prendre leur logement dans ces maisons.

Jusque-là, si la cherté des loyers dans certains quar-

tiers empêche les sous-brigadiers et gardiens de la paix
d'y trouver un logement, ils pourront, sur leur demande,
être autorisés par le chef de la Police Municipale à
prendre leur logement dans le quartier le plus voisin.

Art. 80. — Les services spéciaux comprennent :

1° Les brigades centrales,

2° Le service des halles,

3° Le service des voitures,

4° Le service de sûreté,

5° Le service des garnis,

6° Le service du dispensaire,

7° Les brigades de recherches.

Art. 81.—Les brigades centrales sont au nombre de cinq.

Elles sont composées chacune de :

    1 officier de paix,

    1 brigadier,

    12 sous-brigadiers,

    100 gardiens de la paix.

Elles forment à la Préfecture de police, sous l'autorité
du Chef de la Police Municipale, une réserve toujours
prête à se porter où il est nécessaire pour le maintien
de l'ordre.

Elles sont chargées du service des théâtres, bals, fêtes
publiques, etc.

Art. 82. — Une brigade composée de :

    1 officier de paix,

    2 brigadiers,

    10 sous-brigadiers,

    80 gardiens,

assure la circulation sur le périmètre des halles, veille à
l'exécution des règlements relatifs au placement des
voitures, au dépôt et à l'enlèvement des marchandises.

Elle prévient les fraudes et arrête les querelles et les
rixes.

Art. 83. — Une brigade composée de :

    1 officier de paix,

    2 brigadiers,

    10 sous-brigadiers,

    75 gardiens de la paix,

est chargée de veiller à l'exécution des lois et règlements
concernant les voitures publiques et autres.

Elle fournit chaque jour un certain nombre d'hommes

pour assurer l'arrivée et le défilé des voitures aux théâtres, bals, et dans les fêtes et cérémonies publiques.

L'arrêté du 15 janvier 1841, relatif à l'organisation d'un service permanent de surveillance sur les stations de voitures de place, continuera à être exécuté, sauf ce qui vient d'être dit pour la direction du service.

Art. 84. — La brigade dite *de sûreté*, composée de :

    1 officier de paix,

    7 inspecteurs principaux,

    9 brigadiers,

    45 sous-brigadiers,

    172 inspecteurs,

est chargée de la recherche des malfaiteurs, des libérés en surveillance ou ayant rompu leur ban, de l'exécution des mandats de justice, jugements et arrêts.

L'officier de paix fournira, tous les mois, au Chef de la Police Municipale, pour nous être transmis, un état des mandats d'amener ou d'arrêt, des extraits de jugements et arrêts, réquisitoires, etc., dont l'exécution lui aura été confiée; il indiquera la suite qui aura été donnée à ces mandats ou extraits, et, à l'égard de ceux restés en souffrance, il mentionnera les causes de la non-exécution.

Art. 85. — Une brigade, composée de :

    1 officier de paix,

    2 inspecteurs principaux,

    2 brigadiers,

    13 sous-brigadiers,

    104 inspecteurs,

est chargée de veiller à l'exécution des règlements concernant les hôtels et les maisons garnis;

Elle a la surveillance des réfugiés et des étrangers en général;

Elle est, en outre, chargée de la recherche des maisons de jeu et loteries clandestines.

Art. 86. — Une brigade, composée de :

    1 officier de paix,

    1 brigadier,

    30 inspecteurs,

est chargée de la surveillance des maisons de tolérance, de la répression de la prostitution clandestine, et, en général, de l'exécution de tous les règlements concernant les filles publiques.

Art. 87. — Une brigade de :

4 officiers de paix,

9 inspecteurs principaux,

8 brigadiers,

36 sous-brigadiers,

200 inspecteurs,

composant les brigades de recherches chargées des recherches dans l'intérêt des familles, des investigations réclamées par les administrations publiques, des surveillances protectrices et préventives de tous genres.

Art. 88. — Des inspecteurs restent hors cadres, détachés dans divers services, ainsi, par exemple, au ministère de l'intérieur, aux chemins de fer, à l'état-major de la division, etc., etc.

Ils fourniront le bureau de permanence.

Ce bureau, dont le Chef de la Police Municipale réglera le service et la composition, est placé à la Préfecture de police. Il est ouvert, jour et nuit, pour la réception des individus arrêtés, et des procès-verbaux et pièces à conviction qui les concernent.

Si, en dehors des services particuliers qui dépendent de la Police Municipale, il était nécessaire, par suite de besoins momentanés, de mettre quelques hommes à la disposition des commissaires de police, chefs de bureau, etc., le Chef de la Police Municipale pourra détacher, soit des gardiens de la paix, soit des inspecteurs, selon les nécessités du service.

Art. 89. — Les officiers de paix, inspecteurs principaux, brigadiers, sous-brigadiers, gardiens de la paix et inspecteurs attachés aux services spéciaux seront tenus de se loger aux abords de la Préfecture de police.

CHAPITRE IV

DU CONTRÔLE GÉNÉRAL

Art. 90. — Conformément aux dispositions du décret du 17 septembre 1854, un commissaire de police est chargé du contrôle général du service de la Police Municipale et des autres services extérieurs de la Préfecture de police.

ART. 91. — Le commissaire contrôleur général est nommé *commissaire de police de la Ville de Paris*, par décret du Président de la République. Il est chargé du contrôle général par arrêté signé de nous.

ART. 92. — Ses bureaux sont placés à la Préfecture de police.

ART. 93. — Il visitera et fera visiter, de jour et de nuit, les arrondissements, et nous rendra compte, chaque matin, des résultats du contrôle.

Lors des fêtes et cérémonies publiques, il recevra communication de la distribution des divers services, afin de pouvoir vérifier si nos instructions sont exactement suivies.

Il nous signalera, en général, toutes les améliorations qui lui paraîtraient utiles dans l'intérêt d'un bon service.

ART. 94. — Il fera les enquêtes sur les plainte sportées contre les fonctionnaires ou employés, appartenant aux divers services de la Préfecture de police, et nous les transmettra avec son avis.

ART. 95. — Il y aura sous ses ordres :

1 secrétaire,
1 inspecteur principal,
1 officier de paix,
2 brigadiers,
4 sous-brigadiers,
38 inspecteurs.

ART. 96. — L'officier de paix sera nommé officier de paix de la Ville de Paris, par arrêté du ministre de l'intérieur.

Il sera attaché au contrôle général, par arrêté signé de nous.

Les secrétaire, brigadiers, sous-brigadiers et inspecteurs seront nommés par arrêté signé de nous.

ART. 97. — Le contrôleur général, l'officier de paix et tous les employés du contrôle devront loger aux abords de la Préfecture de police.

CHAPITRE V

DISPOSITIONS GÉNÉRALES

ART. 98. — Les inspecteurs, gardiens de la paix, sous-brigadiers, brigadiers, et, en général, toutes les personnes appartenant au service de la police, doivent tout leur temps à ce service. Ils peuvent donc être appelés à toute heure, en dehors du service ordinaire, et doivent être prêts à répondre au premier appel.

ART. 99. — Les inspecteurs, gardiens de la paix, etc., doivent obéir immédiatement et ponctuellement à tous les ordres qui leur sont donnés par leurs supérieurs.

ART. 100. — Les inspecteurs, gardiens de la paix, sous-brigadiers et brigadiers ne peuvent être concierges, ni tenir boutiques. Il est également interdit à leurs femmes d'être concierges, et elles ne pourront tenir boutiques dans la division à laquelle leurs maris seront attachés.

ART. 101. — Il est expressément interdit aux inspecteurs, aux gardiens de la paix, sous-brigadiers et brigadiers de service, d'entrer dans les boutiques de marchands de vin, débits de liqueurs, cafés, etc., à moins qu'ils n'y soient appelés pour l'exercice immédiat de leurs fonctions, et, dans ce cas, ils devront toujours rendre compte à leurs chefs des motifs de leur présence dans ces établissements.

Les inspecteurs, gardiens de la paix, sous-brigadiers, brigadiers, etc., de service dans les bals publics, cafés-concerts, etc., ne devront ni s'attabler, ni prendre aucun rafraîchissement dans lesdits établissements.

En dehors du service, les gardiens de la paix, brigadiers et sous-brigadiers ne pourront entrer en uniforme dans aucun café, débit de vin et de liqueurs ou autres établissements de même nature.

ART. 102. — Il est également interdit de fumer en uniforme sur la voie publique, ainsi que dans les bals et autres établissements où le public serait autorisé à fumer.

ART. 103. — Toute tenue négligée, tout fait d'ivresse seront sévèrement punis.

Art. 104. — Les inspecteurs, gardiens de la paix, sous-brigadiers, brigadiers, inspecteurs principaux et officiers de paix de service dans les théâtres, bals, concerts et autres lieux publics, ne devront, sous aucun prétexte, solliciter ni accepter de billets ou entrées de faveur des directeurs desdits établissements.

Ils ne pourront non plus favoriser indûment l'entrée de qui que ce soit dans les mêmes établissements.

Art. 105. — Il est expressément défendu à toute personne appartenant au service de la police, de recevoir de l'argent ou des gratifications de qui que ce soit, sans notre autorisation.

Art. 106. — Les inspecteurs, gardiens de la paix, sous-brigadiers, brigadiers, etc., devront toujours se montrer polis et convenables vis-à-vis du public.

Lorsqu'ils auront à intervenir, soit pour l'exécution des lois et règlements, soit pour l'exécution d'un mandat, ils devront agir avec fermeté, mais, en même temps, avec calme et modération.

Nous ne laisserons impuni aucun acte d'impolitesse, de grossièreté ou de violence.

Art. 107. — Le Chef de la Police Municipale nous rendra compte de toute plainte portée par les inspecteurs, gardiens de la paix, sous-brigadiers, brigadiers, etc., pour outrages ou violences envers eux dans l'exercice, ou à l'occasion de l'exercice de leurs fonctions, et nous nous réservons de transmettre ces plaintes, s'il y a lieu, à M. le Procureur de la République.

Art. 108. — L'état de maladie ou un congé sont les deux seuls motifs valables qui puissent empêcher toute personne appartenant à la police de se rendre à son service.

Art. 109. — Les inspecteurs, gardiens de la paix, sous-brigadiers et brigadiers qui, par maladie, se trouveraient hors d'état de faire leur service, seront tenus d'en donner avis immédiatement à leur officier de paix.

L'officier de paix transmettra cet avis au Chef de la Police Municipale, qui informera de la maladie le médecin en chef, et celui-ci préviendra le médecin de la division où demeure le malade.

Art. 110. — Les officiers de paix remettront, tous les matins, au Chef de la Police Municipale, avec le rapport de la journée précédente, l'effectif de leurs brigades respectives et l'état des malades.

ART. 111. — Les inspecteurs, gardiens de la paix, etc., qui, pour cause de maladie, auront cessé leur service, devront garder la chambre, à moins qu'ils ne soient autorisés à sortir par le médecin en chef. Dans ce cas, l'autorisation indiquera les heures de sortie.

ART. 112. — Ils devront reprendre leur service au jour indiqué par le médecin, et, dans le cas où ils voudraient le reprendre avant le jour fixé, ils devront l'en prévenir.

ART. 113. — Des congés peuvent être accordés par nous, lorsqu'il y a cause valable et que les exigences du service le permettent.

Ils ne peuvent, en général, excéder quinze jours.

Toutes les demandes de congés nous seront adressées par la voie hiérarchique, avec l'avis du chef de service.

ART. 114. — Toute infraction aux dispositions du présent règlement peut entraîner, suivant les circonstances :

La réprimande, avec ou sans mise à l'ordre du jour;

La retenue du traitement, avec ou sans suspension de service, pendant un temps déterminé;

La privation de grade pour les sous-brigadiers, brigadiers et inspecteurs principaux;

La révocation.

ART. 115. — Le secrétaire général de la Préfecture de police, le Chef de la Police Municipale et le Contrôleur général des services extérieurs sont chargés, chacun en ce qui le concerne, de l'exécution du présent arrêté.

FAC-SIMILÉ

DE LA

CARTE DES FILLES PUBLIQUES

On remarquera, au chapitre des *Obligations et défenses,* que les filles ne doivent pas se promener sur les boulevards, de la rue Montmartre à la Madeleine, les jardins et abords du Palais-Royal,... les Champs-Élysées, l'esplanade des Invalides, les anciens boulevards extérieurs...

Il leur est également défendu « de partager leur « logement avec un concubinaire (terme adminis- « tratif qui a un autre nom dans le langage des « faubourgs), ou avec une autre fille, ou de loger en « garni sans autorisation. »

Toutes ces précautions excellentes sont loin d'être appliquées.

NOUVEAU MODÈLE

RECTO

188	(Nom de la fille)			
MOIS	**1re 15ne**	**VISA**	**2e 15ne**	**VISA**
Janvier				
Février		Ici sont apposés les visas après la visite du médecin du dispensaire.		
Mars				
Avril				

VERSO

Mai				
Juin				
Juillet				
Août				
Septembre				
Octobre				
Novembre				
Décembre				

ANCIEN MODÈLE

188	(Nom de la fille)			
MOIS	1re 15ne	VISA	2me 15ne	VISA
Janvier				
Février				
Mars				
Avril				
Mai		Ici sont apposés les visas, après la visite du médecin du dispensaire.		
Juin				
Juillet				
Août				
Septembre				
Octobre				
Novembre				
Décembre				

(*Modèle n° 49.*)

OBLIGATIONS ET DÉFENSES

IMPOSÉES AUX FEMMES PUBLIQUES

Les filles publiques en carte sont tenues de se présenter, une fois au moins tous les quinze jours, au dispensaire de salubrité, pour être visitées.

Il leur est enjoint d'exhiber leur carte à toute réquisition des officiers et agents de police.

Il leur est défendu de provoquer à la débauche, pendant le jour ; elles ne pourront entrer en circulation sur la voie publique, qu'une demi-heure après l'heure fixée pour le commencement de l'allumage des réverbères, et, en aucune saison, avant sept heures du soir, et y rester après onze heures.

Elles doivent avoir une mise simple et décente qui ne puisse attirer les regards, soit par la richesse ou les couleurs éclatantes des étoffes, soit par les modes exagérées.

La coiffure en cheveux leur est interdite.

Défense expresse leur est faite de parler à des hommes accompagnés de femmes ou d'enfants, et d'adresser à qui que ce soit des provocations à haute voix ou avec insistance.

Elles ne peuvent, à quelque heure et sous quelque prétexte que ce soit, se montrer à leurs fenêtres, qui doivent être tenues constamment fermées et garnies de rideaux.

Il leur est défendu de stationner sur la voie publique, d'y former des groupes, d'y circuler en réunion, d'aller et venir dans un espace trop resserré, et de se faire suivre ou accompagner par des hommes.

Les pourtours et abords des églises et temples, à distance de vingt mètres au moins, les passages couverts, *les boulevards de la rue Montmartre à la Madeleine, les jardins et abords du Palais-Royal*, des Tuilleries, du Luxembourg, et le jardin des Plantes leur sont interdits. *Les Champs-Élysées, l'esplanade des Invalides, les anciens boulevards extérieurs, les quais, les ponts, et généralement les rues et lieux déserts et obscurs leur sont également interdits.*

Il leur est expressément défendu de fréquenter les établissements publics ou maisons particulières où l'on favoriserait clandestinement la prostitution, et les tables d'hôte, de prendre domicile dans les maisons où existent des pensionnats ou externats, et d'exercer en dehors du quartier qu'elles habitent.

Il leur est également défendu *de partager leur logement avec un concubinaire ou avec une autre fille, ou de loger en garni sans autorisation.*

Les filles publiques s'abstiendront, lorsqu'elles seront dans leur domicile, de tout ce qui pourrait donner lieu à des plaintes des voisins ou des passants.

Celles qui contreviendront aux dispositions qui précèdent, celles qui resisteront aux agents de l'autorité, celles qui donneront de fausses indications de demeure ou de noms, encourront des peines proportionnées à la gravité des cas.

PRÉFECTURE DE POLICE

SERVICE DES MŒURS

RÈGLEMENT

1re DIVISION — 2e BUREAU — 3e SECTION

ARRÊTÉ du Préfet de Police, en date du 15 octobre 1878, réglementant les diverses opérations du service des Mœurs.

PARIS, *le 15 octobre 1878.*

Nous, Préfet de police,

ARRÊTONS :

ARTICLE UNIQUE. — L'instruction réglementaire de 16 novembre 1843, concernant les diverses opérations du Service des Mœurs est et demeure modifiée comme il est dit ci-après. Elle sera imprimée et remise aux Commissaires de police, ainsi qu'à tous les employés des services intéressés.

Le Préfet de police,

Albert GIGOT.

INSTRUCTION RÉGLEMENTAIRE

Concernant les diverses opérations du Service des Mœurs

1

PROSTITUTION CLANDESTINE

§ 1. — (*Perquisitions et visites dans les maisons particulières, dans les hôtels garnis et dans les cabarets et débits de boissons*). — Les inspecteurs du service actif des Mœurs, à qui une maison particulière ou un hôtel garni aura été signalé comme lieu clandestin de prostitution, en informeront immédiatement leur officier de paix qui adressera un rapport au Chef de la Police Municipale.

Le Chef de la Police Municipale fera procéder à une information précise et scrupuleuse dont il sera rendu compte au Préfet de police, par le chef de la 1re division, qui lui proposera, s'il y a lieu, de décerner un mandat de perquisition.

Ce mandat, délivré en vertu de l'article 10 de la loi du 22 juillet 1791 et exécutoire à toute heure du jour et de nuit, dans le cas de notoriété, sera ensuite transmis au Chef de la Police Municipale avec une note contenant les indications propres à en faciliter l'exécution.

Les inspecteurs chargés de l'opération se rendront chez le commissaire de police du quartier, pour l'avertir de leur mission, afin qu'il soit prêt au moment où son intervention sera réclamée.

L'autorisation de loger en garni, accordée aux filles publiques qui, en raison de leur âge ou de leurs infirmités, ne peuvent se placer en maison de tolérance, et n'ont pas d'ailleurs le moyen de loger dans leurs meubles, n'a d'autre but que de leur assurer un asile et ne peut les soustraire aux conséquences de la contravention qu'elles commettraient en se livrant à la prostitution dans le garni qu'elles habitent.

Il y aurait lieu, dès lors, d'arrêter ces filles si, par suite de visites opérées en vertu de mandats, elles étaient trouvées avec des hommes qu'elles auraient provoqués, fait qui constituerait d'ailleurs à la charge des logeurs la contravention à l'article 5 de l'ordonnance du 6 novembre 1778 ; mais il n'en devrait pas être de même à l'égard des filles trouvées avec des hommes dont elles partageraient le logement, à titre de concubines, circonstance qu'il serait facile d'établir par le relevé du registre de police.

Quant aux cabarets ou autres débits de boissons, dans lesquels on favorise notoirement la prostitution clandestine, les commissaires de police peuvent y pénétrer sans mandat jusqu'à l'heure de la fermeture, et même plus tard, si ces établissements restent ouverts contrairement aux ordonnances de police.

Ils pourront visiter les locaux réservés au public, afin de constater, au besoin, les infractions de l'article 14 de l'ordonnance du 18 novembre 1780.

Les inspecteurs qui, dans le cours de leur surveillance, remarqueraient des faits constituant ces infractions devraient en avertir le commissaire de police du quartier (1).

§ 2. — *Des filles insoumises.* — Les inspecteurs doivent agir avec la plus grande circonspection à l'égard des filles insoumises qu'ils rencontrent sur la voie publi-

---

(1) N.-B. — La Cour de Cassation a décidé, par plusieurs arrêts (30 juin et 14 juillet 1838 et 30 mars 1839) que les procès-verbaux ou rapports des inspecteurs de police ne peuvent faire seuls, en l'absence de toute autre preuve, foi des contraventions qu'ils constatent, et qu'il en est de même d'un procès-verbal dressé par un commissaire de police, sur le rapport des inspecteurs, lorsqu'il n'a pas lui-même vérifié les faits.

Il ne résulte pas de cette jurisprudence que les agents n'aient pas le droit de constater les contraventions, mais leurs rapports doivent être validés soit par l'aveu des contrevenants qui reconnaissent pour constants les faits à eux imputés, soit par les moyens que le tribunal juge à propos d'indiquer.

que et ne les arrêter qu'à la suite d'une surveillance
et après la constatation de faits précis et multipliés de
provocation à la débauche.

Il y aura lieu de procéder à l'arrestation d'une fille
insoumise dans un lieu public notoirement ouvert à la
prostitution, lorsqu'il y aura trace de flagrant délit ou
aveu de la part de la fille ou de l'homme trouvé avec
elle, que cette fille a provoqué à un acte de débauche.

Dans quelques circonstances qu'elles aient été arrêtées,
les filles insoumises seront conduites, dans le plus bref
délai, au bureau du commissaire de police du quartier
où l'arrestation aura lieu, conformément aux prescrip-
tions de la circulaire du 24 mars 1837, pour y être inter-
rogées sans retard.

Les inspecteurs observeront toujours vis-à-vis de ces
femmes, les convenances que commande la dignité de
l'administration, sauf à faire constater juridiquement les
outrages ou les voies de fait dont ils auraient été l'objet
de leur part. Ils s'abstiendront, de la manière la plus
absolue, de tout moyen de provocation.

Les inspecteurs qui mettront une fille insoumise à la
disposition d'un commissaire de police, déposeront entre
les mains de ce fonctionnaire, à moins qu'il ne reçoive
leur déclaration circonstanciée, un rapport détaillé énon-
çant les faits imputés à cette fille.

Les inspecteurs qui auront mis une fille insoumise à
la disposition d'un commissaire de police ou qui auront
assisté un commissaire de police dans l'arrestation d'une
fille insoumise, en vertu d'un mandat, dans un lieu
public, vérifieront immédiatement si cette fille est réelle-
ment domiciliée à l'adresse qu'elle aura indiquée et si
elle est connue des personnes chez lesquelles elle aura
déclaré avoir servi ou travaillé.

Ils prendront, avec soin, des renseignements sur sa
conduite et ses moyens d'existence, et en rendront compte,
par un rapport spécial, au Chef de la Police Municipale
qui transmettra ce rapport au Chef de la 1re division.

Les inspecteurs ne perdront jamais de vue que l'objet
des perquisitions et visites faites, en vertu de mandats,
est la recherche des femmes ou filles qui se livrent à la
prostitution publique, et non de celles qui n'ont à se
reprocher qu'un fait de débauche privée, lequel, pour

être répréhensible, ne doit pas cependant, exposer celle qui s'en rend coupable aux conséquences qui ne doivent atteindre que les vraies prostituées.

Ainsi, de ce qu'une femme est trouvée dans une maison garnie ou dans un lieu public, en état flagrant de débauche, il ne résulte pas contre cette femme imputation suffisante de prostitution, si elle est en relations habituelles avec l'homme qu'elle accompagne, et s'il n'est articulé aucun fait de provocation à la débauche moyennant argent. Il est expressément recommandé, lorsque des femmes sont trouvées couchées seules, même dans des maisons mal famées, de ne point procéder à leur arrestation, à moins que les circonstances ne donnent au commissaire de police la conviction que ces filles viennent de se livrer à un acte de prostitution.

Les commissaires de police devront examiner, avec soin, et dans le plus bref délai, les circonstances qui ont donné lieu à l'arrestation des filles insoumises ; ils décideront, après avoir entendu la personne arrêtée, si l'arrestation doit être maintenue. Dans le cas où ils jugeraient utile de procéder d'urgence à certaines vérifications, ils pourront y pourvoir en faisant adresser un télégramme au Chef de la Police Municipale, par le poste de l'officier de paix de l'arrondissement.

Ils dresseront procès-verbal de l'interrogatoire auquel ils auront soumis les personnes arrêtées.

Il leur est expressément interdit de se servir pour cet interrogatoire de formules imprimées.

II

PROSTITUTION TOLÉRÉE

1° *Maisons de tolérance.* — Les inspecteurs doivent exercer une surveillance journalière sur les maisons de tolérance, à l'effet de s'assurer qu'il ne s'y passe rien de contraire à la tranquillité publique et au bon ordre, et que les maîtresses de maison se conforment rigoureusement aux conditions particulières qui leur sont imposées, ainsi qu'aux obligations d'ordre général, notoirement en ce qui concerne la mise et le nombre des filles qui peuvent circuler et les heures de sortie et de rentrée.

Quant aux entrées et aux sorties qui ont lieu furtivement, après l'heure de fermeture, elles ne constitueraient une contravention punissable qu'autant qu'il en résulterait un bruit de nature à troubler le repos public.

Les inspecteurs rendront compte, sans retard, par un rapport spécial, de tout fait grave ou extraordinaire qui se passerait dans ces maisons et rappelleront sans cesse aux maîtresses qu'elles doivent en donner immédiatement avis au commissaire de police de leur quartier, quand elles ne pourront en informer, en temps opportun, le bureau administratif ou l'officier de paix de l'attribution des mœurs.

Ils veilleront à la rigoureuse observation de la défense faite aux maîtresses de maison de recevoir des élèves des lycées ou écoles civiles ou militaires en uniforme ou des jeunes gens au-dessous de l'âge de dix-huit ans, et signaleront les infractions commises.

2° *Filles inscrites*. — Les inspecteurs veilleront constamment à l'exécution de toutes les dispositions de l'arrêté du 1er septembre 1842.

Ils exigeront des filles isolées, soit dans les visites des garnis et autres lieux, soit dans le cours de leur surveillance sur la voie publique, la représentation de leur carte, afin de s'assurer de leur exactitude à la visite, et de rechercher les retardataires qui leur auraient été signalées par les bulletins semi-mensuels délivrés par le bureau administratif.

Ils accompagneront, au besoin, à leur domicile, celles dont ils auraient des raisons de suspecter la véracité au sujet de l'absence de leur carte.

Les inspecteurs qui, chargés d'amener une fille inscrite au bureau administratif, ne l'auront pas trouvée à son domicile, se borneront à rendre compte de cette circonstance, sans laisser de trace de leur mission, afin de ne pas donner à la fille recherchée l'idée de disparaître.

3° *Filles disparues*. — La recherche des filles *disparues* doit être faite avec la plus grande circonspection.

Les inspecteurs devront se borner, à l'égard des filles disparues qui seraient rentrées dans leur famille, qui se livreraient à un travail honnête ou qui ne paraîtraient plus tirer leurs moyens d'existence de la prostitution publique, à faire connaître, par un rapport particulier, la situation actuelle de ces femmes.

Ils n'amèneront au bureau administratif que les *filles disparues* qui seraient trouvées dans des maisons de tolérance, chez des filles publiques ou dans des lieux publics ouverts à la prostitution, et celles qui, rencontrées sur la voie publique, dans une maison garnie ou particulière, ne seraient dans aucun des cas d'exception sus-énoncés.

III

TRANSLATION A LA PRÉFECTURE DES FILLES ARRÊTÉES

Les filles publiques que les inspecteurs arrêteront dans Paris ou dans la banlieue et qu'ils ne pourront amener immédiatement à la Préfecture de police, seront déposées dans les postes d'où elles seront transférées au Dépôt.

IV

DISPOSITIONS PARTICULIÈRES

1. *Outrages publics à la pudeur (Sodomie).* — La surveillance des inspecteurs du service actif des Mœurs s'étendra sur tous les délits d'outrage public à la pudeur, et principalement sur les actes de sodomie.

Mais ils s'abstiendront expressément de tout moyen qui paraîtrait avoir le caractère de la provocation, et s'attacheront surtout à constater le flagrant délit.

Le fait de sodomie tenté ou consommé dans un lieu ouvert au public constitue le délit d'outrage public à la pudeur.

V

SERVICE ADMINISTRATIF

Préalablement à toute opération, le commissaire-interrogateur, Chef du bureau des Mœurs, devra procéder à l'examen des pièces relatives à l'arrestation des filles insoumises, afin de rechercher les cas où il y aurait lieu de surseoir à la visite corporelle.

L'interrogatoire des filles insoumises est fait par le commissaire-interrogateur en personne; il donne lecture à la fille des déclarations par elle faites et lui fait signer le procès-verbal dressé à cette occasion. Il entend, au besoin, les agents.

Lorsqu'il s'agira de procéder à l'inscription d'une fille insoumise majeure qui refuse de se soumettre aux obligations sanitaires et administratives ou d'une fille insoumise *mineure*, au lieu de se borner comme on l'a fait jusqu'ici à un exposé écrit des faits, la décision sera réservée à une commission composée du Préfet ou de son délégué, du Chef de la 1re division et du commissaire-interrogateur. Cette commission entendra la femme arrêtée et les agents.

Il importe de rappeler que les filles publiques, au moment de leur inscription, reçoivent un avis imprimé portant qu'elles peuvent obtenir leur radiation des contrôles de la prostitution, sur leur demande, et s'il est établi par une vérification, faite d'ailleurs avec discrétion et réserve, qu'elles ont cessé de se livrer à la débauche.

En ce qui touche les punitions disciplinaires à infliger aux filles inscrites, on continuera de procéder comme aujourd'hui, c'est-à-dire que les punitions seront infligées par le Préfet, sur les propositions du commissaire-interrogateur, visées par le Chef de la 1re division. Toutefois, dans le cas où une fille inscrite réclamerait contre la punition qui lui est infligée, sa réclamation sera portée sans délai devant une commission, composée du Préfet de police ou de son délégué, assisté de deux commissaires de police de la Ville de Paris appelés à tour de rôle.

Cette commission statuera après avoir entendu la personne arrêtée, ainsi que les agents s'il y a lieu.

Lorsque la commission ne sera pas présidée par le Préfet personnellement, sa décision devra être ratifiée par lui.

Afin d'assurer la permanence du service, le sous-chef de la 3e section du 2e bureau sera nommé commissaire-

interrogateur *suppléant*, mais il n'interviendra qu'en cas
d'empêchement du commissaire-interrogateur titulaire.

SERVICE MÉDICAL

Bien qu'il ne se soit produit aucun cas où la visite
corporelle ait été faite de force, il sera recommandé au
service médical de s'abstenir d'y procéder dans le cas où
il rencontrerait une résistance.

L'incident sera, dans ce cas, porté immédiatement à la
connaissance du Préfet.

SERVICE

DES

GARDIENS DE LA PAIX

DANS LES

20 ARRONDISSEMENTS DE PARIS

1er Arrondissement

Effectif : 1 officier de paix, 3 brigadiers, 24 sous-brigadiers, 264 gardiens de la paix.

Quartier Saint-Germain-l'Auxerrois. — Poste de police : Rue Perrault (Mairie, poste central).

12 ILOTS

ILOT N° 1. — Pont-Neuf. — Quai de l'Horloge. — Boulevard du Palais. — Quai des Orfèvres.

— 2. — Quai de la Mégisserie. — Rue des Lavandières-Sainte-Opportune. — Rue de Rivoli. — Boulevard de Sébastopol. — Place du Châtelet.

— 3. — Rue Bertin-Poirée. — Rue de Rivoli. — Rue des Lavandières-Sainte-Opportune. — Quai de la Mégisserie.

— 4. — Rue de Rivoli. — Rue Bertin-Poirée. — Quai de la Mégisserie. — Rue du Pont-Neuf.

— 5. — Rue de Rivoli. — Rue du Pont-Neuf. — Quai du Louvre. — Place de l'Ecole. — Rue de l'Arbre-Sec.

I

ÎLOT Nº 6. — Rue de Rivoli. — Rue de l'Arbre-Sec. — Place de
l'Ecole. — Quai du Louvre. — Rue du Louvre.

—   7. — Rue de Rivoli (de la rue du Louvre au guichet
de Rohan).

—   8. — Quai du Louvre (de la rue du Louvre au Pont-
Royal).

—   9. — Toute la place du Carrousel.

— 10. — Rue des Pyramides prolongée (nouvelle voie des
Tuileries). — Rue de Rivoli (de la place de
Rivoli à la place de la Concorde).

— 11. — Quai des Tuileries (du Pont-Royal au pont de
Solférino).

— 12. — Quai des Tuileries (du pont de Solférino à la
place de la Concorde). — Place de la Concorde
(façade du jardin des Tuileries jusqu'à la rue
de Rivoli).

PLANTONS

Place du Châtelet	1	gardien.
Pont-Neuf	1	—
Pont du Carrousel	1	—
Gouverneur de Paris	2	—

STATIONS DE VOITURES

Kiosque nº 8. — Quai de la Mégisserie	1	—
— 9. — Quai du Louvre	1	—
— 5 *bis*. — Rue du Louvre et quai du Louvre	1	—
— 175. — Place du Carrousel	1	—

POSTE DE SECOURS

Pont des Arts	1	—

MINISTÈRE DES FINANCES

Tous les jours, de 9 heures du matin à 3 heures du soir, pour le service des coupons	8	—

PRÉFECTURE DE LA SEINE

Service à fournir tous les jours	15	—

COMMISSARIAT DE POLICE

Faisant fonctions d'inspecteur	1	—

**Quartier des Halles. — Poste de police : Rue de Viarmes
(Halle aux Blés)**

18 ILOTS

ILOT N° 1. — Rue Croix-des-Petits-Champs. — Place des Vic-
    toires. — Rue Pagevin. — Rue Coq-Héron. —
    Rue Coquillière.

— 2. — Rue Croix-des-Petits-Champs. — Rue Coquillière.
    — Rue du Bouloi.

— 3. — Rue Saint-Honoré. — Rue Croix-des-Petits-
    Champs. — Rue du Bouloi. — rue Coquillière.
    — Rue J.-J.-Rousseau.

— 4. — Rue Coquillière. — Rue Coq-Héron. — Rue Page-
    vin. — Rue J.-J.-Rousseau.

— 5. — Rue Montmartre. — Pointe-Sainte-Eustache. —
    Rue Coquillière. — Rue J.-J.-Rousseau.

— 6. — Rue de Vauvilliers. — Rue des Deux-Écus. —
    Rue J.-J.-Rousseau. — Rue Coquillière.

— 7. — Rue Saint-Honoré. — Rue J.-J.-Rousseau. — Rue
    des Deux-Écus. — Rue Sauval.

— 8. — Rue Marengo. — Rue Saint-Honoré. — Rue de
    l'Arbre-Sec. — Rue de Rivoli.

— 9. — Rue de l'Arbre-Sec. — Rue Saint-Honoré. — Rue
    du Pont-Neuf. — Rue de Rivoli.

— 10. — Rue du Pont-Neuf. — Rue Saint-Honoré. — Rue
    Sauval. — Rue Berger.

— 11. — Rue des Déchargeurs. — Rue de Rivoli. — Rue
    du Pont-Neuf. — Rue des Halles.

— 12. — Rue Saint-Denis. — Rue de la Ferronnerie. —
    Rue des Halles. — Rue du Pont-Neuf. — Rue
    Berger.

— 13. — Rue de Rivoli. — Rue des Déchargeurs. — Rue
    de la Ferronnerie. — Rue Saint-Denis.

— 14. — Boulevard de Sébastopol. — Rue de Rivoli. —
    Rue Saint-Denis. — Rue Berger.

— 15. — Boulevard de Sébastopol. — Rue Berger. — Rue
    Pierre-Lescot. — Rue de Rambuteau.

— 16. — Boulevard de Sébastopol. — Rue de Rambuteau.
    — Rue Pierre-Lescot. — Rue du Cloître-Saint-
    Jacques. — Rue aux Ours.

— 17. — Rue du Cloître-Saint-Jacques. — Rue de Rambu-
    teau. — Rue de Turbigo.

— 18. — Rue aux Ours. — Rue de Turbigo. — Rue Mont-
    martre. — Rue Tiquetonne. — Rue Montor-
    gueil.

PLANTON

A la pointe Sainte-Eustache...................... 1 gardien

STATIONS DE VOITURES

Kiosque nº 3. — Place des Victoires............. 1   —
    —   6. — Rue de la Grande-Truanderie... 1   —
    —   10. — Rue de Rambuteau............. 1   —

Quartier du Palais-Royal. — Poste de police : Rue Villedo, 11

14 ILOTS

Ilot Nº 1. — Rue des Pyramides. — Rue Saint-Honoré. — Rue de l'Echelle. — Rue de Rivoli.

— 2. — Rue Saint-Roch. — Avenue de l'Opéra. — Rue des Pyramides. — Rue Saint-Honoré.

— 3. — Rue des Pyramides. — Avenue de l'Opéra. — Place du Théâtre-Français. — Rue Saint-Honoré.

— 4. — Avenue de l'Opéra. — Rue Neuve-des-Petits-Champs. — Rue Sainte-Anne.

— 5. — Rue Sainte-Anne. — Rue Neuve-des-Petits-Champs. — Rue de Richelieu. — Rue Molière. — Avenue de l'Opéra.

— 6. — Rue Molière. — Rue de Richelieu. — Place du Théâtre-Français. — Avenue de l'Opéra.

— 7. — Rue Saint-Honoré. — Place du Palais-Royal. — Rue de Rivoli. — Rue de l'Échelle.

— 8. — Rue de Beaujolais. — Rue de Montpensier. — Rue de Richelieu. — Rue Neuve-des-Petits-Champs. — Rue Vivienne.

— 9. — Galerie Montpensier (Palais-Royal).

— 10. — Galerie de Valois (Palais-Royal).

— 11. — Rue Croix-des-Petits-Champs. — Rue Baillif. — Rue Radziwill.—Rue Neuve-des-Petits-Champs. — Rue de la Feuillade. — Place des Victoires.

— 12. — Rue de Valois. — Rue de Beaujolais. — Rue Vivienne. — Rue Neuve-des-Petits-Champs. — Rue Radziwill. — Rue des Bons-Enfants. — Rue Saint-Honoré.

— 13. — Rue Croix-des-Petits-Champs. — Rue Saint-Honoré. — Rue des Bons-Enfants. — Rue Baillif.

— 14. — Rue Saint-Honoré. — Rue de Marengo. — Rue de Rivoli. — Place du Palais-Royal.

PLANTONS

Place du Théâtre-Français...................... 1 gardien.
Rue Neuve-des-Petits-Champs (angle de la rue
    de Richelieu)................................ 1   —

STATIONS DE VOITURES

Kiosque n° 4. — Rue Radziwill................ 1   —
    —   5. — Place du Palais-Royal.......... 1   —

COMMISSARIAT DE POLICE

Faisant fonctions d'inspecteur.................. 1   —

Quartier de la Place Vendôme. — Poste de police : Rue Saint-Roch, 9

8 ILOTS

ILOT N° 1. — Rue Cambon. — Rue Saint-Honoré. — Rue Riche-
            panse. — Boulevard de la Madeleine.
    —   2. — Rue Cambon. — Rue de Rivoli. — Rue Saint-
            Florentin. — Rue Saint-Honoré.
    —   3. — Rue Cambon. — Rue Neuve-des-Capucines. —
            Place Vendôme. — Rue Saint-Honoré.
    —   4. — Rue de Castiglione. — Rue de Rivoli. — Rue Cam-
            bon. — Rue Saint-Honoré.
    —   5. — Place Vendôme. — Rue Neuve-des-Petits-Champs.
            — Rue du Marché-Saint-Honoré. — Rue Saint-
            Honoré.
    —   6. — Rue d'Alger. — Rue de Rivoli. — Rue de Casti-
            glione. — Rue Saint-Honoré.
    —   7. — Rue de la Sourdière. — Rue Saint-Roch. — Rue
            Saint-Honoré. — Rue du Marché-Saint-Honoré.
    —   8. — Rue Saint-Roch. — Rue de Rivoli. — Rue d'Alger.
            — Rue Saint-Honoré.

PLANTONS

Place Vendôme................................... 1 gardien.
Boulevard de la Madeleine...................... 1   —

STATIONS DE VOITURES

Kiosque n° 1. — Rue du Mont-Thabor........... 1   —
    —   2. — Place du Marché-Saint-Honoré.. 1   —

MARCHÉ SAINT-HONORÉ

Rue du Marché-Saint-Honoré.................... 1   —

2ᵉ Arrondissement

Effectif : 1 officier de paix, 3 brigadiers, 24 sous-brigadiers, 238 gardiens de la paix.

Quartier Gaillon. — Poste de police : Rue Marsollier, 5

10 ILOTS

Îlot N° 1. — Rue Neuve-des-Capucines. — Boulevard des Capucines. — Rue Neuve-Saint-Augustin. — Rue de la Paix.

— 2. — Rue de la Paix. — Rue Neuve-Saint-Augustin. — Rue Louis-le-Grand. — Rue Neuve-des-Petits-Champs.

— 3. — Rue Neuve-Saint-Augustin. — Boulevard des Capucines. — Avenue de l'Opéra.

— 4. — Avenue de l'Opéra. — Rue du Quatre-Septembre. — Rue du Port-Mahon. — Rue Neuve-Saint-Augustin.

— 5. — Rue Neuve-des-Petits-Champs. — Rue Louis-le-Grand. — Avenue de l'Opéra.

— 6. — Rue Neuve-des-Petits-Champs. — Avenue de l'Opéra. — Rue Neuve-Saint-Augustin. — Rue Monsigny. — Rue Marsollier. — Rue Méhul.

— 7. — Rue Neuve-Saint-Augustin. — Rue Sainte-Anne. — Rue Neuve-des-Petits-Champs. — Rue Méhul. — Rue Dalayrac. — Rue Monsigny.

— 8. — Rue du Quatre-Septembre. — Rue de Choiseul. — Rue Neuve-Saint-Augustin. — Rue d'Antin. — Rue du Port-Mahon.

— 9. — Place de l'Opéra. — Boulevard des Capucines. — Boulevard des Italiens. — Rue de Choiseul. — Rue du Quatre-Septembre.

— 10. — Rue de Choiseul. — Boulevard des Italiens. — Rue de Grammont. — Rue Neuve-Saint-Augustin.

PLANTONS

Angle du boulevard et de la rue Neuve-des-Capu-
  cines... 1 gardien.
Refuge, place de l'Opéra,...................... 1   —
Angle du boulevard des Capucines et de la rue
  Louis-le-Grand.............................. 1   —
Angle de l'avenue de l'Opéra et de la rue Neuve-
  des-Petits-Champs........................... 1   —
Refuge du boulevard des Capucines, en face le
  no 11....................................... 1   —

STATIONS DE VOITURES

Kiosque no 11. — Boulevard des Italiens......... 1   —
   —   12. — Boulevard des Capucines......... 1   —

COMMISSARIAT DE POLICE

Faisant fonctions d'inspecteur.................. 1   —

**Quartier Vivienne. — Poste de police : Rue de Richelieu, 60
(Bibliothèque Nationale)**

12 ILOTS

ILOT No 1. — Place de la Bourse. — Rue Notre-Dame-des-Vic-
             toires. — Place des Victoires. — Place des
             Petits-Pères. — Rue Vide-Gousset. — Rue
             Lafeuillade. — Rue de la Banque.
   —   2. — Rue Vivienne. — Place de la Bourse. — Rue de
             la Banque. — Rue Neuve-des-Petits-Champs.
   —   3. — Rue de Richelieu. —Rue des Filles-Saint-Thomas.
             — Rue Vivienne. — Rue Neuve-des-Petits-
             Champs.
   —   4. — Rue de Richelieu. — Rue Neuve-des-Petits-
             Champs. — Rue Sainte-Anne. — Rue Louvois.
   —   5. — Rue Louvois. — Rue Sainte-Anne. — Rue de Gram-
             mont. — Rue du Quatre-Septembre. — Rue de
             Richelieu.
   —   6. — Rue du Quatre-Septembre. — Rue de Grammont.
             — Rue Grétry. — Rue Favart. — Rue Saint-
             Marc. — Rue de Richelieu.
   —   7. — Rue de Grammont. — Boulevard des Italiens. —
             Rue Favart. — Rue Grétry.
   —   8. — Rue Saint-Marc. — Rue Favart. — Boulevard des
             Italiens. — Rue de Richelieu.
   —   9. — Rue Saint-Marc. — Rue de Richelieu. — Boule-
             vard Montmartre. — Rue Vivienne.

Ilot N° 10. — Rue de Richelieu. — Rue Saint-Marc. — Rue
                Vivienne. — Rue du Quatre-Septembre. — Rue
                des Filles-Saint-Thomas.
     —   11. — Rue Vivienne. — Boulevard Montmartre. — Rue
                Montmartre. — Rue Saint-Marc.
     —   12. — Rue Vivienne. — Rue Saint-Marc. — Rue Mont-
                martre. — Rue Notre-Dame-des-Victoires. —
                Place de la Bourse.

PLANTONS

Angle des rues de Richelieu et Neuve-des-Petits-Champs	1 gardien.
Angle de la rue de Richelieu et du boulevard des Italiens	1 —
Angle de la rue Vivienne et du boulevard Montmartre	1 —
Sur le refuge du boulevard Montmartre, en face le n° 1	1 —
Boulevard des Italiens, en face le n° 1	1 —
Bibliothèque nationale, devant l'entrée, rue Colbert	1 —

STATIONS DE VOITURES

Kiosque n° 13. — Boulevard des Italiens	1 —
— 14. — Boulevard Montmartre	1 —
— 15. — Place de la Bourse	1 —
— 16. — Place Louvois	1 —

PALAIS DE LA BOURSE

Bureau du télégraphe	1 —

Quartier du Mail. — Poste de police : Rue de la Banque (Mairie, poste central)

16 ILOTS

Ilot N° 1. — Rue Montmartre. — Boulevard Poissonnière. —
                Rue Saint-Fiacre. — Rue des Jeûneurs.
     —   2. — Rue Saint-Fiacre. — Boulevard Poissonnière. —
                Rue du Sentier. — Rue des Jeûneurs.
     —   3. — Rue du Sentier. — Boulevard Poissonnière. —
                Rue Poissonnière. — Rue des Jeûneurs.
     —   4. — Rue des Jeûneurs. — Rue du Sentier. — Rue
                Saint-Joseph. — Rue Montmartre.
     —   5. — Rue Notre-Dame-des-Victoires. — Rue Mont-
                martre. — Rue Joquelet.
     —   6. — Rue Joquelet. — Rue Montmartre. — Rue Paul-
                Lelong. — Rue Notre-Dame-des-Victoires.

ILOT N° 7. — Rue Saint-Joseph. — Rue du Sentier. — Rue de
          Cléry. — Rue Montmartre.
    —   8. — Rue Paul-Lelong. — Rue Montmartre. — Rue du
          Mail. — Rue Notre-Dame-des-Victoires.
    —   9. — Rue des Jeûneurs. — Rue Poissonnière. — Rue
          de Cléry. — Rue du Sentier.
    —   10. — Rue Montmartre. — Rue de Cléry. — Rue des
          Petits-Carreaux. — Rue d'Aboukir.
    —   11. — Rue Vide-Gousset. — Rue du Mail. — Rue Mont-
          martre. — Rue d'Aboukir.
    —   12. — Rue d'Aboukir. — Rue des Petits-Carreaux. —
          Rue Saint-Sauveur. — Rue Montmartre.
    —   13. — Rue d'Aboukir. — Rue Montmartre. — Rue d'Ar-
          gout. — Rue Pagevin.
    —   14. — Rue Saint-Sauveur. — Rue Montorgueil. — Rue
          Mandar. — Rue Montmartre.
    —   15. — Rue d'Argout. — Rue Montmartre. — Rue J.-J.-
          Rousseau. — Rue Pagevin.
    —   16. — Rue Mandar. — Rue Montorgueil. — Rue Tique-
          tonne. — Rue Montmartre.

PLANTONS

Angle du boulevard Poissonnière et de la rue
  Montmartre..................................... 1 gardien.
Angle des rues Montmartre et d'Aboukir......... 1   —
Sur le refuge situé boulevard Poissonnière, en
  face le n° 29................................. 1   —

STATION DE VOITURES

Kiosque n° 89. — Boulevard Poissonnière........ 1   —

Quartier Bonne-Nouvelle. — Poste de police : Boulevard Bonne-Nouvelle, 23

16 ILOTS

ILOT N° 1. — Boulevard Bonne-Nouvelle. — Rue de la Lune. —
          Rue Poissonnière.
    —   2. — Rue Beauregard. — Rue Poissonnière. — Rue
          de la Lune. — Boulevard Bonne-Nouvelle.
    —   3. — Rue Beauregard. — Rue de Cléry. — Rue Pois-
          sonnière.
    —   4. — Rue de Cléry. — Rue Chénier. — Rue d'Aboukir.
          — Rue des Petits-Carreaux.

Îlot N° 5. — Boulevard de Sébastopol. — Rue Blondel. — Rue Sainte-Foy. — Rue Chénier. — Boulevard Bonne-Nouvelle. — Boulevard Saint-Denis.

—   6. — Rue Saint-Denis. — Rue Blondel. — Boulevard de Sébastopol. — Rue de Tracy.

—   7. — Rue Saint-Denis. — Rue du Caire. — Place du Caire. — Rue d'Aboukir. — Rue Chénier. — Rue Sainte-Foy.

—   8. — Boulevard de Sébastopol. — Rue du Caire. — Rue Saint-Denis. — Rue de Tracy.

—   9. — Rue d'Aboukir. — Place du Caire. — Rue du Caire. — Rue Saint-Denis. — Rue Thévenot. — Rue des Petits-Carreaux.

— 10. — Rue du Caire. — Boulevard de Sébastopol. — Rue Réaumur. — Rue Saint-Denis.

— 11. — Rue Saint-Denis. — Rue Saint-Sauveur. — Rue des Petits-Carreaux. — Rue Thévenot.

— 12. — Boulevard de Sébastopol. — Rue Grenéta. — Rue Saint-Denis. — Rue Réaumur.

— 13. — Rue Saint-Sauveur. — Rue Saint-Denis. — Rue Grenéta. — Rue Montorgueil.

— 14. — Rue Grenéta. — Rue Saint-Denis. — Rue Tiquetonne. — Rue Montorgueil.

— 15. — Rue Saint-Denis. — Rue aux Ours. — Rue Montorgueil. — Rue Tiquetonne.

— 16. — Boulevard de Sébastopol. — Rue aux Ours. — Rue Saint-Denis. — Rue Grenéta.

PLANTONS

Angle du boulevard et de la rue Saint-Denis	1	gardien.
Angle des boulevards Saint-Denis et Sébastopol.	1	—
Angle du boulevard de Sébastopol et de la rue de Turbigo	1	—
Angle des rues de Turbigo et Saint-Denis	1	—
Sur le refuge situé boulevard Bonne-Nouvelle n° 1.	1	—

STATIONS DE VOITURES

Kiosque n° 17. — Place du Caire	1	—
— 18. — Boulevard Bonne-Nouvelle	1	—
— 19. — Boulevards Saint-Denis et Saint-Martin	1	—

3ᵉ Arrondissement

Effectif : 1 officier de paix, 4 brigadiers, 25 sous-brigadiers, 225 gardiens de la paix.

Quartier des Arts-et-Métiers. — Poste de police : Rue Notre-Dame-de-Nazareth, 60.

16 ILOTS

ILOT N° 1. — Boulevard Saint-Denis. — Rue Saint-Martin. — Rue Salomon-de-Caus. — Boulevard de Sébastopol.

— 2. — Rue Salomon-de-Caus. — Rue Saint-Martin. — Rue Réaumur. — Boulevard de Sébastopol.

— 3. — Boulevard Saint-Martin. — Place de la République. — Rue Meslay. — Rue Saint-Martin.

— 4. — Rue Meslay. — Rue du Temple. — Rue Notre-Dame-de-Nazareth. — Rue Saint-Martin.

— 5. — Rue Notre-Dame-de-Nazareth. — Rue Volta. — Rue du Vert-Bois. — Rue Saint-Martin.

— 6. — Rue Notre-Dame-de-Nazareth. — Rue de Turbigo. — Rue du Vert-Bois. — Rue Volta.

— 7. — Rue Saint-Martin. — Rue du Vert-Bois. — Rue Vaucanson. — Rue de Réaumur.

— 8. — Rue du Vert-Bois. — Rue Volta. — Rue de Turbigo. — Rue Vaucanson.

— 9. — Rue Volta. — Rue du Vert-Bois. — Rue Turbigo.

— 10. — Rue du Temple. — Rue des Fontaines. — Rue de Turbigo.

— 11. — Rue du Temple. — Rue de Réaumur. — Rue de Turbigo. — Rue des Fontaines.

— 12. — Rue de Réaumur. — Rue du Temple. — Rue des Gravilliers. — Rue des Vertus.

— 13. — Rue de Réaumur. — Rue des Vertus. — Rue Aumaire. — Rue Beaubourg.

— 14. — Rue Aumaire. — Rue des Vertus. — Rue des Gravilliers. — Rue Beaubourg.

— 15. — Rue Beaubourg. — Rue des Gravilliers. — Rue Saint-Martin. — Rue de Réaumur.

— 16. — Rue Réaumur. — Rue Saint-Martin. — Rue de Turbigo. — Boulevard de Sébastopol.

PLANTONS

Sur le refuge, à l'angle de la rue et du boulevard Saint-Martin....................................	1 gardien.
Sur le refuge place de la République, en face le n° 15.	1 —
Sur le refuge à l'angle du boulevard de Sébastopol et du boulevard Saint-Denis.....................	1 —
En face du Conservatoire des Arts-et-Métiers....	1 —

STATION DE VOITURES

Kiosque n° 20. — Rue de Réaumur..............	1 —

MARCHÉ SAINT-MARTIN

Faisant fonctions d'inspecteur...................	1 —

COMMISSARIAT DE POLICE

Faisant fonctions d'inspecteur...................	1 —

Quartier des Enfants-Rouges. — Poste de police : Mairie (Poste central)

14 ILOTS

ILOT N° 1. — Place de la République. — Boulevard du Temple. — Rue Charlot. — Rue Béranger. — Rue du Temple.

— 2. — Rue Béranger. — Rue Dupuis. — Rue Dupetit-Thouars. — Rue du Temple.

— 3. — Rue Béranger. — Rue Charlot. — Rue du Forez. — Rue de Picardie. — Rue Dupetit-Thouars. — Rue Dupuis.

— 4. — Rue Dupetit-Thouars. — Rue de Picardie. — Rue Perrée. — Rue du Temple.

— 5. — Rue du Temple. — Rue Perrée. — Rue Caffarelli. — Rue de Bretagne.

— 6. — Rue de Bretagne. — Rue Caffarelli. — Rue du Forez. — Rue Charlot.

— 7. — Rue du Temple. — Rue de Bretagne. — Rue des Archives. — Rue Pastourelle.

— 8. — Rue des Archives. — Rue de Bretagne. — Rue Charlot. — Rue Pastourelle.

— 9. — Boulevard du Temple. — Rue de Saintonge. — Rue de Turenne. — Rue de Normandie. — Rue Charlot.

— 10. — Rue de Normandie. — Rue de Saintonge. — Rue de Poitou. — Rue Charlot.

Îlot Nᵒ 11. — Rue Vieille-du-Temple. — Rue de Poitou. — Rue
           de Saintonge. — Rue de Normandie. — Rue
           de Turenne.
   — 12. — Boulevard du Temple. — Rue des Filles-du-Cal-
           vaire. — Rue de Turenne. — Rue de Saintonge.
   — 13. — Boulevard des Filles-du-Calvaire. — Rue de Com-
           mines. — Rue de Poitou. — Rue Vieille-du-
           Temple. — Rue des Filles-du-Calvaire.
   — 14. — Rue de Turenne. — Rue de Commines. — Bou-
           levard des Filles-du-Calvaire. — Rue du Pont-
           aux-Choux.

PLANTON

A l'angle de la rue du Temple et de la place de
la République......................................   1 gardien.

STATIONS DE VOITURES

Kiosque nᵒ 21. — Rue de Bretagne...............   1   —
   —   23. — Boulevard du Temple..........   1   —
   —   24. — Boulevard des Filles-du-Cal-
           vaire........................   1   —

MARCHÉS

(Du Temple). Faisant fonctions d'inspecteur........   1 brigadier
   —   Faisant fonctions d'inspecteur......   2 gardiens
(Des Enfants-Rouges). Faisant fonctions d'inspec-
teur..   1   —

**Quartier des Archives. — Poste de police :
Rue de Thorigny, 12**

12 ILOTS

Îlot Nᵒ 1. — Rue des Quatre-Fils. — Rue des Archives. —
          Rue Pastourelle. — Rue Charlot.
   — 2. — Rue des Quatre-Fils. — Rue Vieille-du-Temple.
          — Rue des Francs-Bourgeois. — Rue des
          Archives.
   — 3. — Rue Vieille-du-Temple. — Rue Barbette. — Rue
          Elzévir. — Rue des Francs-Bourgeois.
   — 4. — Rue des Coutures-Saint-Gervais. — Rue de Tho-
          rigny. — Place de Thorigny. — Rue Elzévir. —
          Rue Barbette. — Rue Vieille-du-Temple.
   — 5. — Rue de Poitou. — Rue Vieille-du-Temple. —
          Rue des Quatre-Fils. — Rue Charlot.
   — 6. — Rue de Poitou. — Rue de Turenne. — Rue de
          Thorigny. — Rue des Coutures-Saint-Gervais.
          — Rue Vieille-du-Temple.

— 7. — Rue de Turenne. — Rue du Parc-Royal. — Place de Thorigny. — Rue de Thorigny. — Rue Debelleyme.

— 8. — Rue Saint-Claude. — Rue de Turenne. — Rue du Pont-aux-Choux. — Boulevard Beaumarchais.

— 9. — Rue du Parc-Royal. — Rue de Turenne. — Rue des Francs-Bourgeois. — Rue Elzévir.

— 10. — Rue de Turenne. — Rue Saint-Gilles. — Rue des Tournelles. — Rue des Vosges.

— 11. — Rue des Tournelles. — Rue Saint-Gilles. — Rue de Turenne. — Rue Saint-Claude. — Boulevard Beaumarchais.

— 12. — Rue des Vosges. — Rue des Tournelles. — Boulevard Beaumarchais.

STATION DE VOITURES

Kiosque nº 22. — Rue des Quatre-Fils............. 1 gardien.

Quartier Sainte-Avoie. — Poste de police : Rue Vieille-du-Temple (Imprimerie Nationale)

10 ILOTS

Ilot Nº 1. — Rue de Turbigo. — Rue Saint-Martin. — Rue Neuve-Bourg-l'Abbé.—Boulevard de Sébastopol.

— 2. — Rue aux Ours. — Boulevard de Sébastopol. — Rue Neuve-Bourg-l'Abbé. — Rue Saint-Martin.

— 3. — Rue aux Ours. — Rue Saint-Martin. — Rue de Rambuteau. — Boulevard de Sébastopol.

— 4. — Rue Saint-Martin. — Rue Grenier-Saint-Lazare. — Rue Beaubourg. — Rue de Rambuteau.

— 5. — Rue des Gravilliers. — Rue du Temple. — Rue Chapon. — Rue Saint-Martin.

— 6. — Rue Chapon. — Rue du Temple. — Rue de Montmorency. — Rue Saint-Martin.

— 7. — Rue de Montmorency. — Rue du Temple. — Rue Michel-le-Comte. — Rue Grenier-Saint-Lazare. — Rue Saint-Martin.

— 8. — Rue Michel-le-Comte. — Rue du Temple. — Rue de Rambuteau. — Rue Beaubourg.

— 9. — Rue du Temple. — Rue des Vieilles-Haudriettes. — Rue des Archives. — Rue de Rambuteau.

— 10. — Rue du Temple. — Rue Pastourelle. — Rue des Archives. — Rue des Vieilles-Haudriettes.

PLANTON

A l'angle de la rue de Turbigo et du boulevard de Sébastopol................................. 1 gardien.

4º Arrondissement

Effectif : 1 officier de paix, 3 brigadiers, 25 sous-brigadiers, 235 gardiens de la paix.

Quartier Saint-Merri

16 ILOTS

ILOT Nº 1. — Boulevard de Sébastopol. — Rue de Rivoli. — Rue Saint-Martin. — Quai de Gesvres.

— 2. — Rue Saint-Martin. — Avenue Victoria. — Place de l'Hôtel-de-Ville. — Quai de Gesvres.

— 3. — Rue Saint-Martin. — Rue de Rivoli. — Place de l'Hôtel-de-Ville. — Avenue Victoria.

— 4. — Place de l'Hôtel-de-Ville. — Rue de Rivoli. — Rue Lobau. — Quai de l'Hôtel-de-Ville.

— 5. — Boulevard de Sébastopol. — Rue des Lombards. — Rue Saint-Martin. — Rue de Rivoli.

— 6. — Rue Saint-Martin. — Rue de la Verrerie. — Rue des Deux-Portes. — Rue de Rivoli.

— 7. — Rue du Renard. — Rue de la Verrerie. — Rue des Deux-Portes. — Rue de Rivoli.

— 8. — Rue du Temple. — Rue Sainte-Croix-de-la-Bretonnerie. — Rue des Billettes. — Rue de la Verrerie.

— 9. — Rue du Renard. — Rue Neuve-Saint-Merri. — Rue du Temple. — Rue de la Verrerie.

— 10. — Rue Saint-Martin. — Rue Neuve-Saint-Merri. — Rue du Renard. — Rue de la Verrerie.

— 11. — Boulevard de Sébastopol. — Rue Aubry-le-Boucher. — Rue Saint-Martin. — Rue des Lombards.

— 12. — Boulevard de Sébastopol. — Rue de Rambuteau. — Rue Saint-Martin. — Rue Aubry-le-Boucher.

— 13. — Rue Saint-Martin. — Rue de Rambuteau. — Rue Beaubourg. — Rue Brisemiche. — Rue Neuve-Saint-Merri.

— 14. — Rue Beaubourg. — Rue de Rambuteau. — Rue du Temple. — Rue Simon-le-Franc.

— 15. — Rue Brisemiche. — Rue Simon-le-Franc. — Rue du Temple. — Rue Neuve-Saint-Merri.

— 16. — Rue du Temple. — Rue de Rambuteau. — Rue du Chaume. — Rue de l'Homme-Armé. — Rue Sainte-Croix-de-la-Bretonnerie.

PLANTONS

Rue de Rambuteau, angle du boulevard de Sébas-
topol... 1 gardien.
Rue de Rivoli, angle du boulevard de Sébastopol.   1   —
Quai de Gesvres, angle du boulevard de Sébas-
topol... 1   —

STATION DE VOITURES

Kiosque n° 28. — Quai de Gesvres...............   1   —

POSTE DE SECOURS

Quai de Gesvres....................................   1   —

COMMISSARIAT DE POLICE

Faisant fonctions d'inspecteur...................   1   —

Quartier Saint-Gervais. — Poste de police :
Rue Geoffroy-Lasnier, 23

18 ILOTS

ILOT N° 1. — Rue Lobeau. — Rue François-Miron. — Rue des
Barres. — Quai de l'Hôtel-de-Ville.

— 2. — Rue de Rivoli. — Rue du Pont-Louis-Philippe. —
Rue François-Miron. — Rue Lobau.

— 3. — Rue des Barres. — Rue François-Miron. — Rue
du Pont-Louis-Philippe.

— 4. — Rue Geoffroy-Lasnier. — Quai de l'Hôtel-de-Ville.
— Rue du Pont-Louis-Philippe. — Rue François-Miron.

— 5. — Rue de Fourcy. — Rue de Jouy. — Rue François-
Miron. — Rue du Pont-Louis-Philippe. — Rue
de Rivoli.

— 6. — Rue des Nonnains-d'Hyères. — Rue de l'Hôtel-de-
Ville. — Rue Geoffroy-Lasnier. — Rue de Jouy.

— 7. — Rue de l'Hôtel-de-Ville. — Rue des Nonnains-
d'Hyères. — Quai de l'Hôtel-de-Ville. — Rue
Geoffroy-Lasnier.

— 8. — Rue des Nonnains-d'Hyères. — Rue Charlemagne.
— Rue du Fauconnier. — Quai des Célestins.

— 9. — Rue du Fauconnier. — Rue Charlemagne. — Rue
Saint-Paul. — Quai des Célestins.

— 10. — Rue Saint-Antoine. — Rue Saint-Paul. — Rue
Charlemagne. — Rue de Fourcy.

Ilot Nᵒ 11. — Rue des Francs-Bourgeois. — Rue de Turenne.
— Rue Saint-Antoine. — Rue de Sévigné.
— 12. — Rue Pavée-aux-Marais. — Rue des Francs-Bourgeois. — Rue de Sévigné. — Rue de Rivoli.
— 13. — Rue des Francs-Bourgeois. — Rue Pavée-aux-
Marais. — Rue des Rosiers. — Rue Vieille-du-
Temple.
— 14. — Rue des Rosiers. — Rue Pavée-aux-Marais. —
Rue de Rivoli. — Rue des Ecouffes.
— 15. — Rue de Rivoli. — Rue Vieille-du-Temple. — Rue
des Rosiers. — Rue des Ecouffes.
— 16. — Rue Vieille-du-Temple. — Rue de Rivoli. — Rue
Bourtibourg. — Rue Sainte-Croix-de-la-Bretonnerie.
— 17. — Rue des Francs-Bourgeois. — Rue Vieille-du-
Temple. — Rue Sainte-Croix-de-la-Bretonnerie.
— Rue de l'Homme-Armé. — Rue du Chaume.
— 18. — Rue de Rivoli. — Rue des Deux-Portes. — Rue
des Billettes. — Rue Sainte-Croix-de-la-Bretonnerie. — Rue Bourtibourg.

STATIONS DE VOITURES

Kiosque nᵒ 25. — Quai des Célestins.............	1 gardien.
— 26. — Rue Saint-Antoine.............	1 —
— 29. — Quai de l'Hôtel-de-Ville........	1 —
— 145. — Place Baudoyer...............	1 —

MARCHÉS

(Ave Maria)..............................	1 —
(Sainte-Catherine).........................	1 —
(Blancs-Manteaux). Faisant fonctions d'inspecteur.	1 s.-brig.
(Port aux fruits)...........................	1 gardien.

Quartier de l'Arsenal. — Poste de police :
Quai des Célestins

12 ILOTS

Ilot Nᵒ 1. — Boulevard Henri IV. — Rue de Sully. — Rue
Schomberg. — Quai Henry IV.
— 2. — Rue Mornay. — Rue Crillon. — Quai Henry IV.
— Rue Schomberg.

Ilot Nº 3. — Rue de l'Arsenal. — Rue Bassompierre. — Boulevard Bourdon. — Rue Crillon.

— 4. — Boulevard Henri IV. — Rue de la Cerisaie. — Rue de l'Arsenal. — Rue Sully.

— 5. — Rue Saint-Paul. — Rue Charles V. — Rue de la Cerisaie. — Boulevard Henri IV. — Quai des Célestins.

— 6. — Rue Saint-Paul. — Rue Saint-Antoine. — Rue Beautreillis. — Rue Charles V.

— 7. — Rue Beautreillis. — Rue Saint-Antoine. — Rue Castex. — Rue de la Cerisaie.

— 8. — Rue Castex. — Rue Saint-Antoine. — Boulevard Bourdon. — Rue de la Cerisaie.

— 9. — Rue de Turenne. — Rue des Vosges. — Place des Vosges. — Rue de Birague. — Rue Saint-Antoine.

— 10. — Rue des Vosges. — Place des Vosges (le tour du square).

— 11. — Rue de Birague. — Place des Vosges. — Rue des Vosges. — Rue des Tournelles. — Rue Saint-Antoine.

— 12. — Rue des Tournelles. — Rue des Vosges. — Boulevard Beaumarchais. — Rue Saint-Antoine.

PLANTON

Place de la Bastille............................. 1 gardien.

STATIONS DE VOITURES

Kiosque nº 30. — Place des Vosges.............. 1   —
— 104. — Boulevard Beaumarchais...... 1   —

Quartier Notre-Dame. — Poste de police : Quai des Fleurs, 11

10 ILOTS

Ilot Nº 1. — Boulevard du Palais. — Avenue de Constantine. — Rue de la Cité. — Quai du Marché-Neuf.

— 2. — Boulevard du Palais. — Quai de la Cité. — Rue de la Cité. — Avenue de Constantine.

— 3. — Quai aux Fleurs. — Rue d'Arcole. — Place du Parvis. — Rue de la Cité.

Ilot N° 4. — Rue d'Arcole. — Quai aux Fleurs. — Rue des Chantres. — Rue Massillon. — Rue du Cloître-Notre-Dame.
— 5. — Rue Massillon. — Rue des Chantres. — Quai aux Fleurs. — Rue du Cloître-Notre-Dame.
— 6. — Rue du Cloître-Notre-Dame. — Quai de l'Archevêché. — Place du Parvis.
— 7. — Quai Bourbon. — Rue des Deux-Ponts. — Rue Saint-Louis-en-l'Ile. — Rue du Belloy.
— 8. — Rue Saint-Louis-en-l'Ile. — Rue des Deux-Ponts. — Quai d'Orléans. — Rue du Bellay.
— 9. — Rue des Deux-Ponts. — Quai d'Anjou. — Rue Saint-Louis-en-l'Ile.
— 10. — Rue des Deux-Ponts. — Rue Saint-Louis-en-l'Ile. — Quai de Béthune. — Boulevard Henri IV (entre les ponts Sully).

PLANTON

Devant la Morgue........................... 1 gardien.

STATIONS DE VOITURES

Kiosque n° 7. — Quai du Marché-Neuf......... 1 —
— 27. — Avenue de Constantine........ 1 —

MARCHÉ AUX FLEURS

Quai de la Cité (2 jours par semaine)............ 1 —

TRIBUNAL DE COMMERCE

Service à fournir tous les jours................. 4 —

5ᵉ Arrondissement

Effectif : 1 officier de paix, 3 brigadiers, 24 sous-brigadiers,
251 gardiens de la paix.

Quartier Saint-Victor. — Poste de police :
Rue de Pontoise, 10

14 ILOTS

ILOT Nº 1. — Quai Saint-Bernard, du boulevard Saint-Germain
à la rue Cuvier (va-et-vient).

— 2. — Rue des Fossés-Saint-Bernard. — Rue de Jussieu.
— Rue Cuvier.

— 3. — Rue de Jussieu. — Rue Cuvier. — Rue Linné. —
Place de Jussieu.

— 4. — Rue des Écoles. — Rue de Jussieu. — Rue Linné.
— Rue des Boulangers. — Rue Monge.

— 5. — Rue Linné. — Rue de Lacépède. — Rue Monge.
— Rue des Boulangers.

— 6. — Rue Monge. — Rue de Lacépède. — Rue Mouffetard. — Rue Descartes. — Rue Clovis. — Rue
du Cardinal-Lemoine.

— 7. — Rue des Écoles. — Rue Monge. — Rue du Cardinal-Lemoine. — Rue Clovis. — Rue Descartes.

— 8. — Rue de la Montagne-Sainte-Geneviève. — Rue
Monge. — Rue Saint-Victor. — Rue des Écoles.

— 9. — Boulevard Saint-Germain. — Rue de Poissy. —
Rue Saint-Victor. — Rue Monge.

— 10. — Rue de Poissy. — Boulevard Saint-Germain. —
Rue du Cardinal-Lemoine. — Rue des Écoles.
— Rue Saint-Victor.

— 11. — Boulevard Saint-Germain. — Rue des Fossés-
Saint-Bernard. — Rue de Jussieu. — Rue du
Cardinal-Lemoine.

— 12. — Quai de la Tournelle. — Boulevard Saint-Germain.
— Rue de Poissy.

— 13. — Quai de la Tournelle. — Rue de Poissy. — Boulevard Saint-Germain. — Rue des Bernardins.

— 14. — Quai Montébello. — Quai de la Tournelle. — Rue
des Bernardins. — Boulevard Saint-Germain.
— Place Maubert. — Rue du Haut-Pavé.

PLANTONS

Pont de Sully.......................... 1 gardien.
Sur le refuge de la place Maubert.............. 1 —

STATIONS DE VOITURES

Kiosque nº 33. — Quai Montébello.............. 1 —
— 36. — Rue Monge.................... 1 —
— 37. — Rue des Fossés-Saint-Bernard. 1 —

COMMISSARIAT DE POLICE

Faisant fonctions d'inspecteur.................. 1 —

Quartier du Jardin-des-Plantes. — Poste de police : Rue Cuvier, 26

14 ILOTS

Ilot Nº 1. — Rue Monge. — Avenue des Gobelins. — Boulevard de Port-Royal. — Rue Pascal. — Carrefour Mouffetard. — Rue Censier.

— 2. — Rue du Fer-à-Moulin. — Rue Scipion. — Boulevard Saint-Marcel. — Avenue des Gobelins.

— 3. — Rue du Fer-à-Moulin. — Rue Geoffroy-Saint-Hilaire. — Boulevard Saint-Marcel. — Rue Scipion.

— 4. — Rue Censier. — Rue Geoffroy-Saint-Hilaire. — Rue du Fer-à-Moulin. — Rue Monge.

— 5. — Rue Poliveau. — Boulevard de l'Hôpital. — Boulevard Saint-Marcel. — Rue Geoffroy-Saint-Hilaire.

— 6. — Rue de Buffon. — Boulevard de l'Hôpital. — Rue Poliveau. — Rue Geoffroy-Saint-Hilaire.

— 7. — Rue de Buffon. — Rue Geoffroy-Saint-Hilaire, jusqu'à l'angle de la rue Cuvier (va-et-vient).

— 8. — Quai Saint-Bernard, de la rue Cuvier à la place Walhubert (va-et-vient).

— 9. — Rue Cuvier, dans toute sa longueur (va-et-vient).

— 10. — Rue de Lacépède. — Rue Geoffroy-Saint-Hilaire. — Rue Daubenton. — Rue de la Pitié. — Rue du Battoir.

— 11. — Rue Lhomond. — Rue du Pot-de-Fer-Saint-Marcel. — Rue Mouffetard. — Rue de l'Arbalète.

— 12. — Rue Rataud. — Rue Lhomond. — Rue de l'Arbalète. — Rue des Feuillantines.

ÎLOT Nº 13. — Rue de Lourcine. — Rue des Lyonnais. — Rue
      Berthollet. — Rue des Feuillantines. — Rue
      de l'Arbalète. — Rue Mouffetard.
—   14. — Rue des Lyonnais. — Rue de Lourcine. — Rue
      Pascal. — Boulevard de Port-Royal. — Rue
      Berthollet.

PLANTON

Angle du boulevard Saint-Michel et de la rue
    Gay-Lussac.................................... 1 gardien.

STATION DE VOITURES

Kiosque nº 39. — Rue Gay-Lussac............... 1   —

MARCHÉ NICOLE

Rue Nicole.................................... 1   —

COMMISSARIAT DE POLICE

Faisant fonctions d'inspecteur.................. 1   —

Quartier de la Sorbonne. — Poste de police : Place du Panthéon (Mairie, poste central)

18 ILOTS

ÎLOT Nº 1. — Place Saint-Michel. — Quai Saint-Michel. —
      Place du Petit-Pont. — Rue de la Huchette.
—   2. — Boulevard Saint-Michel. — Rue de la Huchette.
      — Rue du Petit-Pont. — Rue Saint-Séverin.
—   3. — Boulevard Saint-Michel. — Rue Saint-Séverin. —
      Rue Saint-Jacques. — Boulevard Saint-Ger-
      main.
—   4. — Boulevard Saint-Michel. — Boulevard Saint-Ger-
      main. — Rue Saint-Jacques. — Rue des Écoles.
—   5. — Quai de Montébello. — Rue du Fouarre. — Rue
      Galande. — Rue du Petit-Pont. — Place du
      Petit-Pont.
—   6. — Quai de Montébello. — Rue du Haut-Pavé. — Rue
      Galande. — Rue du Fouarre.
—   7. — Rue Galande. — Place Maubert. — Boulevard
      Saint-Germain. — Rue Saint-Jacques.
—   8. — Boulevard Saint-Germain. — Rue Jean-de-Beau-
      vais. — Rue des Écoles. — Rue Saint-Jacques.

Îlot Nᵒ 9. — Boulevard Saint-Germain. — Rue de la Montagne-Sainte-Geneviève. — Rue des Écoles. — Rue Jean-de-Beauvais.

—   10. — Rue de la Montagne-Sainte-Geneviève. — Rue de l'École-Polytechnique. — Rue Saint-Hilaire. — Rue du Cimetière-Saint-Benoît. — Rue Saint-Jacques. — Rue des Écoles.

—   11. — Rue de l'École-Polytechnique. — Rue Descartes. — Rue Clovis. — Place du Panthéon. — Rue Valette.

—   12. — Rue de Reims. — Rue Chartière. — Rue Saint-Hilaire. — Rue Valette.

—   13. — Rue Soufflot. — Rue Saint-Jacques. — Rue du Cimetière-Saint-Benoît. — Rue Chartière. — Rue Valette. — Place du Panthéon.

—   14. — Place Gerson. — Rue Gerson. — Place de la Sorbonne. — Boulevard Saint-Michel. — Rue des Écoles. — Rue Saint-Jacques.

—   15. — Rue Soufflot. — Boulevard Saint-Michel. — Place de la Sorbonne. — Rue Gerson. — Place Gerson. — Rue Saint-Jacques.

—   16. — Place du Panthéon. — Rue Clotaire. — Rue des Fossés-Saint-Jacques. — Rue Malebranche. — Rue Sainte-Catherine-d'Enfer. — Rue Soufflot.

—   17. — Place du Panthéon. — Rue Clotilde. — Rue de la Vieille-Estrapade. — Rue des Fossés-Saint-Jacques. — Rue Clotaire.

—   18. — Rue Clovis. — Rue Descartes. — Rue Mouffetard. — Rue Blainville. — Rue de la Vieille-Estrapade. — Rue Clotilde.

PLANTONS

Devant la mairie, place du Panthéon............	1 gardien.
A l'angle du boulevard Saint-Germain et du boulevard Saint-Michel............................	1 —

STATIONS DE VOITURES

Kiosque nᵒ 32. — Rue de Cluny.................	1 —
— 34. — Rue Soufflot.................	1 —
— 35. — Place de la Sorbonne..........	1 —

MARCHÉ

(Des Carmes). Place Maubert..................	1 —

6° Arrondissement

Effectif : 1 officier de paix, 4 brigadiers, 24 sous-brigadiers, 250 gardiens de la paix.

Quartier de la Monnaie. — Poste de police, rue Christine, 1

14 ILOTS

Ilot N° 1. — Place Saint-Michel. — Boulevard Saint-Michel.— Rue Saint-Séverin. — Place Saint-André-des-Arts.

— 2. — Quai des Grands-Augustins. — Place Saint-Michel. — Rue Saint-André-des-Arts. — Rue Séguier.

— 3. — Boulevard Saint-Michel. — Boulevard Saint-Germain. — Rue Hautefeuille. — Rue Saint-Séverin.

— 4. — Boulevard Saint-Germain. — Boulevard Saint-Michel. — Rue de l'École-de-Médecine. — Rue Hautefeuille.

— 5. — Rue Saint-André-des-Arts.— Rue Hautefeuille.— Rue Serpente. — Rue de l'Éperon.

— 6. — Rue Serpente. — Rue Hautefeuille. — Rue de l'École-de-Médecine. — Rue Dupuytren.— Rue de l'Éperon.

— 7. — Rue Saint-André-des-Arts. — Rue de l'Éperon.— Boulevard Saint-Germain.— Rue de l'Ancienne-Comédie.

— 8. — Rue de Buci. — Rue de l'Ancienne-Comédie. — Boulevard Saint-Germain. — Rue de Seine.

— 9. — Rue Christine. — Rue de Savoie.— Rue Séguier. — Rue Saint-André-des-Arts. — Rue Dauphine.

— 10. — Rue Dauphine. — Quai des Grands-Augustins.— Rue Séguier. — Rue de Savoie. — Rue Christine.

— 11. — Pont-Neuf (en circulation).

— 12. — Rue Dauphine. — Rue Mazarine. — Rue Guénégaud. — Quai Conti.

— 13. — Quai Conti. — Rue Guénégaud. — Rue Mazarine. — Rue de Seine.

— 14. — Rue Mazarine. — Rue de Buci. — Rue de Seine.

PLANTON

Place Saint-Michel............................... 1 gardien.

STATIONS DE VOITURES

Kiosque nº 41. — Quai Conti...................... 1   —
—   174. — Boulevard Saint-Germain 1   —

**Quartier de l'Odéon.— Poste de police : Rue Bonaparte, 78
Mairie (Poste central)**

18 ILOTS

Ilot Nº 1. — Rue du Vieux-Colombier. — Rue Madame. — Rue
du Four-Saint-Germain. — Rue des Canettes.
— Place Saint-Sulpice.

— 2. — Rue des Canettes. — Rue du Four-Saint-Germain.
— Rue Montfaucon. — Rue Clément. — Rue
Mabillon. — Rue Saint-Sulpice.

— 3. — Rue Mabillon. — Rue Clément. — Rue Montfaucon. — Boulevard Saint-Germain. — Rue de
Seine. — Rue Saint-Sulpice.

— 4. — Rue de Seine. — Boulevard Saint-Germain. —
Carrefour de l'Odéon. — Rue de Condé.— Rue
Saint-Sulpice.

— 5. — Rue de l'École-de-Médecine. — Rue Racine. —
Rue Monsieur-le-Prince. — Carrefour de
l'Odéon.

— 6. — Rue Racine. — Boulevard Saint-Michel. — Rue
Monsieur-le-Prince.

— 7. — Rue Racine. — Rue Monsieur-le-Prince. — Boulevard Saint-Michel. — Rue de Médicis. — Rue
Corneille.

— 8. — Rue Monsieur-le-Prince. — Rue Racine. — Rue
de l'Odéon. — Place de l'Odéon. — Carrefour
de l'Odéon.

— 9. — Rue de l'Odéon.— Place de l'Odéon.— Rue de Ro-
trou.— Rue de Vaugirard.— Rue de Tournon.
Rue Saint-Sulpice. — Rue de Condé. — Carrefour de l'Odéon.

— 10. — Rue de Tournon.— Rue de Vaugirard. — Rue
Servandoni. — Rue Palatine. — Rue Garancière. — Rue Saint-Sulpice.

— 11. — Rue Saint-Sulpice. — Rue Garancière. — Rue
Palatine. — Place Saint-Sulpice.

Ilot N° 12. — Rue Palatine. — Rue Servandoni. — Rue de Vaugirard. — Rue Bonaparte. — Place Saint-Sulpice.

— 13. — Rue Bonaparte. — Rue de Vaugirard. — Rue Madame. — Rue du Vieux-Colombier. — Place Saint-Sulpice.

— 14. — Rue du Luxembourg. — Rue d'Assas. — Rue Madame. — Rue de Vaugirard.

— 15. — Rue de Vaugirard (devant le palais du Sénat). — Rue de Condé à la rue Bonaparte.

— 16. — Rue de Vaugirard. — Rue de Médicis. — Boulevard Saint-Germain jusqu'à la rue de l'Abbé-de-l'Épée.

— 17. — Rue l'Abbé-de-l'Épée. — Boulevard Saint-Michel. — Place de l'Observatoire. — Avenue de l'Observatoire.

— 18. — Rue de l'Abbé-de-l'Épée. — Boulevard Saint-Michel. — Place de l'Observatoire. — Avenue de l'Observatoire.

PLANTON

Rue de Vaugirard, devant le Sénat............... 1 gardien.

STATIONS DE VOITURES

Kiosque n° 40. — Rue de Médicis................ 1   —
— 43. — Place Saint-Sulpice............. 1   —

MARCHÉS

Saint-Germain. — Rue Clément.................. 1   —
Aux Fleurs. — Place Saint-Sulpice (deux jours par semaine)................................... 1   —

Quartier Notre-Dame-des-Champs. — Poste de police : rue des Missions, 37

18 ILOTS

Ilot N° 1. — Rue de Rennes. — Rue Madame. — Rue de Vaugirard. — Rue Cassette.

— 2. — Rue de Rennes. — Rue Cassette. — Rue de Vaugirard. — Rue d'Assas.

— 3. — Rue de Rennes. — Rue d'Assas. — Rue de Fleurus. — Rue Notre-Dame-des-Champs.

— 4. — Rue de Vaugirard. — Rue Madame. — Rue d'Assas.

Ilot Nº 5. — Rue de Fleurus.— Rue d'Assas. — Rue Vavin.—
          Rue Notre-Dame-des-Champs.
    —   6. — Rue d'Assas. — Carrefour de l'Observatoire. —
          Rue Notre-Dame-des-Champs. — Rue Vavin.
    —   7. — Rue Notre-Dame-des-Champs. — Carrefour de
          l'Observatoire. — Boulevard Montparnasse. —
          Rue Bréa.
    —   8. — Rue du Montparnasse. — Rue Notre-Dame-des-
          Champs.— Rue Bréa.— Boulevard du Montpar-
          nasse.
    —   9. — Rue de Rennes. — Rue Notre-Dame-des-Champs.
          — Rue du Montparnasse. — Boulevard du
          Montparnasse.
    —   10. — Rue de Vaugirard. — Rue de Rennes. — Boule-
          vard du Montparnasse.
    —   11. — Rue du Cherche-Midi. — Rue de Bagneux. — Rue
          de Vaugirard. — Boulevard du Montparnasse.
    —   12. — Rue du Cherche-Midi. — Rue Saint-Placide. —
          Rue de Vaugirard. — Rue de Bagneux.
    —   13. — Rue du Cherche-Midi. — Rue d'Assas. — Rue de
          Rennes. — Rue Saint-Placide.
    —   14. — Rue du Cherche-Midi. — Rue du Four. — Rue de
          Rennes. — Rue d'Assas.
    —   15. — Rue de Sèvres. — Rue Saint-Romain. — Rue du
          Cherche-Midi. — Boulevard du Montparnasse.
    —   16. — Rue de Sèvres. — Rue des Missions. — Rue du
          Cherche-Midi. — Rue Saint-Romain.
    —   17. — Rue de Sèvres.— Rue Dupin.— Rue du Cherche-
          Midi. — Rue des Missions.
    —   18. — Rue de Sèvres. — Rue du Cherche-Midi. — Rue
          Dupin.

STATIONS DE VOITURES

Kiosque nº 45. — Carrefour de l'Observatoire.... 1 gardien.
      —   46. — Rue d'Assas 1   —
      —   47. — Boulevard du Montparnasse... 1   —

MARCHÉ

Saint-Maur-Saint-Germain. — Faisant fonctions
   d'inspecteur 1   —

Quartier Saint-Germain-des-Prés. — Poste de police : Rue des Saints-Pères, 45

10 ILOTS

ILOT N° 1. — Quai Malaquais. — Rue Bonaparte. Rue Jacob. — Rue des Saints-Pères.

—   2. — Rue Jacob. — Rue Saint-Benoît. — Boulevard Saint-Germain. — Rue des Saints-Pères.

—   3. — Boulevard Saint-Germain. — Rue du Dragon. — Croix-Rouge. — Rue de Sèvres. — Rue des Saints-Pères.

—   4. — Boulevard Saint-Germain. — Rue de Rennes. — Rue du Four. — Rue du Dragon.

—   5. — Place Saint-Germain-des-Prés. — Rue Gozlin. — Rue du Four. — Rue de Rennes.

—   6. — Rue de l'Abbaye. — Rue de l'Échaudé. — Rue Gozlin. — Place Saint-Germain-des-Prés.

—   7. — Rue de l'Échaudé. — Rue Jacob. — Rue de Seine. — Boulevard Saint-Germain.

—   8. — Rue Jacob. — Rue de l'Échaudé. — Rue de l'Abbaye. — Rue Saint-Benoît.

—   9. — Rue Visconti. — Rue de Seine. — Rue Jacob. — Rue Bonaparte.

—   10. — Quai Malaquais. — Rue de Seine. — Rue Visconti. Rue Bonaparte.

STATIONS DE VOITURES

Kiosque n° 42. — Quai Malaquais................. 1 gardien.
   —   44. — Boulevard Saint-Germain...... 1   —

7° Arrondissement

Effectif : 1 officier de paix, 3 brigadiers, 24 sous-brigadiers, 253 gardiens de la paix.

Quartier Saint-Thomas-d'Aquin. — Poste de police : Rue de Verneuil, 35

14 ILOTS

Ilot N° 1. — Quai d'Orsay. — Rue de Poitiers. — Rue de l'Université. — Rue de Bellechasse.

— 2. — Quai d'Orsay. — Rue du Bac. — Rue de l'Université. — Rue de Poitiers.

— 3. — Quai Voltaire — Rue de Beaune. — Rue de l'Université. — Rue du Bac.

— 4. — Quai Voltaire. — Rue des Saints-Pères. — Rue de l'Université. — Rue de Beaune.

— 5. — Rue de l'Université. — Rue du Bac. — Boulevard Saint-Germain. — Rue de Bellechasse.

— 6. — Boulevard Saint-Germain. — Rue du Bac. — Rue de Grenelle-Saint-Germain. — Rue de Bellechasse.

— 7. — Rue de Grenelle-Saint-Germain. — Rue du Bac. — Rue de Varennes. — Rue de Bellechasse.

— 8. — Rue de Varennes. — Rue du Bac. — Rue de Babylone. — Rue Vaneau.

— 9. — Rue de l'Université. — Rue Saint-Guillaume. — Boulevard Saint-Germain.

— 10. — Rue de l'Université. — Rue des Saints-Pères. — Boulevard Saint-Germain. — Rue Saint-Guillaume. — Rue de l'Université.

— 11. — Boulevard Saint-Germain. — Rue Saint-Guillaume. — Rue de la Chaise. — Rue de Varennes. — Rue du Bac.

— 12. — Rue des Saints-Pères. — Rue de Sèvres. — Rue de la Chaise. — Rue Saint-Guillaume. — Boulevard Saint-Germain.

— 13. — Rue de Varennes. — Rue de la Chaise. — Rue de Sèvres. — Rue du Bac.

— 14. — Rue de Babylone. — Rue du Bac. — Rue de Sèvres. — Rue Vaneau.

PLANTONS

Refuge du boulevard Saint-Germain, à l'angle de la rue du Bac....................................	1 gardien.
Pont du Carrousel....................................	1 —
Pont-Royal....................................	1 —
Rue du Bac, devant le magasin du Petit-Saint-Thomas....................................	1 —
Rue de Sèvres, devant le magasin du Bon-Marché.	1 —

STATIONS DE VOITURES

Kiosque nº 48. — Quai Voltaire..................	1 —
— 49. — Rue de Poitiers..............	1 —
— 53. — Rue de Sèvres..............	1 —
— 163. — Boulevard Saint-Germain.....	1 —

POSTE DE SECOURS

Quai d'Orsay....................................	1 —

Quartier des Invalides. — Poste de police : Rue de Grenelle, 116 (Mairie, poste central).

16 ILOTS

ILOT Nº 1. — Quai d'Orsay. — Rue Fabert. — Rue de Grenelle-Saint-Germain. — Boulevard de Latour-Maubourg.

— 2. — Esplanade des Invalides. — Boulevard des Invalides. — Avenue de Tourville. — Boulevard de Latour-Maubourg.

— 3. — Rue de Varennes. — Rue Barbet-de-Jouy. — Rue de Babylone. — Boulevard des Invalides.

— 4. — Rue de Grenelle-Saint-Germain. — Rue de Bourgogne. — Rue de Varennes. — Boulevard des Invalides.

— 5. — Rue Saint-Dominique-Saint-Germain. — Rue de Bourgogne. — Rue de Varennes. — Boulevard des Invalides.

— 6. — Rue de l'Université. — Rue de Bourgogne. — Rue Saint-Dominique-Saint-Germain. — Rue d'Iéna.

— 7. — Quai d'Orsay. — Rue de Bourgogne. — Rue de l'Université. — Rue d'Iéna.

— 8. — En circulation, quai d'Orsay, devant la Chambre des députés.

ÎLOT Nᵒ 9. — Quai d'Orsay. — Rue de Solférino. — Rue de
       Lille. — Boulevard Saint-Germain.

—   10. — Rue de Lille. — Rue de Solférino. — Boulevard
       Saint-Germain. — Rue de l'Université. — Rue
       Rue de Bourgogne.

—   11. — Quai d'Orsay. — Rue de Bellechasse. — Rue
       Saint-Dominique-Saint-Germain. — Rue de
       Solférino.

—   12. — Rue de l'Université. — Rue de Solférino. — Bou-
       levard Saint-Germain. — Rue Saint-Dominique-
       Saint-Germain. — Rue de Bourgogne. — Place
       du Palais-Bourbon.

—   13. — Rue Saint-Dominique. — Rue Casimir-Périer. —
       Rue de Grenelle-Saint-Germain. — Rue de
       Bourgogne.

—   14. — Rue Saint-Dominique. — Rue de Bellechasse. —
       Rue de Grenelle-Saint-Germain. — Rue Casi-
       mir-Périer.

—   15. — Rue de Grenelle-Saint-Germain. — Rue de Belle-
       chasse. — Rue de Varennes. — Rue Barbet-
       de-Jouy.

—   16. — Rue de Varennes. — Rue Vaneau. — Rue de
       Babylone. — Rue Barbet-de-Jouy.

PLANTONS

Rue de l'Université, devant la Chambre des dé-
putés.. 1 gardien.
Pont des Invalides...................................... 1   —
Pont de Solférino....................................... 1   —
Hôtel des Invalides..................................... 1   —

STATIONS DE VOITURES

Kiosque nᵒ 50. — Rue de l'Université........... 1   —
   —   51. — Esplanade des Invalides...... 1   —
   —   56. — Quai d'Orsay................. 1   —
   —   166. — Boulevard des Invalides...... 1   —

MINISTÈRE

(Des affaires étrangères)....................... 3   —

Quartier de l'École-Militaire. — Poste de police : Avenue de Breteuil, 68

10 ILOTS

ILOT N° 1. — Rue Vaneau. — Rue de Sèvres. — Rue Rousselet. — Rue Oudinot.

—   2. — Rue Rousselet. — Rue de Sèvres. — Boulevard des Invalides. — Rue Oudinot.

—   3. — Rue de Babylone. — Rue Vaneau. — Rue Oudinot. — Boulevard des Invalides,

—   4. — Rue Ebbé. — Boulevard des Invalides. — Rue de Sèvres. — Avenue de Saxe. — Avenue de Breteuil.

—   5. — Avenue de Tourville. — Boulevard des Invalides. — Rue Ebbé. — Avenue de Breteuil.

—   6. — Place Vauban. — Avenue de Breteuil. — Avenue Duquesne. — Avenue Lowendal.

—   7. — Avenue Duquesne. — Avenue de Breteuil. — Avenue de Saxe. — Place de Fontenoy.

—   8. — Avenue de Saxe. — Rue Pérignon. — Avenue de Suffren. — Avenue Lowendal. — Place de Fontenoy.

—   9. — Avenue Duquesne. — Avenue Lowendal. — Avenue de Suffren. — Façade de l'École-Militaire, sur le Champ-de-Mars.

—   10. — Avenue de Tourville. — Avenue Lowendal. — Avenue Duquesne.

PLANTON

Façade de l'École-Militaire, côté du Champ-de-Mars.. 1 gardien.

STATION DE VOITURES

Kiosque n° 52. — Boulevard des Invalides........ 1   —

MARCHÉ

De Breteuil.— Avenue de Breteuil (deux jours par semaine)... 1   —

COMMISSARIAT DE POLICE

Faisant fonctions d'inspecteur..................... 1   —

Quartier du Gros-Caillou. — Poste de police : Rue Amélie, 20

14 ILOTS

ILOT Nº 1. — Quai d'Orsay. — Boulevard de Latour-Maubourg. — Rue Saint-Dominique. — Rue Surcouf.

  — 2. — Quai d'Orsay. — Rue Surcouf. — Rue de l'Université. — Rue Malar.

  — 3. — Rue de l'Université. — Rue Surcouf. — Rue Saint-Dominique. — Rue Malar.

  — 4. — Rue Saint-Dominique. — Boulevard de Latour-Maubourg. — Rue de Grenelle. — Rue Amélie.

  — 5. — Quai d'Orsay. — Rue Malar. — Rue de l'Université. — Avenue Bosquet.

  — 6. — Rue de l'Université. — Rue Malar. — Rue Saint-Dominique. — Avenue Bosquet.

  — 7. — Rue Saint-Dominique. — Rue Amélie. — Rue de Grenelle. — Avenue Bosquet.

  — 8. — Rue de Grenelle. — Boulevard de Latour-Maubourg. — Avenue de la Motte-Piquet. — Rue Cler.

  — 9. — Boulevard de Latour-Maubourg. — Avenue de Tourville. — Avenue de la Motte-Piquet.

  — 10. — Rue Cler. — Avenue de la Motte-Piquet. — Avenue de Labourdonnaye. — Rue de Grenelle.

  — 11. — Rue Saint-Dominique. — Avenue Bosquet. — Rue de Grenelle. — Avenue de Labourdonnaye.

  — 12. — Avenue Bosquet. — Rue Saint-Dominique. — Avenue Rapp.

  — 13. — Rue de l'Université. — Avenue Rapp. — Avenue de Labourdonnaye.

  — 14. — Quai d'Orsay. — Avenue Rapp. — Rue de l'Université. — Avenue de Labourdonnaye.

PLANTONS

Pont de l'Alma.........................	1	gardien.
Pont d'Iéna...........................	1	—
Rue Saint-Dominique, depuis le boulevard de Latour-Maubourg jusqu'à l'avenue Bosquet....	1	—

STATIONS DE VOITURES

Kiosque nº 54. — Boulevard de Latour-Maubourg.	1	—
— 55. — Avenue Bosquet...............	1	—
— 165. — Avenue Rapp.................	1	—

MARCHÉ

(Du Gros-Caillou). Rue Jean-Nicot...............	1	—

8° Arrondissement

Effectif : 1 officier de paix, 4 brigadiers, 24 sous-brigadiers, 287 gardiens de la paix.

Quartier des Champs-Elysées. — Poste de police : Palais de l'Industrie

12 ILOTS

ILOT N° 1. — Avenue des Champs-Élysées.—Avenue de Marigny — Avenue Gabriel. — Place de la Concorde.

— 2. — Cours La-Reine. — Avenue est du Palais de l'Industrie. — Avenue des Champs-Élysées. — Place de la Concorde.

— 3. — Avenue des Champs-Élysées.— Avenue Matignon. — Avenue Gabriel. — Avenue de Marigny.

— 4. — Avenue d'Antin. — Avenue des Champs-Élysées. — Avenue est du Palais de l'Industrie. — Cours La-Reine.

— 5. — Cours La-Reine. — Rue Bayard. — Place François Ier. — Rue François Ier. — Avenue Montaigne. — Avenue d'Antin.

— 6. — Rue François Ier. — Rue Bayard. — Cours La-Reine. — Avenue Montaigne.

— 7. — Rond-point des Champs-Élysées. — Avenue Montaigne. — Rue François Ier. — Rue Pierre-Charron. — Avenue des Champs-Élysées.

— 8. — Rue François Ier. — Avenue Montaigne. — Avenue de l'Alma. — Rue Pierre-Charron.

— 9. — Rue Pierre-Charron. — Avenue de l'Alma. — Avenue des Champs-Élysées.

— 10. — Rue Bassano. — Rue Euler. — Avenue Marceau. — Rond-point de l'Étoile. — Avenue des Champs-Élysées.

— 11. — Avenue de l'Alma. — Rue Pierre-Charron. — Avenue Marceau. — Rue Euler. — Rue Bassano. — Avenue des Champs-Élysées.

— 12. — Place de l'Alma. — Avenue Marceau. — Rue Pierre-Charron. — Avenue de l'Alma.

PLANTONS

Pont de la Concorde......................................	1 gardien.
Rond-point des Champs-Élysées..................	1 —
Pont des Invalides...................................	1 —
Chevaux de Marly (Champs-Élysées)............	1 —

STATIONS DE VOITURES

Kiosque nᵒ 60. — Avenue d'Antin...............	1 —
— 68. — Avenue est du Palais de l'Industrie......................	1 —
— 69. — Place de la Concorde.........	1 —
— 170. — Avenue Montaigne............	1 —

MARCHÉ

(De Chaillot). Avenue Marceau, 2 jours par semaine..	2 —

POSTE DE SECOURS

Quai de la Conférence..............................	1 —

PALAIS DE L'INDUSTRIE

Exposition permanente des colonies............	2 —
Salle Saint-Jean...................................	4 —

COMMISSARIAT DE POLICE

Faisant fonctions d'inspecteur...................	1 —

Quartier du Faubourg-du-Roule. — Poste de police : Rue de Ponthieu, 34

12 ILOTS

Ilot Nᵒ 1. — Avenue Matignon. — Rond-point et avenue de Champs-Élysées. — Rue du Colisée. — Rue du Faubourg-Saint-Honoré.

— 2. — Rue du Colisée. — Avenue des Champs-Élysées. — Rue de la Boëtie. — Rue du Faubourg-Saint-Honoré.

— 3. — Rue de Berri. — Rue des Écuries-d'Artois. — Rue de la Boëtie. — Avenue des Champs-Élysées.

— 4. — Rue Washington. — Rue des Écuries-d'Artois. — Rue de Berri. — Avenue des Champs-Élysées.

— 5. — Boulevard Haussmann. — Rue de Courcelles. — Rue de la Boëtie. — Rue du Faubourg-Saint-

Ilot N° 6. — Rue de la Boëtie. — Rue des Écuries-d'Artois. — Boulevard Haussmann. — Rue du Faubourg-Saint-Honoré.
—   7. — Avenue Hoche. — Rue de Courcelles. — Boulevard Haussmann. — Rue du Faubourg-Saint-Honoré.
—   8. — Boulevard de Courcelles. — Rue de Courcelles. — Avenue Hoche. — Rue du Faubourg-Saint-Honoré.
—   9. — Avenue de Friedland. — Rue Beaujon. — Avenue Hoche. — Rue du Faubourg-Saint-Honoré.
—   10. — Avenue de Wagram. — Rue du Faubourg-Saint-Honoré. — Avenue Hoche. — Place de l'Étoile.
—   11. — Rue Washington. — Avenue des Champs-Élysées. — Rue de Balzac. — Avenue de Friedland.
—   12. — Rue de Balzac. — Avenue des Champs-Élysées. — Place de l'Étoile. — Avenue Hoche. — Rue Beaujon.

PLANTON

Place de l'Étoile.................................. 1 gardien.

STATIONS DE VOITURES

Kiosque n° 57. — Avenue des Champs-Élysées... 1   —
—   58. — Boulevard de Courcelles....... 1   —
—   59. — Rue Saint-Honoré.............. 1   —
—   66. — Avenue de Friedland.......... 1   —

Quartier de la Madeleine. — Poste de police : Rue d'Anjou, 11 (Mairie, poste central)

18 ILOTS

Ilot N° 1. — Rue Royale. — Place de la Madeleine. — Boulevard de la Madeleine. — Rue Duphot. — Rue Saint-Florentin. — Place de la Concorde.
—   2. — Rue Royale. — Place de la Concorde. — Rue Boissy-d'Anglas. — Boulevard Malesherbes. — Place de la Madeleine.
—   3. — Avenue Gabriel. — Rue de l'Élysées. — Rue du Faubourg-Saint-Honoré. — Rue Boissy-d'Anglas.
—   4. — Rue de l'Élysée. — Avenue Gabriel. — Avenue de Marigny. — Rue du Faubourg-Saint-Honoré.
—   5. — Avenue Gabriel. — Avenue Matignon. — Rue Rabelais. — Rue de Montaigne. — Rue du Faubourg-Saint-Honoré. — Avenue de Marigny.

Îlot Nº 6. — Rue du Faubourg-Saint-Honoré. — Rue de la
        Boëtie. — Rue de Miroménil.

  —   7. — Rue des Saussaies. — Rue de Miroménil. — Rue
        de la Boëtie. — Rue Cambacérès.

  —   8. — Rue d'Astorg. — Rue de la Ville-l'Évêque. — Rue
        Cambacérès. — Rue de la Boëtie.

  —   9. — Boulevard Malhesherbes. — Rue de la Ville-
        l'Évêque. — Rue d'Astorg. — Rue de la Boëtie.

  —   10. — Boulevard Malesherbes. — Rue de Suresnes. —
        Rue d'Aguessau. — Rue Montalivet. — Rue
        des Saussaies. — Rue de la Ville-l'Évêque.

  —   11. — Rue d'Aguessau. — Rue de Suresnes. — Rue
        d'Anjou-Saint-Honoré. — Rue du Faubourg-
        Saint-Honoré. — Rue des Saussaies. — Rue
        Montalivet.

  —   12. — Rue d'Anjou-Saint-Honoré. — Rue de Suresnes.
        — Rue Boissy-d'Anglas. — Rue du Faubourg-
        Saint-Honoré.

  —   13. — Boulevard Haussmann. — Rue de la Pépinière. —
        Rue Saint-Lazare. — Rue du Havre.

  —   14. — Rue Neuve-des-Mathurins. — Boulevard Males-
        herbes. — Boulevard Haussmann. — Rue
        Tronchet.

  —   15. — Rue de l'Arcade. — Passage Pasquier. — Rue
        Tronçon-du-Coudray. — Rue d'Anjou-Saint-
        Honoré. — Boulevard Malesherbes. — Rue
        Neuve-des-Mathurins. — Rue Tronchet. — Rue
        de Castellane.

  —   16. — Rue Tronçon-du-Coudray. — Rue Pasquier. —
        Rue de l'Arcade. — Rue de Castellane. — Rue
        Tronchet. — Rue Chauveau-Lagarde. — Bou-
        levard Malesherbes. — Rue d'Anjou-Saint-
        Saint-Honoré.

  —   17. — Rue Chauveau-Lagarde. — Place de la Madeleine.
        — Boulevard Malesherbes.

  —   18. — Rue Tronchet. — Rue de la Ferme-des-Mathurins.
        — Rue Basse-du-Rempart. — Place de la
        Madeleine.

PLANTONS

Place de la Concorde, angle de la rue Royale ....   1 gardien.
Sur le refuge, place de la Madeleine   1   —

STATIONS DE VOITURES

Kiosque nº 61. — Place de la Madeleine   1   —
   —   67. — Boulevard Haussmann   1   —

MARCHÉS

De la Madeleine. — Place de la Madeleine........   1 gardien.
Aux Fleurs. — Place de la Madeleine (deux jours
    par semaine)....................................   1   —
D'Aguesseau. — Passage d'Aguesseau...........   1   —

ABORDS

De l'Élysée...................................   5   —

MINISTÈRE

De l'Intérieur................................   10   —

Quartier de l'Europe. — Poste de police :
Rue de Naples, 12

16 ILOTS

ILOT N° 1. — Rue Saint-Lazare. — Rue de Rome. — Rue de
    Madrid. — Place de l'Europe. — Rue de Lon-
    dres. — Rue d'Amsterdam.

— 2. — Rue de Hambourg. — Rue d'Amsterdam. — Rue
    de Londres. — Rue de Saint-Pétersbourg.

— 3. — Boulevard des Batignolles. — Rue d'Amsterdam.
    — Rue de Hambourg. — Rue Clapeyron.

— 4. — Boulevard des Batignolles. — Rue Clapeyron. —
    Rue de Saint-Pétersbourg.— Place de l'Europe.
    — Rue de Madrid. — Rue de Rome.

— 5. — Boulevard Malesherbes. — Rue de la Bienfai-
    sance. — Avenue Portalis. — Place Saint-
    Augustin.

— 6. — Rue du Rocher. — Rue de la Pépinière. — Ave-
    nue Portalis. — Rue de la Bienfaisance.

— 7. — Rue de Rome. — Rue du Rocher. — Rue de
    Madrid.

— 8. — Rue de Madrid. — Rue du Rocher. — Rue de la
    Bienfaisance. — Boulevard Malesherbes.

— 9. — Boulevard des Batignolles. — Rue du Rocher. —
    Rue de Madrid. — Boulevard Malesherbes.

— 10. — Rue du Rocher. — Boulevard des Batignolles. —
    Rue de Rome. — Rue de Madrid.

— 11. — Avenue de Messine. — Rue de la Bienfaisance.—
    Boulevard Malesherbes. — Rue de la Boëtie.—
    Rue de Miroménil.

— 12. — Rue de la Boëtie. — Rue de Courcelles. — Bou-
    levard Haussmann. — Rue de Miroménil.

Îlot Nº 13. — Rue de Courcelles. — Rue de Monceau. —
    Avenue de Messine. — Boulevard Haussmann.
  — 14. — Rue de la Bienfaisance. — Avenue de Messine.—
    Rue de Monceau. — Boulevard Malesherbes.
  — 15. — Boulevard Malesherbes. — Rue de Monceau. —
    Avenue Gabriel (va-et-vient).
  — 16. — Rue de Courcelles. — Rue de Monceau.— Avenue
    Ruysdaël (va-et-vient).

PLANTONS

Place du Havre	1	gardien.
Rue d'Amsterdam, devant la porte de la gare de l'Ouest	1	—
Place Saint-Augustin	1	—

STATIONS DE VOITURES

Kiosque nº 62. — Rue de Londres	1	—
— 64. — Avenue Portalis	1	—
— 65. — Avenue de Messine	1	—
— 160. — Rue de Rome	1	—

MARCHÉ

De l'Europe. — Rue Corvetto, faisant fonctions d'inspecteur	1	—

GARE

Saint-Lazare	6	—

COMMISSARIAT SPÉCIAL DE POLICE

De la gare Saint-Lazare	2	—

9e Arrondissement

Effectif : 1 officier de paix, 3 brigadiers, 24 sous-brigadiers,
285 gardiens de la paix.

**Quartier Saint-Georges. — Poste de police : Rue de la
Rochefoucauld, 37**

22 ILOTS

Ilot N° 1. — Rue Notre-Dame-de-Lorette. — Rue Saint-Lazare.
— Rue Saint-Georges.

    — 2. — Rue d'Aumale. — Rue Saint-Georges. — Rue
Saint-Lazare. — Rue de La Rochefoucauld.

    — 3. — Rue de La Bruyère. — Rue Saint-Georges. —
Rue d'Aumale. — Rue de La Rochefoucauld.

    — 4. — Rue Clauzel. — Rue des Martyrs. — Rue Notre-
Dame-de-Lorette. — Rue Bréda.

    — 5. — Rue de Laval. — Rue des Martyrs. — Rue Clauzel.
— Rue Bréda.

    — 6. — Boulevard de Clichy. — Rue des Martyrs. — Rue
de Laval. — Rue Frochot.

    — 7. — Rue Notre-Dame-de-Lorette. — Rue de La
Bruyère. — Rue Pigalle.

    — 8. — Rue Pigalle. — Rue Frochot. — Rue Bréda. —
Rue Notre-Dame-de-Lorette.

    — 9. — Rue de La Bruyère. — Rue de La Rochefoucauld.
— Rue Saint-Lazare. — Rue Pigalle.

    — 10. — Rue de La Bruyère. — Rue Pigalle. — Rue
Blanche.

    — 11. — Rue Moncey. — Rue Blanche. — Rue de la Tri-
nité. — Rue de Clichy.

    — 12. — Rue Chaptal. — Rue Pigalle. — Rue de La
Bruyère. — Rue Blanche.

    — 13. — Rue de Douai. — Rue Pigalle. — Rue Chaptal. —
Rue Blanche.

    — 14. — Boulevard de Clichy. — Rue Pigalle. — Rue
de Douai. — Rue Fontaine.

    — 15. — Boulevard de Clichy. — Rue Fontaine. — Rue
de Douai.

ILOT N° 16. — Rue de Douai. — Rue Blanche. — Rue de Bou-
         logne. — Rue de Clichy.
  — 17. — Rue de Clichy. — Rue de Parme.— Rue d'Ams-
         terdam. — Place de Clichy.
  — 18. — Rue de Boulogne. — Rue Blanche. — Rue Mon-
         cey. — Rue de Clichy.
  — 19. — Rue de Parme. — Rue de Clichy. — Rue de
         Milan. — Rue d'Amsterdam.
  — 20. — Rue de Milan. — Rue de Clichy. — Rue de
         Londres.
  — 21. — Rue de Londres. — Rue Saint-Lazare. — Rue
         d'Amsterdam.
  — 22. — Place de la Trinité. — Rue Blanche. — Rue de
         la Trinité. — Rue de Clichy.

PLANTONS

Carrefours des Martyrs (derrière Notre-Dame-de-
  Lorette)..................................... 1 gardien.
Place de la Trinité............................ 1   —
Place Moncey.................................. 1   —

STATIONS DE VOITURES

Kiosque n° 72. — Place Bréda.................. 1   —
  —   78. — Rue de la Trinité.............. 1   —

MARCHÉ

Aux Fleurs. — Boulevard de Clichy (deux jours
  par semaine)............................... 1   —

COMMISSARIAT DE POLICE

Faisant fonctions d'inspecteur................ 1   —

Quartier de la Chaussée-d'Antin. — Poste de police : rue Gluck (Nouvel-Opéra)

16 ILOTS

ILOT N° 1. — Boulevard Haussmann. — Rue Caumartin. —
         Boulevard de la Madeleine.— Rue de la Ferme-
         des-Mathurins.
  —   2. — Rue Boudreau. — Rue Auber. — Rue Scribe. —
         Boulevard des Capucines. — Rue Caumartin.
  —   3. — Boulevard Haussmann. — Rue Scribe. — Rue
         Boudreau. — Rue Caumartin.
  —   4. — Rue Gluck. — Rue Halévy. — Place de l'Opéra.
         — Boulevard des Capucines. — Rue Scribe. —
         Boulevard Haussmann.

ÎLOT N° 5. — Boulevard Haussmann. — Rue de la Chaussée-d'Antin. — Boulevard des Capucines. — Rue Halévy. — Rue Gluck.

— 6. — Rue Lafayette. — Rue du Helder. — Boulevard des Italiens — Rue de la Chaussée-d'Antin.

— 7. — Rue Taitbout. — Boulevard des Italiens. — Rue du Helder.

— 8. — Rue Lafayette. — Rue Laffitte. — Rue Taitbout.

— 9. — Rue de la Victoire. — Rue Laffitte. — Rue Lafayette. — Rue Taitbout.

— 10. — Rue de la Victoire. — Rue Taitbout. — Rue Lafayette. — Rue de la Chaussée-d'Antin.

— 11. — Rue Saint-Lazare. — Rue Bourdaloue. — Rue Laffitte. — Rue de la Victoire. — Rue Taitbout.

— 12. — Rue Saint-Lazare. — Rue Taitbout. — Rue de la Victoire. — Rue de la Chaussée-d'Antin.

— 13. — Rue de Provence. — Rue de la Chaussée-d'Antin. — Boulevard Haussmann. — Rue Caumartin.

— 14. — Rue Joubert. — Rue de la Victoire. — Rue de la Chaussée-d'Antin. — Rue de Provence. — Rue Caumartin.

— 15. — Rue Saint-Lazare. — Rue de la Chaussée-d'Antin. — Rue de la Victoire. — Rue Joubert. — Rue Caumartin.

— 16. — Rue Saint-Lazare. — Rue Caumartin. — Boulevard Haussmann. — Rue du Havre.

PLANTONS

Angle du boulevard de la Madeleine et de la rue Caumartin	1 gardien.
Place de l'Opéra	1 —
Angle du boulevard des Italiens et de la rue de la Chaussée-d'Antin	1 —
Carrefour de Lafayette	1 —
Place du Havre	1 —

STATIONS DE VOITURES

Kiosque n° 73. — Rue de Châteaudun	1 —
— 70. — Boulevard de la Madeleine	1 —
— 74. — Rue de Lafayette	1 —

COMMISSARIAT DE POLICE

Faisant fonctions d'inspecteur	1 —

Quartier du Faubourg-Montmartre. — — Poste de police : Rue Drouot. Mairie (Poste central)

16 ILOTS

ILOT Nº 1. — Rue de Provence. — Rue Le Peletier. — Boulevard des Italiens. — Rue Laffitte.

— 2. — Rue de Provence. — Rue Drouot. — Boulevard des Italiens. — Rue Le Peletier.

— 3. — Rue du Faubourg-Montmartre. — Rue Le Peletier. — Rue de Provence. — Rue Laffitte. — Rue Fléchier.

— 4. — Rue de Châteaudun. — Rue du Faubourg-Montmartre. — Rue Drouot. — Rue de Provence. — Rue Le Peletier.

— 5. — Rue Lamartine. — Rue Cadet. — Rue du Faubourg-Montmartre.

— 6. — Rue de Châteaudun. — Rue Cadet. — Rue du Faubourg-Montmartre.

— 7. — Rue du Faubourg-Montmartre. — Rue de la Grange-Batélière. — Rue Drouot.

— 8. — Rue de la Grange-Batélière. — Rue du Faubourg Montmartre. — Boulevard Montmartre. — Rue Drouot.

— 9. — Rue Bergère. — Rue Rougemont. — Boulevard Poissonnière. — Rue du Faubourg-Montmartre.

— 10. — Rue Bergère. — Rue du Faubourg-Poissonnière. — Boulevard Poissonnière. — Rue Rougemont.

— 11. — Rue Richer. — Rue de Trévise. — Rue Bergère. — Rue du Faubourg-Montmartre.

— 12. — Rue Richer. — Rue du Conservatoire. — Rue Bergère. — Rue de Trévise.

— 13. — Rue Richer. — Rue du Faubourg-Poissonnière. — Rue Bergère. — Rue du Conservatoire.

— 14. — Rue Bleue. — Rue du Faubourg-Poissonnière. — Rue Richer. — Rue de Trévise.

— 15. — Rue Bleue. — Rue de Trévise. — Rue Richer. — Rue Cadet.

— 16. — Rue de Montholon. — Rue du Faubourg-Poissonnière. — Rue Bleue. — Rue Cadet.

PLANTONS

Carrefour Maubeuge...............................	1 gardien.
Carrefour Drouot.................................	1 —
Carrefour Richer.................................	1 —

Carrefour Geoffroy-Marie................................... 1 gardien.
Boulevard Poissonnière à l'angle de la rue du
  Faubourg-Montmartre..................................... 1   —
Boulevard Montmartre, en face du passage
  Jouffroy.. 1   —

STATIONS DE VOITURES

Kiosque n° 75. — Rue de Trévise................... 1   —
    —   76. — Boulevard Poissonnière........ 1   —

COMMISSARIAT DE POLICE

Faisant fonctions d'inspecteur.................... 1   —

Quartier de Rochechouart. — Poste de police : Rue Bochard-de-Saron (Collège Rollin)

14 ILOTS

ILOT N° 1. — Rue Lamartine. — Rue des Martyrs. — Rue de Morée.— Rue Milton. — Rue Choron.— Rue de Maubeuge.

  —   2. — Rue de la Tour-d'Auvergne. — Rue Neuve-Fénelon. — Rue de Morée. — Rue des Martyrs.

  —   3. — Rue de la Tour-d'Auvergne. — Rue Rodier. — Rue Choron. — Rue Milton. — Rue Fénelon.

  —   4. — Rue de la Tour-d'Auvergne. — Rue de Rochechouart. — Rue de Maubeuge. — Rue Rodier.

  —   5. — Rue Condorcet.— Rue de Rochechouart.— Rue de la Tour-d'Auvergne. — Rue des Martyrs.

  —   6. — Avenue Trudaine.— Rue de Rochechouart.—Rue Condorcet. — Rue Bochard-de-Saron.

  —   7. — Boulevard de Rochechouart. — Rue Bochard-de-Saron. — Rue Condorcet. — Rue des Martyrs.

  —   8. — Boulevard de Rochechouart. — Rue de Rochechouart. — Avenue Trudaine. — Rue Bochard-de-Saron.

  —   9. — Boulevard de Rochechouart.—Rue du Faubourg-Poissonnière. — Rue de Dunkerque. — Rue de Rochechouart.

  —   10. — Rue de Dunkerque.— Rue du Faubourg-Poissonnière. — Rue de Maubeuge. — Rue Condorcet. — Rue de Rochechouart.

  —   11. — Rue Condorcet. — Rue Baudin.— Rue Bellefond. — Rue de Rochechouart.

ÎLOT No 12. — Rue du Faubourg-Poissonnière.— Rue Bellefond.
            — Rue Baudin.
   —   13. — Rue de Maubeuge.— Rue de Rochechouart.—Rue
            Lamartine.
   —   14. — Rue Bellefond.— Rue du Faubourg-Poissonnière.
            — Rue Montholon. — Rue de Rochechouart.

PLANTONS

Devant le square Montholon......................	1 gardien.
En circulation, boulevard de Rochechouart.......	1 —

STATION DE VOITURES

Kiosque no 77. — Square Montholon.............	1 —

MARCHÉ

Des Martyrs.— Rues Choron et Hippolyte-Lebas.	1 —

COMMISSARIAT DE POLICE

Faisant fonctions d'inspecteur....................	1 —

10ᵉ Arrondissement

Effectif : 1 officier de paix, 3 brigadiers, 25 sous-brigadiers, 289 gardiens de la paix.

Quartier de Saint-Vincent-de-Paul. — Poste de police : Rue d'Alsace, 5

20 ILOTS

ILOT Nᵒ 1. — Rue de Strasbourg, devant la gare de l'Est, de la rue d'Alsace à la rue de Metz.

— 2. — Rue de Metz. — Rue de Nancy. — Rue du Faubourg Saint-Martin. — Rue de Strasbourg.

— 3. — Rue de Strasbourg. — Rue du Faubourg-Saint-Denis. — Rue Lafayette. — Rue d'Alsace.

— 4. — Boulevard de Magenta. — Rue Lafayette. — Rue du Faubourg-Saint-Denis.

— 5. — Rue de Chabrol. — Rue Lafayette. — Boulevard de Magenta.

— 6. — Rue Lafayette. — Rue du Faubourg-Poissonnière — Rue de Belzunce. — Boulevard de Magenta

— 7. — Boulevard de Magenta. — Rue de Dunkerque. — Rue Lafayette.

— 8. — Rue de Belzunce. — Rue de Maubeuge. — Boulevard Magenta.

— 9. — Rue de Maubeuge. — Rue du Faubourg-Poissonnière. — Boulevard de Magenta.

— 10. — Boulevard de Magenta. — Rue Ambroise-Paré. — Rue de Maubeuge.

— 11. — Boulevard de Magenta. — Boulevard de La Chapelle. — Rue de Maubeuge. — Rue Ambroise-Paré.

— 12. — Rue de Maubeuge. — Boulevard de La Chapelle, jusqu'à la rue du Faubourg-Saint-Denis (va-et-vient).

— 13. — Rue de Dunkerque, devant la gare du Nord, de la rue du Faubourg-Saint-Denis au boulevard de Magenta.

— 14. — Rue du Faubourg-Saint-Denis, de la rue de Dunkerque au boulevard de La Chapelle (va-et-vient).

ÎLOT Nᵒ 15. — Rue du Faubourg-Saint-Denis. — Rue Cail. —
        Rue Philippe-de-Girard. — Rue Lafayette.

— 16. — Rue du Faubourg-Saint-Denis. — Boulevard de
        La Chapelle. — Rue Philippe-de-Girard. —
        Rue Cail.

— 17. — Rue Philippe-de-Girard. — Boulevard de La
        Chapelle. — Rue de Château-Landon. — Rue
        de la Butte-Chaumont.

— 18. — Rue de la Butte-Chaumont. — Rue de Château-
        Landon. — Boulevard de La Villette. — Rue
        du Faubourg-Saint-Martin.

— 19. — Rue de Château-Landon. — Rue Philippe-de-
        Girard. — Rue de la Butte-Chaumont. — Rue
        du Faubourg-Saint-Martin.

— 20. — Rue du Faubourg-Saint-Martin. — Rue de Châ-
        téau-Landon. — Rue Lafayette jusqu'à la rue
        d'Alsace (va-et-vient).

STATIONS DE VOITURES

Kiosque nᵒ 81. — Rue de Chabrol	1	gardien.
— 82. — Rue du Faubourg-Saint-Denis.	1	—
— 84. — Rue de Metz	1	—
— 86. — Boulevard de Magenta devant le nᵒ 99	1	—

MARCHÉ SAINT-QUENTIN

Boulevard Magenta	1	—

GARES DE CHEMINS DE FER

De l'Est	2	—
Du Nord	2	—

COMMISSARIATS SPÉCIAUX DE POLICE

Gare de l'Est	2	—
Gare du Nord	2	—

**Quartier de la Porte-Saint-Denis. — Poste de police :
Rue des Petites-Écuries, 17**

14 ILOTS

ÎLOT Nᵒ 1. — Rue de Stasbourg. — Boulevard de Strasbourg.
        — Rue de la Fidélité. — Rue du Faubourg-
        Saint-Denis

— 2. — Boulevard de Strasbourg. — Rue du Château-
        d'Eau. — Rue du Faubourg-Saint-Denis —
        Rue de la Fidélité.

Ilot N° 3. — Boulevard de Strasbourg. — Boulevard Saint-Denis. — Rue du Faubourg-Saint-Denis. — Rue du Château-d'Eau.

— 4. — Boulevard Bonne-Nouvelle. — Rue de Mazagran. — Rue de l'Echiquier. — Rue du Faubourg-Saint-Denis.

— 5. — Rue du Faubourg-Saint-Denis. — Rue Paradis-Poissonnière. — Rue d'Hauteville. — Rue de Chabrol.

— 6. — Rue des Petites-Ecuries. — Rue d'Hauteville. — Rue Paradis-Poissonnière. — Rue Martel.

— 7. — Rue Paradis-Poissonnière. — Rue d'Enghien. — Rue d'Hauteville. — Rue des Petites-Ecuries.

— 8. — Rue du Faubourg-Saint-Denis. — Rue d'Enghien. — Rue d'Hauteville. — Rue des Petites-Ecuries.

— 9. — Rue du Faubourg-Saint-Denis. — Rue de l'Echiquier. — Rue d'Hauteville. — Rue d'Enghien.

— 10. — Boulevard Bonne-Nouvelle. — Rue d'Hauteville. — Rue de l'Echiquier. — Rue de Mazagran.

— 11. — Boulevard Bonne-Nouvelle. — Rue du Faubourg-Poissonnière. — Rue d'Enghien. — Rue d'Hauteville.

— 12. — Rue du Faubourg-Poissonnière. — Rue des Petites-Ecuries. — Rue d'Hauteville — Rue d'Enghien.

— 13. — Rue du Faubourg-Poissonnière. — Rue Paradis-Poissonnière. — Rue d'Hauteville. — Rue des Petites-Ecuries.

— 14. — Rue du Faubourg-Poissonnière. — Rue de Chabrol. — Rue d'Hauteville. — Rue Paradis-Poissonnière.

PLANTONS

Refuge à l'angle des boulevards Saint-Denis et de Strasbourg............................ 1 gardien.
Porte Saint-Denis.................................. 1   —

STATIONS DE VOITURES

Kiosque n° 80. — Boulevard de Strasbourg....... 1   —

COMMISSARIAT DE POLICE

Faisant fonctions d'inspecteur............. 1   —

Quartier de la Porte-Saint-Martin.
Poste de police : Rue du Faubourg-Saint-Martin, 72
(Mairie, poste central)

18 ILOTS

ILOT N° 1. — Rue du Château-d'Eau. — Boulevard de Strasbourg. — Boulevard de Magenta. — Rue du Faubourg-Saint-Martin.

— 2. — Rue du Faubourg-Saint-Martin. — Boulevard Saint-Denis. — Boulevard de Strasbourg. — — Rue du Château-d'Eau.

— 3. — Rue du Château-d'Eau. — Rue Bouchardon. — Rue de Bondy. — Rue du Faubourg-Saint-Martin.

— 4. — Rue du Faubourg-Saint-Martin. — Boulevard de Magenta. — Rue Albouy. — Rue du Château-d'Eau.

— 5. — Rue de Bondy. — Rue de Lancry. — Boulevard Saint-Martin.

— 6. — Rue du Château-d'Eau. — Rue de Lancry. — Rue de Bondy. — Rue Bouchardon.

— 7. — Rue du Château-d'Eau. — Rue de Bondy. — Rue de Lancry.

— 8. — Rue Albouy. — Boulevard de Magenta. — Rue du Château-d'Eau.

— 9. — Rue de la Douane. — Rue de l'Entrepôt. — Rue du Faubourg-du-Temple. — Rue de la République.

— 10. — Rue de la Douane. — Quai de Valmy. — Rue du Faubourg-du-Temple. — Rue de l'Entrepôt.

— 11. — Rue Beaurepaire. — Quai de Valmy. — Rue de la Douane.

— 12. — Rue de Lancry. — Quai de Valmy. — Rue Beaurepaire. — Boulevard de Magenta.

— 13. — Rue des Vinaigriers. — Rue de Lancry. — Boulevard de Magenta. — Rue Albouy.

— 14. — Rue des Vinaigriers. — Rue Albouy. — Boulevard de Magenta.

— 15. — Rue du Faubourg-Saint-Martin. — Rue des Récollets. — Quai de Valmy. — Rue des Vinaigriers. — Boulevard de Magenta.

— 16. — Boulevard de Magenta. — Boulevard de Strasbourg. — Rue de Strasbourg. — Rue du Faubourg-Saint-Martin.

Îlot Nº 17. — Rue Grange-aux-Belles. — Rue Bichat. — Rue Alibert. — Quai de Jemmapes.

— 18. — Rue Alibert. — Rue Bichat. — Rue du Faubourg-du-Temple. — Quai de Jemmapes.

PLANTONS

Boulevard de Strasbourg, devant l'église Saint-Laurent.. 1 gardien.

À l'angle des boulevards Saint-Denis et de Strasbourg.. 1 —

À la Porte Saint-Martin.................................. 1 —

Place de la République.................................. 1 —

Pont Grange-aux-Belles.................................. 1 —

STATION DE VOITURES

Kiosque nº 85. — Boulevard Saint-Martin......... 1 —

— 88. — Boulevard de Magenta......... 1 —

MARCHÉ DU CHATEAU-D'EAU

Rue du Château d'Eau, 33. Faisant fonctions d'inspecteur.................................. 1 sous-brigadier

POSTE DE SECOURS

Quai de Jemmapes.................................. 1 gardien.

Quartier de l'Hôpital-Saint-Louis. — Poste de police : Quai Jemmapes, 154

16 ILOTS

Îlot Nº 1. — Rue Saint-Maur. — Rue du Faubourg-du-Temple. — Rue Bichat. — Rue Corbeau.

— 2. — Rue du Buisson-Saint-Louis. — Boulevard de la Villette. — Rue du Faubourg-du-Temple. — Rue Saint-Maur.

— 3. — Rue Saint-Maur. — Rue Corbeau. — Rue Bichat. — Rue Alibert. — Rue Claude-Vellefaux.

— 4. — Rue Claude-Vellefaux. — Rue de Sambre-et-Meuse. — Boulevard de la Villette. — Rue du Buisson-Saint-Louis. — Rue Saint-Maur.

— 5. — Rue Claude-Vellefaux. — Rue Grange-aux-Belles. — Boulevard de la Villette. — Rue de Sambre-et-Meuse.

— 6. — Rue Grange-aux-Belles. — Rue Claude-Vellefaux. — Rue Saint-Maur.

ÎLOT Nº 7. — Rue Saint-Maur. — Rue Claude-Vellefaux. — Rue Alibert. — Rue Bichat. — Rue Grange-aux-Belles.

— 8. — Rue de l'Hôpital-Saint-Louis. — Rue Grange-aux-Belles. — Rue Bichat. — Quai de Jemmapés.

— 9. — Rue des Ecluses-Saint-Martin. — Rue Grange-aux-Belles. — Rue de l'Hôpital-Saint-Louis. — Quai de Jemmapes.

— 10. — Quai de Jemmapes. — Rue de la Butte-Chaumont. — Boulevard de la Villette. — Rue Grange-aux-Belles. — Rue des Ecluses-Saint-Martin.

— 11. — Quai de Jemmapes. — Boulevard de la Villette. — Rue de la Butte-Chaumont.

— 12. — Rue du Faubourg-Saint-Martin — Boulevard de la Villette. — Rue Lafayette.

— 13. — Rue du Canal-Saint-Martin. — Rue du Faubourg-Saint-Martin. — Rue Lafayette. — Quai de Valmy.

— 14. — Rue des Ecluses-Saint-Martin. — Rue du Faubourg-Saint-Martin. — Rue du Canal-Saint-Martin. — Quai de Valmy.

— 15. — Quai de Valmy. — Rue du Terrage. — Rue du Faubourg-Saint-Martin. — Rue des Ecluses-Saint-Martin.

— 16. — Quai de Valmy. — Rue des Récollets. — Rue du Faubourg-Saint-Martin. — Rue du Terrage.

PLANTONS

Angle des rues Lafayette et du Faubourg-Saint-Martin.. 1 gardien.
Angle des rues Saint-Maur et du Faubourg-Saint-Martin.. 1 —

STATIONS DE VOITURES

Kiosque nº 87. — Rue Bichat.................... 1 —
— 90. — Boulevard de la Villette...... 1 —

MARCHÉ SAINT-MAUR-POPINCOURT

Rue Saint-Maur, 200............................ 1 —

HÔPITAL SAINT-LOUIS

Rue Bichat.................................... 2 —

11ᵉ Arrondissement

Effectif : 1 officier de paix, 3 brigadiers, 24 sous-brigadiers.
269 gardiens de la paix.

Quartier de la Folie-Méricourt. — Poste de police :
Boulevard Richard-Lenoir, 128

18 ILOTS

ILOT Nº 1. — Boulevard Voltaire. — Rue Oberkampf. — Boulevard du Temple. — Rue de Crussol.

— 2. — Boulevard Richard-Lenoir. — Rue Oberkampf. — Boulevard Voltaire. — Rue d'Angoulême.

— 3. — Boulevard Voltaire. — Rue de Crussol. — Boulevard du Temple. — Rue d'Angoulême.

— 4. — Boulevard Voltaire. — Rue d'Angoulême. — Boulevard du Temple. — Place de la République,

— 5. — Avenue de la République. — Boulevard Richard-Lenoir. — Rue d'Angoulême. — Boulevard Voltaire. — Place de la République.

— 6. — Quai de Valmy. — Avenue de la République. — Rue de Malte. — Rue du Faubourg-du-Temple.

— 7. — Rue de Nemours. — Rue Oberkampf. — Boulevard Richard-Lenoir. — Rue d'Angoulême.

— 8. — Rue Saint-Maur. — Rue Oberkampf. — Rue de Nemours. — Rue d'Angoulême.

— 9. — Rue Pierre-Levée. — Rue d'Angoulême. — Boulevard Richard-Lenoir. — Quai de Jemmapes.

— 10. — Rue Saint-Maur. — Rue des Trois-Bornes. — Rue Pierre-Levée. — Rue Fontaine-au-Roi.

— 11. — Rue Fontaine-au-Roi. — Rue Saint-Maur, jusqu'à la rue du Faubourg-du-Temple (va-et-vient).

— 12. — Rue du Faubourg-du-Temple, du quai de Jemmapes à la rue Saint-Maur (va-et-vient).

— 13. — Rue du Faubourg-du-Temple, de la rue Saint-Maur au boulevard de Belleville (va-et-vient).

— 14. — Boulevard de Belleville. — Rue de l'Orillon. — Rue Nys.

— 15. — Boulevard de Belleville. — Rue des Trois-Couronnes. — Rue Morand. — Rue de l'Orillon.

ÎLOT Nº 16. — Rue Morand. — Rue des Trois-Couronnes. —
    Rue Saint-Maur. — Rue de l'Orillon.
— 17. — Rue Moret. — Rue Oberkampf. — Rue Saint-
    Maur. — Rue d'Angoulême.
— 18. — Boulevard de Belleville.— Rue Oberkampf.— Rue
    Moret. — Rue des Trois-Couronnes.

PLANTON

Place de la République .... 1 gardien.

STATIONS DE VOITURES

Kiosque nº 95. — Avenue de la République 1   —
— 167. — Place des Trois-Couronnes 1   —

MARCHÉ

Aux Fleurs. — Place de la République (deux jours
    par semaine)................................. 1   —

COMMISSARIAT DE POLICE

Faisant fonctions d'inspecteurs.................. 2   —

Quartier Saint-Ambroise. — Poste de police : Avenue Parmentier, 25

16 ILOTS

ÎLOT Nº 1. — Rue Amelot. — Boulevard des Filles-du-Calvaire.
    — Rue Oberkampf.
— 2. — Boulevard Richard-Lenoir.— Rue de Saint-Sébas-
    tien. — Rue Amelot. — Rue Oberkampf.
— 3. — Rue de la Folie-Méricourt. — Boulevard Voltaire.
    — Boulevard Richard-le-Noir. — Rue Ober-
    kampf.
— 4. — Rue Saint-Sabin. — Rue du Chemin-Vert. —
    Boulevard Beaumarchais.
— 5. — Boulevard Richard-Lenoir. — Allée Verte. — Rue
    Saint-Sabin. — Rue de Saint-Sébastien.
— 6. — Boulevard Richard-Lenoir. — Rue du Chemin-
    Vert. — Rue Saint-Sabin. — Allée Verte.
— 7. — Passage Moufle. — Rue du Chemin-Vert. — Bou-
    levard Richard-Lenoir.
— 8. — Boulevard Voltaire. — Rue du Chemin-Vert. —
    Passage Moufle. — Boulevard Richard-Le-
    noir.

Lot Nº 9. — Avenue Parmentier. — Rue du Chemin-Vert. — Boulevard Voltaire. — Rue Saint-Ambroise.

— 10. — Rue Saint-Maur. — Rue du Chemin-Vert. — Avenue Parmentier. — Rue Saint-Ambroise.

— 11. — Rue Saint-Maur, de l'angle de la rue Oberkampf à la rue Saint-Ambroise.— Rue Saint-Ambroise, jusqu'à la Folie-Méricourt (va-et-vient).

— 12. — Rue Oberkampf. — Rue de la Folie-Méricourt à la rue Saint-Maur (va-et-vient).

— 13. — Rue Saint-Maur, de la rue du Chemin-Vert à la rue Oberkampf.

— 14. — Rue du Chemin-Vert, de la rue Saint-Maur au boulevard de Ménilmontant (va-et-vient).

— 15. — Rue Oberkampf, de la rue Saint-Maur au boulevard de Ménilmontant.

— 16. — Boulevard de Ménilmontant, de la rue Oberkampf, à la rue du Chemin-Vert (va-et-vient).

PLANTON

A l'angle des boulevards Richard-Lenoir et Voltaire.. 1 gardien.

STATIONS DE VOITURES

Kiosque nº 91. — Boulevard de Ménilmontant.... 1 —
— 92. — Boulevard Richard-Lenoir...... 1 —
— 96. — Boulevard Beaumarchais....... 1 —

MARCHÉS

De Popincourt. — Rue Ternaux .... 1 —
De Ménilmontant.— Boulevard de Ménilmontant
et de Belleville (deux jours par semaine)...... 2 —

COMMISSARIAT DE POLICE

Faisant fonctions d'inspecteur.................... 1 —

Quartier de la Roquette. — Poste de police : Place Voltaire (Mairie, Poste central)

20 ILOTS

Ilot Nº 1. — Place de la Bastille. — Boulevard Beaumarchais. — Rue du Chemin-Vert. — Rue Amelot.

— 2. — Rue Amelot. — Rue du Chemin-Vert. — Boulevard Richard-Lenoir.

— 3. — Rue Saint-Sabin. — Rue de la Roquette. — Place de la Bastille. — Boulevard Richard-Lenoir.

Ilot N° 4. — Rue de Lappe. — Rue de Charonne. — Rue du
          Faubourg-Saint-Antoine.
  —   5. — Rue des Taillandiers. — Rue de Charonne. —
          Rue de Lappe. — Rue de la Roquette.
  —   6. — Rue Basfroi. — Rue de Charonne — Rue des
          Taillandiers. — Rue de la Roquette.
  —   7. — Rue de la Roquette. — Rue Saint-Sabin. — Rue
          Sedaine. — Rue Popincourt.
  —   8. — Rue Sedaine. — Rue Saint-Sabin. — Rue Bré-
          guet. — Passage Raoul. — Rue Popincourt.
  —   9. — Boulevard Richard-Lenoir. — Rue du Chemin-
          Vert. — Rue Popincourt. — Passage Raoul. —
          Rue Bréguet.
  —   10. — Rue Richard-Lenoir. — Rue de Charonne. — Rue
          Basfroi. — Rue de la Roquette.
  —   11. — Boulevard Voltaire. — Rue de Charonne. — Rue
          Richard-Lenoir.
  —   12. — Rue de la Roquette. — Rue Popincourt. — Rue
          du Chemin-Vert. — Boulevard Voltaire.
  —   13. — Boulevard Voltaire. — Rue du Chemin-Vert. —
          Avenue Parmentier. — Place Voltaire.
  —   14. — Avenue Parmentier. — Rue du Chemin-Vert. —
          Rue Saint-Maur. — Rue de la Roquette.
  —   15. — Rue des Boulets. — Rue de Belfort. — Boulevard
          Voltaire. — Rue de la Roquette.
  —   16. — Rue des Boulets. — Rue de Charonne. — Bou-
          levard Voltaire. — Rue de Belfort.
  —   17. — Boulevard de Charonne. — Rue de Charonne. —
          Rue des Boulets. — Rue de la Folie-Régnault.
          — Rue du Mont-Louis.
  —   18. — Boulevard de Ménilmontant. — Rue de Mont-
          Louis. — Rue de la Folie-Régnault. — Rue des
          Boulets. — Rue de la Roquette.
  —   19. — Rue Moulin. — Place de la Roquette. — Rue
          Saint-Maur. — Rue du Chemin-Vert.
  —   20 — Boulevard de Ménilmontant. — Rue de la Ro-
          quette. — Rue Merlin. — Rue du Chemin-Vert.

PLANTONS

Place de la Bastille............................... 1 gardien.
Carrefour Basfroi................................. 1   —

STATIONS DE VOITURES

Kiosque n° 93. — Place Voltaire................. 1   —
MARCHÉS

Aux Fleurs, place Voltaire (3 jours par semaine). 1   —
Voltaire, rue Gobert.............................. 1   —

Quartier Sainte-Marguerite. — Poste de police : Faubourg Saint-Antoine (Carrefour Montreuil)

14 ILOTS

ILOT N° 1. — Rue de Charonne, de la rue du Faubourg-Saint-Antoine à la rue Sainte-Marguerite (va-et-vient).

— 2. — Rue du Faubourg-Saint-Antoine, de la rue de Charonne à la rue Sainte-Marguerite (va-et-vient).

— 3. — Rue Sainte-Marguerite. — Rue de Charonne. — Rue Saint-Bernard. — Rue du Faubourg-Saint-Antoine.

— 4. — Rue des Boulets. — Boulevard Voltaire. — Rue de Charonne, de la rue Saint-Bernard à la rue des Boulets (va-et-vient).

— 5. — Boulevard Voltaire, de la rue de Charonne à la rue de Montreuil (va-et-vient).

— 6. — Rue de Montreuil, de la rue Saint-Bernard au boulevard Voltaire (va-et-vient).

— 7. — Rue de Montreuil. — Rue des Boulets. — Rue du Faubourg-Saint-Antoine.

— 8. — Rue des Boulets. — Rue de Montreuil. — Boulevard Voltaire — Place de la Nation. — Rue du Faubourg-Saint-Antoine.

— 9. — Boulevard Voltaire. — Rue Alexandre-Dumas. — Avenue Philippe-Auguste. — Rue de Montreuil.

— 10. — Rue Alexandre-Dumas. — Rue des Boulets. — — Rue de Charonne. — Avenue Philippe-Auguste.

— 11. — Rue Alexandre-Dumas. — Avenue Philippe-Auguste. — Rue de Charonne. — Boulevard de Charonne.

— 12. — Rue Alexandre-Dumas. — Boulevard de Charonne. — Rue de Montreuil. — Avenue Philippe-Auguste.

— 13. — Avenue de Bouvines. — Place de la Nation. — Boulevard Voltaire. — Rue de Montreuil.

— 14. — Avenue de Bouvines. — Rue de Montreuil. — Boulevard de Charonne. — Place de la Nation.

STATION DE VOITURES

Kiosque n° 94. — Boulevard Voltaire............ 1 gardien.

— 98. — Carrefour Montreuil.......... 1 —

COMMISSARIAT DE POLICE

Faisant fonctions d'inspecteur.................. 1 —

12ᵉ Arrondissement

Effectif : 1 officier de paix, 3 brigadiers, 24 sous-brigadiers, 289 gardiens de la paix.

Quartier du Bel-Air. — Poste de police : Rue du Rendez-vous, 11

10 ILOTS

ILOT Nº 1. — Cours de Vincennes. — Rue Ruty. — Rue du Rendez-Vous.

— 2. Cours de Vincennes. — Rue Michel-Bizot. — Rue du Rendez-Vous. — Rue Ruty.

— 3. — Cours de Vincennes. — Rue de la Voûte. — Rue Michel-Bizot.

— 4. — Boulevard Soult. — Avenue de Saint-Mandé. — Rue de la Voûte.

— 5. — Boulevard de Picpus. — Rue du Rendez-Vous. — Avenue de Saint-Mandé.

— 6. — Avenue de Saint-Mandé. — Rue Michel-Bizot. — Sentier du Chemin-de-Fer. — Boulevard de Picpus.

— 7. — Avenue de Saint-Mandé. — Boulevard Soult. — Rue Montempoivre. — Rue Michel-Bizot.

— 8. — Rue Montempoivre. — Boulevard Soult. — Rue Rottembourg. — Rue Michel-Bizot.

— 9. — Sentier du Chemin-de-Fer. — Rue Michel-Bizot. — Avenue Daumesnil. — Rue de Picpus. — Boulevard de Picpus.

— 10. — Rue Rottembourg. — Boulevard Soult. — Boulevard Poniatowski. — Rue de Picpus. — Avenue Daumesnil. — Rue Michel-Bizot.

STATIONS DE VOITURES

Kiosque nº 99. — Boulevard de Picpus.......... 1 gardien.

— 100. — Cours de Vincennes.......... 1 —

— 161. — Avenue Daumesnil.......... 1 —

Quartier de Picpus. — Poste de police : Boulevard de Reuilly, 20

20 ÎLOTS

ÎLOT Nº 1. — Rue de Reuilly. — Boulevard Diderot. — Rue de Chaligny.

— 2. — Boulevard Diderot. — Rue de Reuilly. — Rue Erard. — Rue de Chaligny.

— 3. — Rue du Faubourg-Saint-Antoine, de la rue de Reuilly à la rue de Picpus (va-et-vient).

— 4. — Rue de Picpus. — Boulevard Diderot. — Rue de Reuilly (va-et-vient).

— 5. — Rue Erard. — Rue de Reuilly. — Rue Montgallet. — Rue de Charenton.

— 6. — Boulevard Diderot. — Rue de Picpus. — Rue des Buttes. — Rue de Reuilly.

— 7. — Rue du Faubourg-Saint-Antoine. — Place de la Nation. — Avenue du Bel-Air. — Avenue de Saint-Mandé. — Rue de Picpus.

— 8. — Boulevard de Picpus. — Avenue de Saint-Mandé. — Avenue du Bel-Air. — Place de la Nation.

— 9. — Rue Montgallet. — Rue de Reuilly. — Rue des Quatre-Chemins. — Avenue Daumesnil.

— 10. — Rue des Quatre-Chemins. — Rue de Reuilly. — Avenue Daumesnil.

— 11. — Rue de Reuilly, de la rue des Buttes à la rue Lamblardie (va-et-vient).

— 12. — Rue des Buttes. — Rue de Picpus. — Rue de Lamblardie (va-et-vient).

— 13. — Avenue de Saint-Mandé. — Boulevard de Picpus. — Rue de Picpus.

— 14. — Rue de Lamblardie. — Rue de Picpus. — Avenue Daumesnil.

— 15. — Avenue Daumesnil. — Boulevard Poniatowski. — Rue Claude-Decaen.

— 16. — Rue Claude-Decaen. — Boulevard Poniatowski. — Rue de Charenton. — Rue des Jardiniers. — Chemin des Meuniers. — Rue Michel-Bizot.

— 17. — Avenue Daumesnil. — Boulevard de Reuilly. — Rue de Charenton.

— 18. — Boulevard de Reuilly. — Rue Claude-Decaen, jusqu'à la rue Michel-Bizot (va-et-vient).

— 19. — Rue de Charenton, depuis le boulevard de Reuilly et rue de Wattignies (va-et-vient).

— 20. — Rue de Wattignies. — Rue Michel-Bizot. — Chemin des Jardiniers. — Rue de Charenton.

Kiosque n° 106. — Boulevard de Reuilly......... 1 gardien.
—   105. — Mairie, avenue Daumesnil.... 1   —

**Quartier de Bercy. — Poste de police :
Rue de Bercy, 39**

16 ILOTS

ILOT N° 1. — Avenue Daumesnil. — Rue de Charenton. —
  Boulevard de Bercy. — Rue de Charolais. —
  Rue de Rambouillet.
—   2. — Rue de Rambouillet, depuis le chemin de fer. —
  Rue de Charolais (va-et-vient).
—   3. — Rue de Bercy, depuis la rue de Rambouillet. —
  Boulevard de Bercy (va-et-vient).
—   4. — Rue Villot. — Rue de Bercy. — Boulevard de
  Bercy. — Quai de la Rapée.
—   5. — Boulevard de Bercy, depuis la rue de Bercy. —
  Quai de Bercy, jusqu'à la rue Gallois (va-et-
  vient).
—   6. — Rue de Bercy, depuis le boulevard de Bercy. —
  Rue Gallois (va-et-vient).
—   7. — Rue de Bercy. — Rue Soulages.— Quai de Bercy.
  — Rue Gallois.
—   8. — Rue de Bercy. — Rue Nicolaï. — Quai de Bercy.
  — Rue Soulages.
—   9. — Boulevard de Bercy, depuis la rue Libert.— Rue
  de Bercy, jusqu'à la place de la Nativité (va-
  et-vient).
—   10. — Rue Libert. — Rue de la Nativité. — Place de la
  Nativité (va-et-vient).
—   11. — Boulevard de Bercy. — Rue de Charenton.— Rue
  de la Nativité. — Rue Libert.
—   12. — Place de la Nativité. — Rue de la Nativité. —
  Rue de Charenton. — Rue Nicolaï. — Rue de
  Bercy.
—   13. — Rue Nicolaï, du quai de Bercy jusqu'au chemin
  de fer (va-et-vient).
—   14. — Rue Nicolaï, depuis le chemin de fer. — Rue de
  Charenton, jusqu'à la porte de Charenton (va-
  et-vient).
—   15. — Boulevard Poniatowski, du pont National à la
  rue de Charenton (va-et-vient).
—   16. — Quai de Bercy, du pont de Bercy au pont National
  (va-et-vient).

STATIONS DE VOITURES

Kiosque n° 101. — Rue de Dijon.................. 1 gardien.
    —   102. — Quai de la Rapée.............. 1   —

GARE

Aux Marchandises de Bercy..................... 2   —

Quartier des Quinze-Vingts. — Poste de police : Boulevard Diderot, 46 (Poste central).

22 ILOTS

ILOT N° 1. — Rue de Charenton, depuis la place de la Bastille.
        — Rue Traversière, jusqu'à l'avenue Daumesnil (va-et-vient).

—   2. — Rue de Charenton. — Boulevard Diderot, jusqu'à l'avenue Daumesnil (va-et-vient).

—   3. — Rue de Charenton. — Rue de Rambouillet. — Avenue Daumesnil. — Boulevard Diderot.

—   4. — Boulevard Diderot. — Rue Chaligny. — Rue de Charenton.

—   5. — Rue du Faubourg-Saint-Antoine. — Rue Chaligny. — Boulevard Diderot. — Rue Crozatier. — Rue de Citeaux.

—   6. — Place d'Aligre. — Rue d'Aligre. — Rue du Faubourg Saint-Antoine. — Rue de Citeaux (va-et-vient).

—   7. — Place d'Aligre. — Rue d'Aligre. — Rue de Charenton. — Boulevard Diderot. — Rue Crozatier (va-et-vient).

—   8. — Rue du Faubourg-Saint-Antoine. — Rue d'Aligre. — Rue de Charenton. — Rue de Cotte.

—   9. — Rue du Faubourg-Saint-Antoine. — Rue de Cotte. — Rue de Charenton. — Rue Traversière.

—   10. — Rue du Faubourg-Saint-Antoine. — Rue Traversière. — Rue de Charenton. — Rue Saint-Nicolas.

—   11. — Rue du Faubourg-Saint-Antoine. — Rue Saint-Nicolas. — Rue de Charenton.

—   12. — Place de la Bastille.

—   13. — Rue de Lyon. — Rue Jules-César. — Boulevard de la Contrescarpe.

ÎLOT Nº 14. — Avenue Daumesnil. — Boulevard Diderot. — Rue
              de Lyon.
  —   15. — Avenue Daumesnil, de la rue de Lyon au boule-
              vard Diderot (va-et-vient).
  —   16. — Avenue Daumesnil. — Rue de Rambouillet. —
              Rue de Châlons. — Boulevard Diderot.
  —   17. — Rue Jules-César. — Rue de Lyon. — Boulevard
              Diderot. — Rue de Bercy.
  —   18. — Rue de Bercy. — Boulevard Diderot. — Boulevard
              de la Contrescarpe.
  —   19. — Place Mazas.
  —   20. — Quai de la Rapée, du boulevard Diderot à la rue
              Villiot (va-et-vient).
  —   21. — Boulevard Diderot. — Rue de Bercy. — Rue
              Villiot (va-et-vient).
  —   22. — Rue de Châlons. — Boulevard Diderot. — Rue de
              Bercy. — Rue de Rambouillet.

STATIONS DE VOITURES

Kiosque nº 97. — Rue Biscornet................ 1 gardien.
  —   103. — Chemin de fer de Lyon 1

GARE

De Lyon... 2   —

COMMISSARIAT SPÉCIAL DE POLICE

De la gare de Lyon............................... 2   —

MARCHÉS

Du cours de Vincennes (trois jours par semaine) 1   —
De Bercy. — Boulevard de Bercy (trois jours par
  semaine)....................................... 1   —

POSTE DE SECOURS

Du pont d'Austerlitz............................. 1   —

13e Arrondissement

Effectif : 1 officier de paix, 3 brigadiers, 24 sous-brigadiers, 282 gardiens de la paix.

Quartier de la Salpêtrière. — Poste de police : Place d'Italie (Mairie, poste central)

14 ILOTS

ILOT N° 1. — Boulevard de l'Hôpital, depuis la Salpêtrière jusqu'à la place Walhuber (va-et-vient).

— 2. — Boulevard de l'Hôpital, depuis la Salpêtrière jusqu'à la rue Bruant (va-et-vient).

— 3. — Quai d'Austerlitz, depuis la place Walhuber jusqu'à la rue Sauvage (va-et-vient).

— 4. — Boulevard de la Gare. — Rue Sauvage. — Quai d'Austerlitz.

— 5. — Boulevard de la Gare, depuis la rue Sauvage. — Rue Jenner. — Rue Bruant. — Rue Bellière.

— 6. — Place Pinel. — Rue Esquirol. — Rue Jenner. — — Boulevard de la Gare.

— 7. — Boulevard de l'Hôpital. — Rue Esquirol. — Place Pinel. — Rue Pinel.

— 8. — Boulevard de la Gare. — Place d'Italie. — Boulevard de l'Hôpital. — Rue Pinel. — Place Pinel.

— 9. — Rue Duméril. — Boulevard Saint-Marcel jusqu'au boulevard de l'Hôpital (va-et-vient).

— 10. — Boulevard de l'Hôpital, de la rue Duméril au boulevard Saint-Marcel (va-et-vient).

— 11. — Boulevard Saint-Marcel. — Rue Duméril. — Rue du Banquier. — Rue des Cornes. — Rue Lebrun.

— 12. — Boulevard Saint-Marcel. — Rue des Cornes — Rue du Banquier. — Avenue des Gobelins.

— 13. — Rue Duméril. — Boulevard de l'Hôpital — Rue Rubens. — Rue du Banquier.

— 14. — Avenue des Gobelins. — Rue du Banquier. — Rue Rubens. — Boulevard de l'Hôpital. — Place d'Italie.

PLANTON

Place Walhuber...................................... 1 gardien.

STATIONS DE VOITURES

Kiosque nº 107. — Boulevard de l'Hôpital..........   1   —
   —   108. — Quai d'Austerlitz..............   1   —
   —   111. — Boulevard de la Gare..........   1   —

MARCHÉS

Aux chevaux, aux chiens et aux fourrages......   1   —
De la place d'Italie............................   1   —
De la Gare, boulevard de la Gare (deux jours par
   semaine)....................................   1   —

GARE

Du chemin de fer d'Orléans....................   2   —

ABATTOIR

De Villejuif...................................   2   —

Quartier de la Gare. — Poste de police : Rue du Château-des-Rentiers, 165

24 ILOTS

ILOT Nº 1. — Boulevard de la Gare, du pont du chemin de fer
            au quai de la Gare (va-et-vient).
   —   2. — Quai de la Gare, du boulevard de la Gare jus-
            qu'à la rue Picard (va-et-vient).
   —   3. — Boulevard de la Gare, du pont du chemin de fer
            à la rue du Chevaleret (va-et-vient).
   —   4. — Rue du Chevaleret, du boulevard de la Gare jus-
            qu'à la rue Picard (va-et-vient).
   —   5. — Rue Picard, depuis le pont du chemin de fer. —
            Quai de la Gare jusqu'à la rue Watt (va-et-
            vient).
   —   7. — Rue Watt. — Quai de la Gare. — Boulevard
            Masséna (va-et-vient).
   —   8. — Rue Régnault. — Rue du Chevaleret. — Rue
            Watt (va-et-vient).
   —   9. — Boulevard de la Gare. — Rue du Chevaleret. —
            Rue Clisson. — Rue Dunois.
   —   10. — Boulevard de la Gare. — Rue Dunois. — Rue
            Clisson. — Place Nationale. — Rue Nationale.
   —   11. — Rue du Chevaleret. — Rue Domrémy. — Rue
            Dunois. — Rue Clisson.
   —   12. — Rue Dunois. — Rue Domrémy. — Rue Jeanne-
            d'Arc. — Place Jeanne-d'Arc. — Rue Jeanne-
            d'Arc. — Rue Clisson.

ILOT N° 13. — Place Jeanne-d'Arc. — Rue Jeanne-d'Arc. — Rue Domrémy. — Rue du Château-des-Rentiers. — Place Nationale. — Rue Clisson. — Rue Jeanne-d'Arc.

— 14. — Boulevard de la Gare. — Rue Nationale. — Place Nationale. — Rue du Château-des-Rentiers.

— 15. — Boulevard de la Gare. — Rue du Château-des-Rentiers. — Rue Baudricourt. — Rue du Gaz.

— 16. — Boulevard de la Gare. — Rue du Gaz. — Rue Baudricourt. — Avenue d'Ivry. — Avenue de Choisy.

— 17. — Avenue d'Ivry. — Rue de la Pointe-d'Ivry. — Avenue de Choisy.

— 18. — Avenue d'Ivry. — Boulevard Masséna. — Avenue de Choisy. — — Rue de la Pointe-d'Ivry.

— 19. — Rue du Château-des-Rentiers. — Boulevard Masséna jusqu'au poste-caserne (va-et-vient).

— 20. — Rue Baudricourt. — Avenue d'Ivry. — Boulevard Masséna jusqu'au poste-caserne (va-et-vient.)

— 21. — Rue de Patay. — Rue de Tolbiac. — Rue du Champ-Maillard, jusqu'au chemin de fer. — Chemin latéral du chemin de fer. — Rue du Château-des-Rentiers. — Rue Domrémy.

— 22. — Rue de Patay. — Boulevard Masséna. — Rue du Champ-Maillard. — Chemin latéral du chemin de fer. — Rue du Champ-Maillard. — Rue de Tolbiac.

— 23. — Rue du Dessous-des-Berges. — Rue de Patay. — Rue Domrémy.

— 24. — Rue du Chevaleret. — Rue Régnault. — Rue de Patay. — Rue du Dessous-des-Berges. — Rue Domrémy.

CHEMIN DE FER

D'Orléans. — Gare des marchandises............ 2 gardiens.

**Quartier de la Maison-Blanche. — Poste de police :
Rue de la Butte-aux-Cailles, 39**

28 ILOTS

ILOT N° 1. — Avenue d'Italie, de la place d'Italie à la rue Vandrezanne (va-et-vient).

— 2. — Place d'Italie. — Boulevard d'Italie jusqu'à la rue du Moulin-des-Prés. — Passage Vandrezanne jusqu'à la rue Vandrezanne (va-et-vient).

Îlot Nº 3. — Rue Vandrezanne. — Avenue d'Italie. — Rue du Moulinet. — Passage Vandrezanne. — Rue du Moulin-des-Prés. — Passage Vandrezanne.

— 4. — Rue du Moulinet. — Avenue d'Italie. — Rue de la Fontaine-à-Mulard. — Rue du Moulin-des-Prés. — Passage Vandrezanne.

— 5. — Rue des Cinq-Diamants. — Boulevard d'Italie. — Rue du Moulin-des-Prés. — Rue de la Butte-aux-Cailles.

— 6. — Rue de la Butte-aux-Cailles, depuis le passage Boiton. — Rue du Moulin-des-Prés. — Rue de la Fontaine-à-Mulard. — Chemin des Peupliers.

— 7. — Boulevard d'Italie. — Rue des Cinq-Diamants. — Rue de la Butte-aux-Cailles. — Rue Barrault.

— 8. — Rue de la Butte-aux-Cailles, depuis le passage Boiton. — Rue de l'Espérance. — Rue de la Colonie jusqu'à la Bièvre (va-et-vient).

— 9. — Rue de la Colonie. — Rue Barrault jusqu'au boulevard d'Italie, retour par la rue Barrault, la rue de la Butte-aux-Cailles et la rue de l'Espérance.

— 10. — Boulevard d'Italie, de la rue de la Glacière à la rue Barrault (va-et-vient).

— 11. — Rue de la Glacière, depuis le boulevard jusqu'à la ruelle Mauny (va-et-vient).

— 12. — Rue de la Glacière, depuis la ruelle Mauny. — Boulevard Kellermann, jusqu'à la poterne des Peupliers (va-et-vient).

— 13. — Rue de la Glacière. — Boulevard d'Italie, jusqu'à l'impasse Prévost (va-et-vient).

— 14. — Boulevard d'Italie, depuis l'impasse Prévost. — — Rue de la Santé, jusqu'à la rue de Tolbiac (va-et-vient).

— 15. — Avenue d'Italie. — Rue Bourgon. — Rue Damesme. — Rue de la Fontaine-à-Mulard.

— 16. — Rue Bourgon. — Avenue d'Italie. — Boulevard Kellermann. — Rue Damesme.

— 17. — Avenue d'Italie. — Place d'Italie. — Avenue de Choisy. — Passage Saint-Hippolyte.

— 18. — Avenue de Choisy. — Passage Saint-Hippolyte. — Avenue d'Italie. — Rue de la Maison-Blanche.

— 19. — Rue de la Maison-Blanche. — Avenue de Choisy. — Rue de la Vistule. — Avenue d'Italie.

ÎLOT N° 20. — Rue de la Vistule. — Avenue de Choisy. — Boulevard Masséna. — Avenue d'Italie.

Kiosque n° 109. — Avenue de Choisy............ 1 gardien.
   —   110. — Avenue d'Italie,......·....... 1   —

Quartier Croulebarbe. — Poste de police : Avenue des Gobelins, 254

12 ILOTS

ÎLOT N° 1. — Rue de la Santé, depuis l'impasse de la Santé. — Boulevard de Port-Royal. — Rue de la Glacière, jusqu'à l'impasse de la Santé (va-et-vient).

   —   2. — Rue de la Glacière, depuis l'impasse de la Santé. — Boulevard Arago. — Rue de la Santé, jusqu'à l'impasse de la Santé (va-et-vient).

   —   3. — Boulevard de Port-Royal. — Rue de Lourcine. — Rue Saint-Hippolyte. — Boulevard Arago. — Rue de la Glacière.

   —   4. — Boulevard de Port-Royal. — Boulevard Arago. — Rue Saint-Hippolyte. — Rue de Lourcine.

   —   5. — Boulevard Arago. — Rue de Lourcine. — Rue de la Santé.

   —   6. — Rue de Lourcine. — Rue de la Glacière — Boulevard d'Italie. — Rue de la Santé.

   —   7. — Rue Corvisart. — Boulevard d'Italie. — Rue de la Glacière. — Rue de Lourcine.

   —   8. — Rue des Cordeliers. — Rue Corvisart. — Rue de Lourcine. — Boulevard Arago.

   —   9. — Rue Corvisart. — Rue des Cordeliers. — Boulevard Arago, jusqu'à l'avenue des Gobelins (va-et-vient).

   —   10. — Rue Croulebarbe, depuis la rue Corvisart. — Avenue des Gobelins, jusqu'à la rue des Gobelins (va-et-vient).

   —   11. — Ruelle des Reculettes. — Rue de Gentilly. — — Boulevard d'Italie. — Rue Corvisart. — Rue Croulebarbe.

   —   12. — Place d'Italie. — Boulevard d'Italie. — Rue de Gentilly. — Ruelle des Reculettes. — Rue Croulebarbe. — Avenue des Gobelins.

Kiosque n° 112. — Boulevard d'Italie............ 1 gardien.

14ᵉ Arrondissement

Effectif : 1 officier de paix, 3 brigadiers, 24 sous-brigadiers,
256 gardiens de la paix.

**Quartier du Montparnasse. — Poste de police :
Rue de la Gaîté, 17**

16 ILOTS

ILOT Nᵒ 1. — Boulevard du Montparnasse. — Rue du Montparnasse. — Boulevard Edgard-Quinet. — Rue du
Départ.

— 2. — Boulevard du Montparnasse. — Boulevard d'Enfer.
— Boulevard Edgard-Quinet. — Rue du Montparnasse.

— 3. — Boulevard du Montparnasse. — Rue Campagne-
Première, avec va-et-vient sur le boulevard
d'Enfer, jusqu'à la rue Denfert-Rochereau.

— 4. — Boulevard du Montparnasse, depuis la rue Cam-
pagne-Première. — Avenue de l'Observatoire.
— Rue Denfert-Rochereau, jusqu'à la place
Denfert-Rochereau (va-et-vient).

— 5. — Boulevard de Port-Royal. — Rue du Faubourg-
Saint-Jacques. — Rue Cassini. — Rue Denfert-Rochereau. — Avenue de l'Observatoire.

— 6. — Boulevard de Port-Royal. — Rue de la Santé. —
— Rue Méchain. — Rue du Faubourg-Saint-
Jacques.

— 7. — Rue du Faubourg-Saint-Jacques. — Rue Méchain. — Rue de la Santé. — Boulevard
Arago.

— 8. — Rue Cassini. — Rue du Faubourg-Saint-Jacques.
— Boulevard Arago. — Rue Denfert-Rochereau.

— 9. — Rue de la Santé. — Rue Humboldt. — Rue du
Faubourg-Saint-Jacques. — Boulevard Arago.

— 10. — Boulevard Arago. — Rue du Faubourg-Saint-
Jacques. — Rue Humboldt. — Rue de la
Santé. — Boulevard Saint-Jacques.

ILOT N° 11. — Boulevard Edgard-Quinet. — Boulevard d'Enfer, longeant le mur du cimetière, jusqu'à la place Denfert-Rochereau (va-et-vient).

— 12. — Avenue d'Orléans. — Rue Daguerre. — Rue Roger. — Rue du Champ-d'Asile. — Place Denfert-Rochereau.

— 13. — Rue du Champ-d'Asile. — Rue Roger. — Rue Daguerre. — Avenue du Maine.

— 14. — Boulevard Edgard-Quinet. — Rue de la Gaîté. — Avenue du Maine jusqu'à la rue du Champ-d'Asile.

— 15. — Boulevard Edgard-Quinet. — Rue de la Gaîté. — Rue du Maine. — Avenue du Maine. — Rue du Viaduc.

— 16. — Rue du Maine. — Rue de la Gaîté. — Avenue du Maine.

PLANTON

Cimetière du Sud................................ 1 gardien.

STATIONS DE VOITURES

Kiosque n° 113. — Boulevard d'Enfér.............. 1 —
— 119. — Boulevard Edgard-Quinet..... 1 —

Quartier de la Santé. — Poste de police : Rue de l'Aude, 32

12 ILOTS

ILOT N° 1. — Rue de la Tombe-Issoire. — Boulevard Saint-Jacques. — Rue Dareau.

— 2. — Boulevard Saint-Jacques. — Rue de la Santé. — Rue Cabanis. — Rue Broussais. — Rue Dareau.

— 3. — Rue de la Santé. — Rue d'Alésia. — Rue Broussais. — Rue Cabanis.

— 4. — Rue d'Alésia. — Avenue de Montsouris. — Rue Dareau. — Rue Broussais.

— 5. — Rue de la Tombe-Issoire. — Avenue de Montsouris. — Rue d'Alésia.

— 6. — Avenue de Montsouris. — Rue Saint-Yves. — Rue de la Tombe-Issoire. — Rue d'Alésia.

— 7. — Avenue Reille. — Rue de la Tombe-Issoire. — Rue Saint-Yves. — Avenue de Montsouris.

— 8. — Avenue Reille. — Rue Nansouty. — Boulevard Jourdan. — Rue de la Tombe-Issoire.

Ilot N° 9. — Rue d'Alésia, de la rue de la Glacière à l'avenue de Montsouris (va-et-vient).

— 10. — Avenue de Montsouris. — Avenue Reille. — Rue Lemaignan. — Rue de la Glacière, jusqu'à la rue d'Alésia (va-et-vient).

— 11. — Rue Nansouty. — Avenue Reille. — Rue Gazan. Boulevard Jourdan.

— 12. — Rue de la Glacière. — Boulevard Jourdan. — Rue Cazan. — Rue Lemaignan.

**Quartier du Petit-Montrouge. — Poste de police :
Rue Boulard, 27 bis (Poste central)**

16 ILOTS

Ilot N° 1. — Rue Daguerre. — Rue Boulard. — Rue Brézin.— Avenue du Maine. — Place de Montrouge (va-et-vient).

— 2. — Rue Mouton-Duvernet. — Rue Boulard. — Rue Daguerre. — Avenue d'Orléans.

— 3. — Rue Brézin. — Rue Boulard. — Rue Mouton-Duvernet. — Avenue d'Orléans. — Rue Thibaud. — Avenue du Maine.

— 4. — Rue des Plantes. — Avenue du Maine. — Rue du Moulin-Vert.

— 5. — Avenue du Maine. — Rue Thibaud. — Avenue d'Orléans.

— 6. — Rue Dareau. — Rue de la Tombe-Issoire. — Rue d'Alésia. — Avenue d'Orléans.

— 7. — Avenue d'Orléans, de la place Denfert-Rochereau à la rue Ducouëdic (va-et-vient).

— 8. — Place Denfert-Rochereau. — Boulevard Saint-Jacques. — Rue de la Tombe-Issoire. — Avenue de Monsouris.

— 9. — Rue Ducouëdic. — Rue Hallé. — Avenue de Montsouris (va-et-vient).

— 10. — Rue de la Tombe-Issoire. — Rue Dareau. — Avenue d'Orléans. — Rue Ducouëdic. — Avenue de Montsouris.

— 11. — Avenue du Maine. — Rue d'Alésia. — Rue des Plantes. — Rue du Moulin-Vert.

— 12. — Avenue de Châtillon. — Boulevard Brune. — Rue des Plantes. — Rue d'Alésia.

— 13. — Rue Friant. — Boulevard Brune. — Avenue de Châtillon.

Îlot Nᵒ 14. — Avenue d'Orléans. — Boulevard Brune. — Rue
    Friant. — Avenue de Châtillon.

  — 15. — Rue d'Alésia. — Rue de la Tombe-Issoire. — Rue
    de la Voie-Verte. — Boulevard Jourdan. —
    Avenue d'Orléans.

  — 16. — Rue de la Tombe-Issoire. — Boulevard Jourdan.
    — Rue de la Voie-Verte.

PLANTON

Devant la mairie.................................. 1 gardien.

STATIONS DE VOITURES

Kiosque nᵒ 114. — Avenue du Maine............. 1   —
    — 116. — Boulevard Saint-Jacques...... 1   —
    — 117. — Rue du Mouton-Duvernet..... 1   —

MARCHÉ DE MONTROUGE

Place de Montrouge.............................. 1   —

COMMISSARIAT DE POLICE

Faisant fonctions d'inspecteur................... 1   —

Quartier de Plaisance. — Poste de Police :
Rue de l'Ouest, 68

20 ILOTS

Îlot Nᵒ 1. — Avenue du Maine. — Rue Vandamme (va-et-
    vient).

  — 2. — Rue de l'Ouest. — Rue Perceval. — Rue Van-
    damme. — Avenue du Maine.

  — 3. — Rue du Château. — Rue Vandamme. — Rue
    Perceval. — Rue de l'Ouest.

  — 4. — Rue de Vanves. — Rue du Château. — Rue de
    l'Ouest. — Avenue du Maine.

  — 5. — Rue Vercingétorix. — Rue d'Alésia. — Rue du
    Château (va-et-vient).

  — 6. — Rue de Vanves. — Rue Pernetty. — Rue Ver-
    cingétorix. — Rue du Château.

  — 7. — Rue de Gergovie, — Rue Vercingétorix. — Rue
    Pernetty. — Rue de Vanves.

  — 8. — Rue Vercingétorix. — Rue de Gergovie. — Rue
    de Vanves. — Rue d'Alésia.

  — 9. — Rue de Vanves, depuis la rue d'Alésia à la porte
    de Vanves, côté gauche (va-et-vient).

Îlot N° 10. — Rue de Vanves, de la rue d'Alésia jusqu'à la porte de Vanves, côté droit (va-et-vient).

— 11. — Boulevard Brune, de la rue de Vanves au sentier des Mariniers (va-et-vient).

— 12. — Boulevard Brune, du sentier des Mariniers à la rue des Plantes (va-et-vient).

— 13. — Rue des Plantes, du boulevard Brune à la rue d'Alésia (va-et-vient).

— 14. — Rue d'Alésia, de la rue des Plantes à la rue de Vanves (va-et-vient).

— 15. — Rue Pernetty. — Rue Didot. — Rue d'Alésia. — Rue de Vanves.

— 16. — Rue Bénard. — Rue des Plantes. — Rue d'Alésia. — Rue Didot.

— 17. — Avenue du Maine. — Rue des Plantes. — Rue Bénard. — Rue Didot. — Rue du Château.

— 18. — Rue Didot. — Rue Pernetty. — Rue de Vanves. — Rue Couësnon.

— 19. — Rue de Vanves. — Avenue du Maine. — Rue du Château. — Rue Couësnon.

— 20. — Avenue du Maine. — Rue Daguerre (va-et-vient).

STATION DE VOITURES

Kiosque n° 118. — Place Guillemot...............   1 gardien.

— 119. — Avenue du Maine, en face le N° 88.....................   1   —

COMMISSARIAT DE POLICE

Faisant fonctions d'inspecteur...................   1   —

15° Arrondissement

Effectif : 1 officier de paix, 4 brigadiers, 24 sous-brigadiers, 285 gardiens de la paix.

Quartier Saint-Laurent. — Poste de police :
Rue Lecourbe, 141 (Mairie, poste central)

22 ILOTS

ILOT N° 1. — Rue Mademoiselle. — Rue Lecourbe. — Rue Péclet.

— 2. — Rue de l'Abbé-Groult. — Rue Croix-Nivert. — Rue Mademoiselle. — Rue Péclet. — Rue Lecourbe.

— 3. — Rue Cambronne. — Rue de Vaugirard. — Place de Vaugirard. — Rue Blomet.—Rue Lecourbe.

— 4. — Rue de Vaugirard. — Rue de l'Abbé-Groult. — Rue Lecourbe. — Rue Péclet. — Rue Blomet. — Place de Vaugirard.

— 5. — Rue Lecourbe. — Rue Croix-Nivert. — Rue de l'Abbé-Groult.

— 6. — Rue de l'Abbé-Groult. — Rue de Vaugirard. — Rue Saint-Lambert. — Rue Lecourbe.

— 7. — Rue de Vaugirard. — Rue Croix-Nivert. — Rue Lecourbe. — Rue Saint-Lambert.

— 8. — Rue Croix-Nivert. — Rue de Vaugirard. — Boulevard Victor. — Rue Lecourbe.

— 9. — Rue de la Procession. — Rue Dutot. — Rue d'Alleray. — Rue de la Quintinie. — Passage des Favorites. — Rue de Vaugirard.

— 10. — Passage des Favorites. — Rue de la Quintinie. — Rue d'Alleray. — Rue de Vaugirard.

— 11. — Rue d'Alleray. — Rue Thiboumery. — Rue de l'Abbé-Groult. — Rue de Vaugirard.

— 12. — Rue de l'Abbé-Groult. — Rue Dombasle. — Rue de Vaugirard.

— 13. — Place d'Alleray. — Rue Dutot. — Rue de la Procession. — Rue Zangiacomi (va-et-vient).

— 14. — Rue de la Procession. — Rue de l'Orne. — Rue de Vouillé. — Rue Zangiacomi.

ILOT Nº 15. — Rue Zangiacomi. — Rue de Vouillé. — Rue Thi-
            boumery. — Rue d'Alleray. — Place d'Alleray
            (va-et-vient).
    — 16. — Rue de Vouillé. — Rue des Fourneaux. — Rue
            des Norillons. — Boulevard Chavelet.
    — 17. — Rue Dombasle. — Rue de Vouillé. — Boulevard
            Chauvelet. — Rue de Dantzig.
    — 18. — Rue des Fourneaux. — Rue Brancion. — Rue
            Chauvelet. — Boulevard Lefèvre. — Rue
            Brancion. — Rue des Morillons (va-et-vient).
    — 19. — Rue des Morillons. — Rue Brancion. — Bou-
            levard Lefèvre. — Rue de Dantzig.
    — 20. — Rue Dombasle. — Rue de Dantzig. — Boulevard
            Lefèvre. — Rue Olivier-de-Serres.
    — 21. — Rue Dombasle. — Rue Olivier-de-Serres. — Rue
            Vaugelas. — Rue Lacretelle. — Rue de Vau-
            girard.
    — 22. — Rue Lacretelle. — Rue Vaugelas. — Ruelle de
            Malassis. — Rue Olivier-de-Serres. — Boule-
            vard Lefèvre. — Rue de Vaugirard.

STATIONS DE VOITURES

Kiosque nº 122. — Rue Mademoiselle............ 1 gardien
    —   123. — Rue de Vaugirard 1   —

MARCHÉ NECKER

Rue de la Procession, 15...................... 1   —

Quartier de Javel. — Poste de police : Rue Frémicourt, 91

14 ILOTS

ILOT Nº 1. — Rue Linois. — Place Beaugrenelle. — Rue des
            Entrepreneurs. — Quai de Javel.
    — 2. — Rue des Etrepreneurs. — Rue Saint-Charles. —
            Rue de Javel. — Quai de Javel.
    — 3. — Rue de Javel. — Rue Saint-Charles. — Rue
            Alphonse. — Quai de Javel.
    — 4. — Rue Alphonse. — Rue Saint-Charles. — Rue
            Vignon. — Quai de Javel.
    — 5. — Rue de Lourmel. — Rue de Javel. — Rue Saint-
            Charles. — Rue des Entrepreneurs.
    — 6. — Rue des Entrepreneurs. — Pourtour de l'Eglise.
            — Rue de l'Eglise. — Rue de Lourmel.

ÎLOT Nº 7. — Rue de Lourmel. — Rue de l'Eglise. — Rue Herr.
          — Rue de Javel.

  —   8. — Rue Herr. — Pourtour de l'Eglise. — Rue des
          Entrepreneurs. — Rue Croix-Nivert. — Rue de
          Javel.

  —   9. — Rue de Javel. — Rue de Lourmel. — Rue des
          Cévennes. — Rue Saint-Charles.

  —   10. — Rue Croix-Nivert. — Passage Duranton. — Rue
          de Lourmel. — Rue de Javel.

  —   11. — Rue de Lourmel. — Passage Duranton. — Rue
          Lecourbe. — Boulevard Victor. — Rue Le-
          blanc.

  —   12. — Rue des Cévennes. — Rue de Lourmel. — Rue
          Leblanc. — Boulevard Victor. — Rue Leblanc.
          — Rue Saint-Charles.]

  —   13. — Rue Vignon. — Rue Saint-Charles. — Rue
          Leblanc. — Quai de Javel.

  —   14. — Rue Leblanc. — Boulevard Victor. — Quai de
          Javel.

STATION DE VOITURES

Kiosque nº 124. — Rue des Entrepreneurs.......   1 gardien.

MARCHÉ [DE JAVEL

Rue Saint-Charles (deux jours par semaine).....   1   —

<hr>

**Quartier Necker. — Poste de police :
Boulevard de Grenelle, 60**

16 ILOTS

ÎLOT Nº 1. — Place de Rennes, devant la gare du Montparnasse.
  —   2. — Rue de l'Arrivée. — Avenue du Maine. — Bou-
          levard du Montparnasse.

  —   3. — Boulevard de Vaugirard. — Rue des Fourneaux.
          — Rue de Vaugirard. — Avenue du Maine
          (va-et-vient). — Place du Maine.

  —   4. — Rue du Château. — Rue du Cotentin. — Rue de
          l'Armorique. — Boulevard de Vaugirard. —
          Place du Maine (va-et-vient).

  —   5. — Rue des Fourneaux. — Passage des Fournaux.
          — Rue de la Procession. — Rond-point des
          Fourneaux. — Rue des Fourneaux. — Bou-
          levard de Vaugirard. — Rue de l'Armorique.
          — Rue du Cotentin.

Ilot N° 6. — Boulevard de Vaugirard. — Rue des Fourneaux. — Rue de la Procession. — Rue de Vaugirard.

— 7. — Boulevard de Vaugirard. — Rue de Vaugirard. — Rue Cambronne. — Rue Blomet. — Rue Lecourbe.

— 8. — Rue Blomet. — Rue Cambronne. — Rue Lecourbe.

— 9. — Boulevard du Montparnasse. — Rue de Vaugirard. — Rue des Fourneaux. — Boulevard de Vaugirard. — Rue de Vaugirard. — Rue du Cherche-Midi.

— 10. — Boulevard du Montparnasse. — Rue du Cherche-Midi. — Rue de Vaugirard. — Boulevard de Vaugirard. — Rue de Sèvres.

— 11. — Avenue de Saxe. — Rue de Sèvres. — Boulevard de Grenelle. — Avenue de Suffren. — Rue Pérignon.

— 12. — Avenue de Suffren. — Rue Pérignon. — Boulevard de Grenelle. — Place Cambronne. — Avenue Lowendal.

— 13. — Boulevard de Grenelle. — Rue Lecourbe. — Rue Cambronne. — Rue Niolis.

— 14. — Boulevard de Grenelle. — Rue Niolis. — Rue Cambronne.

— 15. — Rue Croix-Nivert. — Rue Cambronne. — Rue Mademoiselle. — Rue Roussin.

— 16. — Rue Croix-Nivert. — Rue Roussin. — Rue Mademoiselle.

STATION DE VOITURES

Kiosque n° 115. — Boulevard du Montparnasse..   1 gardien.

GARES

Montparnasse..   2   —
Aux marchandises de Vaugirard......................   2   —

COMMISSARIAT SPÉCIAL DE POLICE

Gare du Montparnasse..............................   2   —

ABATTOIR

De Grenelle..   2   —

COMMISSARIAT DE POLICE

Faisant fonctions d'inspecteur....................   1   —

Quartier de Grenelle. — Poste de police : Rue Violet, 71

18 ILOTS

ILOT N° 1. — Rue de la Fédération. — Quai d'Orsay — Avenue de Suffren. — Rue Desaix.

— 2. — Boulevard de Grenelle. — Quai d'Orsay. — Rue de la Fédération. — Rue Desaix.

— 3. — Rue Dupleix. — Boulevard de Grenelle. — Rue Desaix. — Avenue de Suffren. — Rue de la Fédération. — Rue de Presles. — Rue Duguesclin.

— 4. — Rue Dupleix. — Place Dupleix. — Ruelle Dupleix. — Avenue de la Motte-Piquet. — Boulevard de Grenelle.

— 5. — Avenue de la Motte-Piquet. — Ruelle Dupleix. — Rue Duguesclin. — Rue de Presles. — Rue de la Fédération. — Avenue de Suffren.

— 6. — Avenue de la Motte-Piquet. — Avenue de Suffren. — Avenue Lowendal. — Boulevard de Grenelle.

— 7. — Boulevard de Grenelle. — Rue Frémicourt. — — Rue du Commerce.

— 8. — Rue Frémicourt. — Place Cambronne. — Rue Croix-Nivert. — Rue du Théâtre — Rue du Commerce.

— 9. — Rue du Commerce. — Rue du Théâtre. — Rue Croix-Nivert. — Rue des Entrepreneurs.

— 10. — Rue des Entrepreneurs. — Place Violet. — Rue Violet. — Rue du Théâtre. — Rue du Commerce.

— 11. — Boulevard de Grenelle. — Rue du Commerce. — Rue du Théâtre. — Rue Violet.

— 12. — Boulevard de Grenelle. — Rue Violet. — Rue du Théâtre. — Rue de Lourmel.

— 13. — Rue Violet. — Place Violet. — Rue des Entrepreneurs. — Rue de Lourmel. — Rue du Théâtre.

— 14. — Rue de Lourmel. — Rue des Entrepreneurs. — Place Beaugrenelle. — Rue Saint-Charles. — Rue du Théâtre.

— 15. — Rue de Lourmel. — Rue du Théâtre. — Rue Emerian. — Rue des Usines.

— 16. — Quai de Grenelle. — Boulevard de Grenelle — Rue des Usines.

Ilot Nº 17. — Rue Emerian. — Rue du Théâtre. — Quai de
          Grenelle. — Rue des Usines.
  —   18. — Rue Saint-Charles. — Place Beaugrenelle. — Rue
          Linois. — Quai de Grenelle. — Rue du
          Théâtre.

STATIONS DE VOITURES

Kiosque nº 120. — Boulevard de Grenelle, en
                 face le nº 109............. 1 gardien.
     —   121. — Boulevard de Grenelle, en
                 face le nº 195............. 1   —
     —   125. — Rue du Théâtre............. 1   —

MARCHÉS

Dupleix. — Place Dupleix (deux jours par semaine)..................................... 1   —
De Grenelle. — Rue du Commerce, nº 67, faisant
fonctions d'inspecteur....................... 1   —

16° Arrondissement

Effectif : 1 officier de paix, 3 brigadiers, 24 sous-brigadiers, 272 gardiens de la paix.

Quartier d'Auteuil. — Poste de police : Rue Boileau, 34

16 ILOTS

ILOT N° 1. — Quai d'Auteuil. — Rue de la Galiote. — Rue de Rémusat. — Rue Hérold. — Rue Gros. — Rond-point de Grenelle.

    — 2. — Rue La-Fontaine. — Rue de Boulainvilliers. — Rue Gros. — Rue de Rémusat. — Rue François-Gérard.

    — 3. — Rue Ribéra. — Rue Dangeau. — Rue Mozart. — Rue de l'Assomption. — Rue La-Fontaine.

    — 4. — Rue des Fontis. — Rue de l'Assomption. — Rue Mozart. — Rue Dangeau. — Rue de la Source. — Rue Roffet.

    — 5. — Rue Ribéra. — Rue La-Fontaine. — Rue Pierre-Guérin. — Rue de la Source. — Rue Dangeau.

    — 6. — Rue d'Auteuil. — Rue Donizetti. — Rue La-Fontaine. — Rue François-Gérard.

    — 7. — Rue La-Fontaine. — Rue d'Auteuil. — Place du Chemin-de-Fer-d'Auteuil. — Rue Poussin.

    — 8. — Boulevard de Montmorency. — Place du Chemin-de-Fer-d'Auteuil. — Boulevard Suchet. — La passerelle du chemin de fer. — Boulevard de Montmorency et rue de l'Assomption, jusqu'à la rue des Fontis.

    — 9. — Avenue de Versailles. — Boulevard Excelmans. — Quai d'Auteuil. — Boulevard Murat.

    — 10. — Rue Molitor. — Boulevard Excelmans. — Avenue de Versailles. — Boulevard Murat.

    — 11. — Quai d'Auteuil. — Boulevard Excelmans. — Avenue de Versailles. — Rue de la Galiote. — Quai d'Auteuil.

    — 12. — Avenue de Versailles. — Rue Jouvenet. — Rue du Point-du-Jour. — Rue Mirabeau.

ILOT N° 13. — Boulevard Excelmans. — Rue Boileau. — Rue
              Molitor. — Rue du Point-du-Jour. — Rue
              Jouvenet.
   —   14. — Rue d'Auteuil. — Rue du Point-du-Jour. — Rue
              de Rémusat. — Rue Mirabeau.— Rue Molitor.
              — Rue Boileau.
   —   15. — Boulevard Excelmans. — Rue Molitor. — Rue
              Boileau. — Boulevard Excelmans.
   —   16. — Rue d'Auteuil. — Rue Boileau. — Rue Molitor.
              — Boulevard Excelmans.

PLANTONS

Pont de Grenelle.................................... 1 gardien.
Place du Chemin-de-Fer-d'Auteuil................. 1   —
Pont-viaduc d'Auteuil............................ 1   —

STATIONS DE VOITURES

Kiosque n° 126. — Rue d'Auteuil.................. 1   —
   —   162. — Boulevard Excelmans......... 1   —

MARCHÉS

D'Auteuil. — Rue d'Auteuil...................... 1   —
Du Point-du-Jour (trois jours par semaine)...... 1   —

Quartier de la Muette. — Poste de police :
Avenue du Trocadéro (Mairie, poste central)

20 ILOTS

ILOT N° 1. — Boulevard Delessert. — Rue de la Tour. — Rue
             Bellini. — Rue Scheffer. — Rue Vineuse. —
             Place du Trocadéro. — Vestibule du pavillon
             des Conférences ouest du palais du Trocadéro.
             Jardin du Trocadéro.
   —   2. — Rue Scheffer. — Avenue du Trocadéro. — Place
             du Trocadéro. — Rue Vineuse.
   —   3. — Rue de la Tour. — Rue Decamps. — Avenue du
             Trocadéro. — Rue Scheffer. — Rue Bellini.
   —   4. — Rue Decamps. — Rue de la Tour. — Avenue du
             Trocadéro.
   —   5. — Rue de la Pompe. — Rue de la Tour. — Rue des
             Sablons. — Place Possoz. — Rue Guichard. —
             Rue de Passy.
   —   6. — Rue de Passy. — Rue Guichard. — Place Possoz
             — Rue des Sablons. — Rue de la Tour. — Rue
             Vital.

ILOT N°. 7. — Rue de Passy. — Rue Vital. — Rue Nicolo.

— 8. — Rue de Passy. — Rue Nicolo.— Rue Vital.— Rue de la Tour.

— 9. — Rue de l'Annonciation. — Rue Raynouard.— Rue Singer. — Rue Duban. — Place de Passy. — Rue de Passy. — Rue Jean-Bologne.

— 10. — Rue de l'Annonciation. — Rue Jean-Bologne. — Rue de Passy.— Rue Raynouard.

— 11. — Rue Raynouard, depuis la rue Singer. — Rue Beethoven. — Quai de Billy. — Avenue centrale du Trocadéro. — Boulevard Delessert (va-et-vient).

— 12. — Quai de Passy. depuis la rue Beethoven. — Rue Guillou. — Rue Berton (va-et-vient).

— 13. — Rue de Boulainvilliers. — Rue Raynouard.—Rue Guillou. — Quai de Passy.

— 14. — Rue Raynouard.— Rue de Boulainvilliers.— Rue Singer.

— 15. — Rue Singer. — Rue de Boulainvilliers. — Rue de Passy. — Place de Passy. — Rue Duban.

— 16. — Rue de l'Assomption. — Rue Mozart. — Rue Boislevent. — Rue de Boulainvilliers.

— 17. — Rue de l'Assomption. — Boulevard Beauséjour. — Chaussée de la Muette. — Rue de Boulainvilliers. — Rue Boislevent. — Rue Mozart.

— 18. — Avenue Ingres. — Avenue Raphaël. — Avenue Prudhon. — Avenue du Ranelagh et les allées longeant le château de la Muette et le chemin de fer (pelouses du Ranelagh en circulation).

— 19. — Boulevard Suchet. — Avenue Raphaël.— Avenue Ingres.

— 20. — Avenue du Trocadéro. — Rue de la Tour. — Rue de la Pompe (va-et-vient).

PLANTONS

Carrefour Beethoven............................. 1 gardien.
Place de Passy.................................. 1   —

STATIONS DE VOITURES

Kiosque n° 127. — Chaussée de la Muette........ 1   —
—   130. — Boulevard Delessert.......... 1   —
—   134. — Rue de Boulainvilliers........ 1   —
—   159. — Avenue du Trocadéro......... 1   —

MARCHÉ

De Passy. — Rue Duban 1   —

Quartier de la Porte-Dauphine. — Poste de police :
Rue Mesnil, 14

12 ILOTS

ILOT No 1. — Rue Pergolèse. — Avenue de Malakoff. — Avenue du Bois-de-Boulogne.
— 2. — Boulevard Lannes. — Avenue de Malakoff.— Rue Pergolèse. — Avenue du Bois-de-Boulogne.
— 3. — Avenue Bugeaud. — Avenue du Bois-de-Boulogne.— Avenue de Malakoff.— Place d'Eylau. — Avenue Bugeaud.
— 4. — Rue des Belles-Feuilles. — Avenue Bugeaud. — Place d'Eylau. — Avenue d'Eylau.
— 5. — Avenue Bugeaud. — Rue Spontini. — Rue Dufrénoy. — Boulevard Lannes. — Avenue Bugeaud.
— 6. — Avenue du Trocadéro. — Boulevard Lannes. — Rue Dufrénoy. — Avenue d'Eylau. — Avenue du Trocadéro.
— 7. — Avenue du Trocadéro. — Avenue d'Eylau. — Rue de la Pompe.
— 8. — Rue Spontini. — Rue des Belles-Feuilles. — Avenue d'Eylau. — Rue Spontini.
— 9. — Rue Decamps. — Avenue du Trocadéro. — Rue de la Pompe. — Rue des Belles-Feuilles. — Rond-point de Longchamps.
— 10. — Avenue du Trocadéro. — Rue Decamps. — Rond-point de Longchamps.— Rue de Longchamps. — Avenue de Malakoff. — Place du Trocadéro.
— 11. — Rue de Longchamps. — Rue des Belles-Feuilles. — Rue Saint-Didier. — Avenue de Malakoff.
— 12. — Avenue de Malakoff.— Rue Saint-Didier. —Avenue d'Eylau.

PLANTONS

Porte Dauphine..................................... 1 gardien.
Avenue du Bois-de-Boulogne, à la hauteur de l'avenue de Malakoff......................... 1   —

STATIONS DE VOITURES

Kiosque no 129. — Boulevard Lannes.............. 1   —
—   131. — Avenue Bugeaud.............. 1   —

MARCHÉ

Saint-Didier. — Rue Saint-Didier................. 1   —

Quartier des Bassins. — Poste de police :
Rue de Longchamps, 13

16 ILOTS

ILOT N° 1. — Quai de Billy. — La chaussée centrale du Trocadéro. — Avenue d'Iéna. — Avenue du Trocadéro.

— 2. — Avenue Marceau. — Avenue du Trocadéro. — Avenue d'Iéna. — Rue Bizet. — Rue de Chaillot.

— 3. — Avenue Marceau. — Rue de Chaillot. — Rue Bizet. — Avenue d'Iéna. — Rue des Bassins.

— 4. — Avenue Kléber. — Place de l'Étoile. — Avenue Marceau. — Rue des Bassins. — Rue Pauquet.

— 5. — Rue Belloy. — Avenue Kléber. -- Rue Pauquet. — Avenue d'Iéna.

— 6. — Rue Boissière. — Avenue Kléber. — Rue Belloy. — Rue de Lubeck.

— 7. — Avenue d'Iéna. — Jardin du Trocadéro. — Vestibule du pavillon des conférences (est). — Avenue du Trocadéro. — Rue de Lubeck. — Avenue d'Iéna.

— 8. — Avenue Kléber. — Rue Boissière. — Rue de Lubeck. — Avenue du Trocadéro. — Place du Trocadéro.

— 9. — Rue Lauriston. — Rue Copernic. — Avenue Kléber. — Place du Trocadéro. — Avenue de Malakoff.

— 10. — Rue Lauriston. — Avenue de Malakoff. — Place d'Eylau. — Rue Copernic.

— 11. — Rue de Villejust. — Avenue Kléber. — Rue Copernic. — Place d'Eylau. — Avenue d'Eylau.

— 12. — Avenue Kléber. — Rue de Villejust. — Avenue d'Eylau. — Place de l'Étoile. — Avenue Kléber.

— 13. — Avenue d'Eylau. — Rue de Villejust. — Avenue du Bois-de-Boulogne.

— 14. — Avenue du Bois-de-Boulogne. — Rue de Villejust. — Avenue d'Eylau. — Place d'Eylau. — Avenue de Malakoff.

— 15. — Avenue de la Grande-Armée. — Rue Lesueur. — Avenue du Bois-de-Boulogne. — Avenue de Malakoff.

— 16. — Avenue de la Grande-Armée. — Place de l'Étoile. — Avenue du Bois-de-Boulogne. — Rue Lesueur.

PLANTON

Place de l'Étoile.............................. 1 gardien.

STATIONS DE VOITURES

Kiosque n° 128. — Avenue de Malakoff........... 1   —
    —   132. — Avenue Marceau.............. 1   —
    —   133. — Avenue Kléber............... 1   —

COMMISSARIAT DE POLICE

Faisant fonctions d'inspecteurs..............:......... 2   —

17° Arrondissement

Effectif : 1 officier de paix, 3 brigadiers, 25 sous-brigadiers, 265 gardiens de la paix.

Quartier des Ternes. — Poste de police : Boulevard Pereire, 154

18 ILOTS

ILOT N° 1. — Avenue de Wagram, rond-point de l'Étoile. — Avenue de Mac-Mahon.—Rue de Montenotte.— Avenue des Ternes.

— 2. — Avenue de Mac-Mahon. — Rond-point de l'Étoile. — Avenue d'Essling. — Rue des Acacias. — Avenue des Ternes. — Rue de Montenotte.

— 3. — Rue des Acacias. — Avenue d'Essling. — Rond-point de l'Étoile. — Avenue de la Grande-Armée.

— 4. — Avenue des Ternes. — Rue des Acacias. — Rue d'Armaillé.

— 5. — Rue Saint-Ferdinand. — Rue d'Armaillé. — Rue des Acacias. — Rue Brunel. — Place Saint-Ferdinand.

— 6. — Avenue des Ternes. — Rue Saint-Ferdinand. — Place Saint-Ferdinand. — Rue Brunel. — Boulevard Pereire.

— 7. — Rue du Débarcadère. — Place Saint-Ferdinand. — — Rue Brunel. — Avenue de la Grande-Armée. — Boulevard Pereire.

— 8. — Boulevard Gouvion-Saint-Cyr. — Avenue des Ternes. — Boulevard Pereire. — Rue Brunel. — Rue du Débarcadère.

— 9. — Boulevard Gouvion-Saint-Cyr. — Rue de Villiers. — Boulevard Pereire. — Avenue des Ternes.

— 10. — Boulevard Gouvion-Saint-Cyr. — Rue Bayen. — Boulevard Pereire. — Rue de Villiers.

— 11. — Boulevard Gouvion-Saint-Cyr. — Rue Laugier.— Boulevard Pereire — Rue Bayen.

— 12. — Boulevard Gouvion-Saint-Cyr. — Avenue de Villiers. — Rue d'Héliopolis. — Rue Rennequin. — Boulevard Pereire. — Rue Laugier.

ÎLOT Nᵒ 13. — Boulevard Péreire. — Rue Bayen. — Rue Demours. — Avenue des Ternes.
— 14. — Boulevard Pereire. — Rue Rennequin. — Rue
Demours. — Rue Bayen.
— 15. — Rue Bayen. — Avenue des Ternes. — Rue Demours.
— 16. — Rue Demours. — Rue Laugier. — Rue Poncelet.
— Rue Bayen.
— 17. — Rue Demours. — Rue Rennequin. — Rue Poncelet — Rue Laugier
— 18. — Rue Poncelet. — Rue Desrenaudes. — Boulevard
de Courcelles. — Avenue des Ternes.

STATION DE VOITURES

Kiosque nᵒ 139. — Avenue des Ternes............ 1 gardien.

MARCHÉS

Des Ternes. — Rue Bayen, faisant fonctions d'inspecteur...................................... 1 s.-brig.
Aux fleurs. — Avenue des Ternes (trois jours par
semaine)................................... 1 gardien.

Quartier de la Plaine-Monceaux. — Poste de police : Boulevard Malesherbes, 132

18 ILOTS

ÎLOT Nᵒ 1. — Rue de la Terrasse. — Rue de Lévis. — Boulevard
de Courcelle. — Boulevard Malesherbes.
— 2. — Rue de Lévis. — Rue de la Terrasse. — Rue de
Tocqueville.
— 3. — Rue Cardinet. — Rue de Tocqueville. — Rue de
la Terrasse. — Boulevard Malesherbes.
— 4. — Rue de Tocqueville. — Rue Cardinet. — Boulevard Malesherbes. — Boulevard Pereire.
— 5. — Rue d'Offémont. — Place Malesherbes. — Boulevard Malesherbes. — Boulevard de Courcelles. — Rue Prony.
— 6. — Rue de Chazelles. — Rue Prony. — Boulevard
de Courcelles.
— 7. — Rue Cardinet. — Avenue de Villiers. — Rue
d'Offémont. — Rue Prony.
— 8. — Rue Cardinet. — Rue Prony. — Rue de Chazelles.
— Rue de Courcelles.

ILOT N° 9. — Avenue de Wagram. — Rue de Courcelles. — Boulevard de Courcelles. — Rue Desredandes.

—   10. — Rue Demours. — Rue Prony. — Avenue de Wagram. — Rue Rennequin.

—   11. — Avenue Niel. — Place Pereire. — Rue Prony. — Rue Demours. — Rue Rennequin.

—   12. — Boulevard Berthier. — Rue de Courcelles. — Place Pereire. — Avenue Niel. — Rue Rennequin. — Rue d'Héliopolis.

—   13. — Avenue de Villiers. — Rue Cardinet. — Avenue de Wagram.

—   14. — Rue Ampère. — Avenue de Wagram. — Rue Prony. — Place Pereire.

—   15. — Rue Ampère. — Boulevard Malesherbes. — Place Malesherbes. — Avenue de Villiers. — Avenue de Wagram.

—   16. — Boulevard Pereire. — Place Wagram. — Boulevard Malesherbes. — Rue Ampère.

—   17. — Boulevard Berthier. — Rue Brémontier. — Boulevard Pereire. — Place Pereire. — Rue de Courcelles.

—   18. — Boulevard Berthier. — Rue de Tocqueville. — Boulevard Pereire. — Rue Brémontier.

STATIONS DE VOITURES

Kiosque n° 137. — Avenue de Villiers............ 1 gardien.
—   164. — Boulevard Malesherbes........ 1   —
—   168. — Rue Prony................... 1   —

MARCHÉ DE WAGRAM

Avenue de Wagram (trois jours par semaine).... 1   —

**Quartier des Batignolles. — Poste de police :
Rue des Batignolles, 18 (Mairie, poste central)**

18 ILOTS

ILOT N° 1. — Avenue de Clichy. — Boulevard des Batignolles. — Rue Lécluse. — Rue des Dames.

—   2. — Rue Lécluse. — Boulevard des Batignolles. — Rue des Batignolles. — Rue des Dames.

—   3. — Boulevard des Batignolles. — Rue de Rome. — — Rue des Dames. — Rue des Batignolles.

—   4. — Rue de Rome. — Boulevard des Batignolles. — Rue de Lévis. — Rue des Dames.

Îlot N° 5. — Rue Legendre. — Rue Saussure. — Rue des
                Dames. — Rue de Lévis.
   —   6. — Rue de Rome. — Rue des Dames. — Rue Saus-
                sure — Rue Legendre.
   —   7. — Rue La Condamine. — Rue des Batignolles. —
                — Rue des Dames. — Rue de Rome.
   —   8. — Rue des Batignolles. — Rue La Condamine. —
                — Rue de Rome. — Rue Legendre.
   —   9. — Rue La Condamine. — Rue Lemercier. — Rue
                des Dames. — Rue des Batignolles.
   —   10. — Rue La Condamine. — Avenue de Clichy. — Rue
                des Dames. — Rue Lemercier.
   —   11. — Rue Lemercier. — Rue La Condamine. — Rue
                des Batignolles. — Rue Legendre.
   —   12. — Rue Lemercier. — Rue Legendre. — Rue Truf-
                faut. — Rue Cardinet.
   —   13. — Rue Truffaut. — Rue Legendre. — Rue de Rome.
                — Rue Cardinet.
   —   14. — Rue Cardinet, de la rue Lemercier à la station
                des Batignolles (va-et-vient).
   —   15. — Rue Legendre. — Rue Saussure. — Boulevard
                Pereire. — — Rue de Rome.
   —   16. — Rue Saussure. — Rue Legendre. — Rue de Lévis.
                — Rue Cardinet.
   —   17. — Rue Saussure. — Rue Cardinet. — Rue de Toc-
                queville. — Boulevard Pereire.
   —   18. — Boulevard Pereire. — Rue de Tocqueville. —
                Boulevard Berthier. — Rue Saussure.

PLANTONS

Rue Cardinet, devant l'entrée de la gare aux
   marchandises...   2 gardiens

STATIONS DE VOITURES

Kiosque n° 63. — Boulevard   des   Batignolles,
                n° 10.............................   1   —
   —   140. — Boulevard   des   Batignolles,
                n° 96.............................   1   —
   —   135. — Rue de Rome, n° 127...........   1   —

Quartier des Epinettes. — Poste de police :
Rue Berzélius, 2

12 ILOTS

ILOT N° 1. — Avenue de Clichy. — Rue Trézel. — Rue Davy. — Avenue de Saint-Ouen.

— 2. — Rue Davy. — Rue Balagny. — Avenue de Saint-Ouen.

— 3. — Rue Balagny. — Rue des Moines. — Rue Marcadet.

— 4. — Avenue de Clichy. — Rue des Moines. — Rue Davy. — Rue Trézel.

— 5. — Rue des Epinettes. — Boulevard Bessières. — Avenue de Saint-Ouen. — Rue Marcadet.

— 6. — Rue Marcadet. — Boulevard Bessières. — Rue des Epinettes.

— 7. — Rue Gauthey. — Rue Marcadet. — Rue des Moines. — Avenue de Clichy.

— 8. — Rue Marcadet. — Rue Gauthey. — Avenue de Clichy. — Rue Pouchet.

— 9. — Avenue de Clichy. — Rue La Condamine. — Rue Lemercier. — Rue Clairault.

— 10. — Avenue de Clichy. — Rue Clairault. — Rue Lemercier. — Rue Cardinet.

— 11. — Rue Cardinet. — Avenue de Clichy. — Boulevard Berthier, jusqu'au pont du chemin de fer (va-et-vient).

— 12. — Avenue de Clichy. — Boulevard Bessières. — Rue Marcadet. — Rue Pouchet.

PLANTON

Avenue de Clichy, devant l'entrée de la gare des marchandises..................................... 1 gardien.

STATIONS DE VOITURES

Kiosque n° 136. — Rue Brochant.................. 1 —
— 138. — Avenue de Saint-Ouen........ 1 —

MARCHÉ

Des Batignolles. — Rue des Moines............. 1 —

18ᵉ Arrondissement

Effectif : 1 officier de paix, 3 brigadiers, 24 sous-brigadiers, 275 gardiens de la paix.

Quartier des Grandes-Carrières. — Poste de police : Rue Marcadet, 160

16 ILOTS

Ilot Nº 1. — Boulevard de Clichy. — Rue Germain-Pilon. — Rue des Abbesses. — Rue Houdon.

— 2. — Boulevard de Clichy. — Rue Lepic. — Rue des Abbesses. — Rue Germain-Pilon.

— 3. — Rue des Abbesses.— Rue Tholozé.— Rue Lepic. — Rue Ravignan.

— 4. — Rue Tholozé. — Rue de Maistre. — Rue Tourlaque. — Rue Lepic.

— 5. — Rue Lepic.— Boulevard de Clichy. — Rue Forest. — Passage des Deux-Nèthes. — Rue Ganneron. — Rue de Maistre.

— 6. — Avenue du Cimetière du Nord. — Boulevard de Clichy (va-et-vient).

— 7. — Avenue de Clichy. — Rue Capron. — Rue Forest. — Boulevard de Clichy.

— 8. — Rue Ganneron. — Passage des Deux-Nèthes. — Rue Capron. — Avenue de Clichy.

— 9. — Rue de Maistre. — Rue Ganneron. — Avenue de Clichy. — Avenue de Saint-Ouen.

— 10. — Rue Marcadet. — Rue des Grandes-Carrières. — Rue de Maistre. — Avenue de Saint-Ouen.

— 11. — Rue Marcadet. — Avenue de Saint-Ouen. — Chemin latéral. — Rue du Poteau. — Rue Damrémont.

— 12. — Chemin latéral. — Avenue de Saint-Ouen. — Boulevard Ney. — Rue du Poteau.

— 13. — Rue de la Fontaine-du-But. — Rue Marcadet. — Rue des Saules. — Rue Lepic. — Rue Girardon.

— 14. — Rue Marcadet. — Rue de la Fontaine-du-But. — Rue Girardon. — Rue Lepic. — Rue Tourlaque. — Rue des Grandes-Carrières.

ILOT Nº 15. — Rue du Ruisseau. — Rue Marcadet. — Rue Damrémont. — Rue Ordener.

— 16. — Rue du Ruisseau. — Rue du Poteau. — Boulevard Ney. — Rue Belliard.

STATIONS DE VOITURES

Kiosque nº 79. — Boulevard de Clichy........... 1 gardien.

— 141. — Place des Abbesses........... 1 —

Quartier de Clignancourt. — Poste de police : Place Dancourt, 4 (Poste central)

22 ILOTS

ILOT Nº 1. — Boulevard de Rochechouart. — Rue de Clignancourt. — Rue Poulet. — Boulevard Ornano.

— 2. — Boulevard Ornano. — Rue Doudeauville. — Rue des Poissonniers.

— 3. — Rue de Clignancourt. — Rue Ordener. — Boulevard Ornano. — Rue Poulet.

— 4. — Boulevard Ornano. — Rue Ordener. — Rue des Poissonniers. — Rue Doudeauville.

— 5. — Boulevard de Rochechouart. — Rue Seveste. — Rue Ronsard. — Rue Luc-Lambin. — Rue de Clignancourt.

— 6. — Rue Luc-Lambin. — Rue Escalier-Sainte-Marie. — Rue Sainte-Marie. — Rue de la Fontenelle. — Rue Ramey. — Rue de Clignancourt.

— 7. — Rue Ramey. — Rue Hermel. — Rue Ordener. — Rue de Clignancourt. — Rue Ramey.

— 8. — Rue Ramey. — Rue Hermel (va-et-vient).

— 9. — Boulevard de Rochechouart. — Rue Dancourt. — Rue des Trois-Frères. — Rue Tardieu. — Place Saint-Pierre. — Rue Seveste.

— 10. — Boulevard de Rochechouart. — Boulevard de Clichy. — Rue Houdon. — Rue des Abbesses. — Rue d'Orsel. — Rue Dancourt.

— 11. — Rue des Trois-Frères. — Rue d'Orsel. — Rue des Abbesses. — Rue Ravignan.

— 12. — Rue Ronsard. — Place Saint-Pierre. — Rue Tardieu. — Rue Chappe (va-et-vient).

— 13. — Rue de Norvins. — Place du Tertre. — Escaliers du Calvaire. — Rue Gabrielle. — Rue des Escaliers. — Rue Chappe. — Rue des Trois-Frères. — Rue Ravignan.

Ilot N° 14. — Rue du Mont-Cenis. — Rue de la Fontenelle. —
     Rue Sainte-Marie, jusqu'à la rue Muller (va-et-
     vient).

— 15. — Rue de la Fontenelle. — Rue du Mont-Cenis. —
     Rue Norvins. — Rue des Saules. — Rue Saint-
     Vincent. — Rue du Mont-Cenis.

— 16. — Rue du Mont-Cenis. — Rue Lamarck. — Rue de
     la Fontenelle, jusqu'à la rue Ramey (va-et-
     vient).

— 17. — Rue des Saules. — Rue Marcadet. — Rue du
     Mont-Cenis. — Rue Saint-Vincent.

— 18. — Rue du Ruisseau. — Rue du Poteau. — Rue
     Ordener. — Rue Hermel. — Rue Marcadet.

— 19. — Rue Ordener. — Rue du Mont-Cenis. — Boule-
     vard Ornano.

— 20. — Rue du Poteau. — Rue du Ruisseau. — Rue
     Belliard. — Boulevard Ornano. — Rue du
     Mont-Cenis.

— 21. — Rue Ordener. — Boulevard Ornano. — Rue
     Championnet. — Rue des Poissonniers.

— 22. — Boulevard Ornano. — Boulevard Ney — Rue des
     Poissonniers. — Rue Championnet.

STATIONS DE VOITURES

Kiosque n° 71. — Boulevard de Rochechouart...   1 gardien.
—   143. — Rue Ordener   1   —
—   144. — Rue Christiani   1   —

MARCHÉS

De Montmartre. — Place Saint-Pierre   1   —
De Clignancourt. — Place Sainte-Euphrasie (trois
  jours par semaine)   1   —

**Quartier de la Goutte-d'Or. — Poste de police :
Rue Doudeauville, 66 et 68**

16 ILOTS

Ilot N° 1. — Boulevard de La Chapelle. — Rue de Chartres. —
     Rue de la Charbonnière. — Rue de Jessaint.

— 2. — Rue Caplat. — Rue de la Goutte-d'Or. — Rue de
     la Charbonnière. — Rue de Chartres. — Bou-
     levard de La Chapelle.

— 3. — Rue Caplat. — Boulevard de La Chapelle. —
     Boulevard Ornano. — Rue de la Goutte-d'Or.

Îlot No 4. — Rue Polonceau. — Rue de la Goutte-d'Or.— Rue des Poissonniers.

— 5. — Rue de La Chapelle. — Rue Doudeauville. — Boulevard de La Chapelle (va-et-vient).

— 6. — Rue de Jessaint. — Rue de La Chapelle à la rue Stephenson. — Rue Stéphenson. — Rue Doudeauville, jusqu'à la rue de La Chapelle (va-et-vient).

— 7. — Rue Myrrha. — Rue Stéphenson. — Rue de Jessaint. — Rue Polonceau. — Passage Léon. — Rue Léon.

— 8. — Rue Myrrha. — Rue Léon. — Rue Doudeauville. — Rue Stéphenson.

— 9. — Rue des Poissonniers. — Rue Myrrha. — Rue Léon. — Passage Léon. — Rue Polonceau.

— 10. — Rue Myrrha. — Rue des Poissonniers. — Rue Doudeauville. — Rue Léon.

— 11. — Passage Doudeauville. — Rue Doudeauville. — Rue des Poissonniers. — Rue Marcadet.

— 12. — Rue Ordener. — Rue de La Chapelle. — Rue Doudeauville. — Passage Doudeauville. — Rue Marcadet.

— 13. — Rue des Poissonniers. — Rue Ordener. — Rue Marcadet.

— 14. — Rue des Poissonniers. — Rue Ordener au boulevard Ney (va-et-vient).

— 15. — Rue de La Chapelle. — Boulevard Ney, jusqu'à la poterne des Poissonniers (va-et-vient).

— 16. — Rue de La Chapelle, de la rue Ordener au rond-point (va-et-vient).

STATIONS DE VOITURES

Kiosque no 142. — Rue de La Chapelle............ 1 gardien.
— 171. — Boulevard de La Chapelle..... 1 —

**Quartier de La Chapelle. — Poste de police :
Rue de l'Évangile, 19.**

12 ILOTS

Îlot No 1. — Boulevard de La Chapelle.— Rue de La Chapelle. — Rue du Département. — Rue Philippe-de-Girard.

— 2. — Boulevard de La Chapelle. — Rue Philippe-de-de-Girard. — Rue du Département. — Rue d'Aubervilliers.

Ilot N° 3. — Rue de La Chapelle. — Rue Riquet.— Rue Pajol,
— Rue du Département.

—   4. — Rue d'Aubervilliers. — Rue du Département. —
Rue Pajol. — Rue Riquet.

—   5. — Rue de La Chapelle. — Rue Séguin. — Rue de
l'Évangile. — Rue l'Olive. — Rue Riquet.

—   6. — Rue de l'Évangile. — Rue Séguin. — Rue Pajol.
— Rue Riquet. — Rue l'Olive.

—   7. — Rue de La Chapelle. — Rue des Roses. — Rue
Pajol. — Rue Séguin.

—   8. — Rue de La Chapelle. — Rue Boucry. — Rue des
Roses.

—   9. — Rue Pajol. — Rue de l'Évangile. — Rue Cugnot.
— Rue Riquet.

— 10. — Rue Riquet. — Rue d'Aubervilliers, jusqu'à la
Croix de l'Évangile (va-et-vient).

— 11. — Rue d'Aubervilliers. — Boulevard Ney, jusqu'à
la rue de La Chapelle (va-et-vient).

— 12. — Rue Boucry, depuis la place Hébert. — Rue de
La Chapelle, jusqu'au boulevard Ney (va-et-
vient).

STATION DE VOITURES

Kiosque n° 83. — Place de La Chapelle..........   1 gardien.

MARCHÉ

De La Chapelle. — Place Torcy..................   1   —

19° Arrondissement

Effectif : 1 officier de paix, 3 brigadiers, 27 sous-brigadiers,
291 gardiens de la paix.

**Quartier de la Villette.—Poste de police : Rue de Tanger, 9
(Poste central)**

22 ILOTS

ILOT N° 1. — Boulevard de La Villette. —.Rue de Puebla. —
    Rue de Meaux.

— 2. — Passage d'Allemagne. — Rue de Meaux. — Rue
    de Puebla. — Rue d'Allemagne.

— 3. — Passage d'Allemagne. — Rue d'Allemagne. —
    Passage de Melun. — Rue de Meaux.

— 4. — Rue de Meaux. — Passage de Melun et rue d'Al-
    lemagne.

— 5. — Rue de l'Ourcq. — Rue d'Allemagne. — Rue de
    Crimée. — Quai de la Marne.

— 6. — Rue de Crimée. — Rue d'Allemagne — Rue de
    la Moselle. — Quai de la Loire.

— 7. — Rue d'Allemagne. — Quai de la Loire. — Rue de
    la Moselle.

— 8. — Boulevard de la Villette, devant les docks.

— 9. — Rue de Flandre. — Rue de Soissons. — Quai de
    Seine.

— 10. — Rue de Soissons. — Rue de Flandre. — Rue de
    Rouen. — Quai de Seine.

— 11. — Rue de Flandre. — Rue Riquet. — Quai de Seine.
    — Rue de Rouen.

— 12. — Rue Riquet. — Rue de Flandre. — Rue de Cri-
    mée. — Quai de Seine.

— 13. — Rue de Flandre. — Boulevard de La Villette. —
    — Rue de Tanger. — Rue du Maroc.

— 14. — Rue d'Aubervilliers. — Rue du Maroc. — Rue de
    Tanger. — Boulevard de La Villette.

— 15. — Rue de Flandre. — Rue du Maroc. — Rue de
    Tanger. — Rue Riquet.

— 16. — Rue d'Aubervilliers. — Rue Riquet. — Rue de
    Tanger. — Rue du Maroc.

ÎLOT Nº 17. — Rue d'Aubervilliers. — Rue de l'Ourcq. — Rue Curial. — Rue Riquet.

— 18. — Rue Curial. — Rue Mathis. — Rue de Flandre. — Rue Riquet.

— 19. — Rue Curial. — Rue de Crimée. — Rue Mathis.

— 20. — Rue de l'Ourcq. — Rue de Flandre. — Rue de Crimée.

— 21. — Rue de Joinville. — Quai de l'Oise. — Rue de Crimée. — Rue de Flandre.

— 22. — Rue de Joinville. — Rue de Flandre. — Rue de l'Ourcq. — Rue de l'Oise. — Quai de l'Oise.

PLANTON

Rue de Crimée, pont tournant du canal......... 1 gardien.

STATIONS DE VOITURES

Kiosque nº 146. — Boulevard de La Villette..... 1   —
— 147. — Rue d'Allemagne............ 1   —
— 149. — Boulevard de la Villette...... 1   —
— 172. — Rue de Crimée............,..... 1   —

MARCHÉ

De Joinville. — Rue |de Joinville (trois jours par semaine)..................................... 1   —

Quartier du Pont-de-Flandre. — Poste de police : Rue de Cambrai, 2

16 ILOTS

ÎLOT Nº 1. — Boulevard Sérurier, du canal de l'Ourcq à la porte de Pantin.

— 2. — Rue d'Allemagne, de l'impasse du Hainaut à la porte de Pantin.

— 3. — Rue d'Allemagne, de l'impasse du Hainaut, rue des Ardennes et quai de la Marne, jusqu'au quai des Vidanges.

— 4. — Rue des Ardennes. — Rue d'Allemagne. — Rue de l'Ourcq et quai de la Marne.

— 5. — Rue de Nantes. — Quai de l'Oise. — Rue de l'Aisne. — Rue de l'Ourcq. — Rue de Flandre.

— 6. — Quai de la Gironde. — Quai de l'Oise. — Rue de Nantes. — Rue Barbanègre. — Rue Rouvet.

— 7. — Rue de Nantes. — Rue de Flandre. — Rue de l'Argonne. — Rue Barbanègre.

ÎLOT N° 8. — Rue de Flandre. — Quai de la Gironde. — Rue Barbanègre. — Rue de l'Argonne.

— 9. — Boulevard Macdonald, de la rue de Flandre au passage du canal de l'Ourcq (va-et-vient).

— 10. — Rue de Flandre, devant les Abattoirs (va-et-vient).

— 11. — Boulevard Macdonald, de la rue de Flandre au bastion 30 (va-et-vient).

— 12. — Rue de Flandre, de la porte de Flandre à la rue de Cambrai, jusqu'au pont du chemin de fer (va-et-vient).

— 13. — Rue de l'Ourcq. — Rue de Cambrai. — Rue de Flandre.

— 14. — Rue Curial. — Rue de Cambrai. — Rue de l'Ourcq.

— 15. — Rue Curial, depuis le chemin de fer de Ceinture et la rue de l'Ourcq, jusqu'à la rue d'Aubervilliers (va-et-vient).

— 16. — Rue d'Aubervilliers, depuis le pont du chemin de fer de l'Est. — Boulevard Macdonald, jusqu'au bastion 30.

STATIONS DE VOITURES

Kiosque n° 150. — Rue d'Allemagne.............. 1 gardien.

— 151. — Quai de la Gironde .... 1 —

ABATTOIRS GÉNÉRAUX

De La Villette. — Rue de Flandre..... 1 s.-brig. 5 —

**Quartier d'Amérique. — Poste de police :
Rue d'Hautpoul, 31**

20 ILOTS

ÎLOT N° 1. — Rue Haxo. — Boulevard Sérurier. — Rue de Belleville.

— 2. — Rue de Belleville, de la rue Compans à la rue Haxo. — Rue Haxo, jusqu'à la porte du Pré-Saint-Gervais (va-et-vient).

— 3. — Rue du Pré-Saint-Gervais. — Boulevard Sérurier. — Rue des Bois.

— 4. — Rue des Lilas. — Boulevard Sérurier. — Rue du Pré-Saint-Gervais.

— 5. — Rue du Pré. — Rue Compans. — Rue de Belleville. — Rue des Fêtes. — Rue Petiton, jusqu'à la rue du Pré.

ILOT N° 6. — Rue de Bellevue. — Rue des Lilas. — Rue du
          Pré. — Rue Compans. — Rue de la Place. —
          Rue des Fêtes.
   —   7. — Rue de Crimée. — Rue des Fêtes. — Rue de
          Belleville. — Rue de Palestine. — Rue des
          Solitaires. — Rue des Annelets.
   —   8. — Rue des Solitaires. — Rue de Palestine. — Rue
          de Belleville. — Rue de La Villette.
   —   9. — Rue de Vera-Cruz. — Rue de Crimée. — Rue des
          Annelets. — Rue des Solitaires. — Rue de la
          Villette.
   —   10. — Rue des Fêtes. — Rue de Crimée. — Rue d'Haut-
          poul. — Rue Compans.
   —   11. — Rue David-d'Angers. — Boulevard Sérurier. —
          Rue des Lilas. — Rue de Bellevue. — Rue
          Compans. — Rue du Général-Brunet.
   —   12. — Boulevard Sérurier. — Rue David-d'Angers. —
          Place du Danube. — Rue du Général-Brunet.
   —   13. — Rue de Mexico. — Boulevard Sérurier. — Rue du
          Général-Brunet. — Place du Danube. — Rue
          David-d'Angers.
   —   14. — Rue Petit. — Rue d'Hautpoul. — Rue de Mexico.
   —   15. — Rue Petit. — Rue d'Hautpoul. — Rue de Mexico. —
          Rue de Crimée.
   —   16. — Rue d'Allemagne. — Rue d'Hautpoul. — Rue
          Petit. — Rue de Crimée.
   —   17. — Rue d'Allemagne. — Rue du Hainaut. — Rue
          Petit. — Rue d'Hautpoul.
   —   18. — Rue d'Allemagne. — Boulevard Sérurier. — Rue
          Petit. — Rue du Hainaut.
   —   19. — Rue du Général-Brunet, à partir de la place du
          Danube. — Rue Compans. — Rue d'Hautpoul.
          — Rue David-d'Angers.
   —   20. — Rue d'Hautpoul, à partir de la rue David-d'An-
          gers. — Rue de Crimée. — Rue de Mexico.

PLANTON

Au pont du chemin de fer, rue de Crimée, à
l'angle de la rue de Mexico...................   1 gardien.

STATIONS DE VOITURES

Kiosque n° 148. — Rues Lassus et de Louvain...   1   —
   —   152. — Place des Fêtes...............   1   —
   —   153. — Boulevard Sérurier............   1   —

Quartier du Combat. — Poste de police : Rue Pradier, 10

20 ILOTS

Ilot N° 1. — Boulevard de La Villette. — Rue Rébeval. — Rue Vincent. — Rue de Belleville.

— 2. — Rue de Belleville, de la rue Vincent à la rue Rébeval (va-et-vient).

— 3. — Rue Rébeval, de la rue de Belleville à la rue Vincent (va-et-vient).

— 4. — Rue de Puebla. — Rue de Belleville. — Rue Rébeval. — Rue Pradier.

— 5. — Rue Fessard. — Rue de La Villette. — Rue de Belleville. — Rue Clavel.

— 6. — Rue du Plateau. — Rue des Alouettes. — Rue de La Villette. — Rue Fessard.

— 7. — Rue de Vera-Cruz. — Rue de La Villette. — Rue des Alouettes.

— 8. — Rue de Vera-Cruz. — Rue des Alouettes. — Rue du Plateau. — Rue Fessard.

— 9. — Rue de Puebla. — Rue de Vera-Cruz. — Rue Fessard. — Rue Clavel. — Rue de Belleville.

— 10. — Rue de Puebla. — Rue Pradier. — Rue Rébeval. — Rue Lauzun.

— 11. — Boulevard de la Villette. — Rue Legrand. — Rue de Puebla. — Rue Lauzun. — Rue Rébeval.

— 12. — Rue Legrand. — Boulevard de La Villette. — Rue de Meaux. — Rue des Chaufourniers. — Rue de Puebla.

— 13. — Rue de Puebla, de la rue de Mexico à l'angle de la rue Sécrétan (va-et-vient).

— 14. — Rue des Chaufourniers. — Rue de Meaux. — Rue de Puebla.

— 15. — Rue de Mexico, de l'angle de la rue de Puebla à la rue Sécrétan (va-et-vient).

— 16. — Le tour du marché de La Villette (rue de Meaux).

— 17. — Rue de Mexico, à partir de la rue Sécrétan et l'avenue Laumière, jusqu'à la rue Petit (va-et-vient).

— 18. — Rue de Meaux, de la rue Bouret à l'avenue Laumière (va-et-vient).

Îlot Nº 19. — Rue Meinadier. — Avenue Laumière. — Rue de
Meaux. — Rue du Rhin.
— 20. — Rue du Rhin. — Rue de Meaux. — Rue de Crimée. — Rue de Mexico.

PLANTON

Devant la mairie................................... 1 gardien.

STATION DE VOITURES

Kiosque nº 157. — Square des Buttes-Chaumont. 1 —

MARCHÉ

De La Villette. — Rue de Meaux................. 1 —

20e Arrondissement

Effectif : 1 officier de paix, 3 brigadiers, 24 sous-brigadiers, 300 gardiens de la paix.

Quartier de Belleville. — Poste de police : Rue Julien-Lacroix, 68

20 ILOTS

ILOT N° 1. — Rue Julien-Lacroix. — Rue de Ménilmontant. — Boulevard de Belleville. — Rue des Maronites.

— 2. — Rue du Pressoir. — Rue des Maronites. — Rue des Couronnes. — Boulevard de Belleville.

— 3. — Rue Julien-Lacroix. — Rue des Maronites. — Rue du Pressoir. — Rue des Couronnes. — Rue Vilin.

— 4. — Rue Julien-Lacroix. — Rue Vilin. — Rue des Couronnes. — Boulevard de Belleville. — Rue Bisson. — Rue du Sénégal.

— 5. — Rue Julien-Lacroix. — Rue du Sénégal. — Rue Bisson. — Boulevard de Belleville. — Rue Ramponneau. — Rue de Tourtille. — Rue Lesage.

— 6. — Rue Ramponneau. — Boulevard de Belleville. — Rue de Belleville. — Rue de Tourtille.

— 7. — Rue Lesage. — Rue de Tourtille. — Rue de Belleville. — Rue Julien-Lacroix.

— 8. — Rue de Belleville. — Rue Piat. — Rue Vilin. — Rue Julien-Lacroix.

— 9. — Rue de Belleville. — Rue Piat (va-et-vient).

— 10. — Rue Julien-Lacroix. — Rue d'Eupatoria. — Rue de la Mare, du n° 96 à la passerelle du chemin de fer de Ceinture (va-et-vient).

— 11. — Rue Julien-Lacroix. — Rue d'Eupatoria — Rue de Ménilmontant.

— 12. — Place de Ménilmontant. — Rue de la Mare. — Rue de Savies. — Rue des Cascades. — Rue de Ménilmontant.

— 13. — Rue de la Mare. — Rue des Pyrénées. — Rue de Belleville.

Îlot Nº 14. — Rue de Belleville. — Rue des Rigoles. — Rue
des Pyrénées.
— 15. — Rue des Pyrénées. — Rue de l'Ermitage. — Rue
des Cascades. — Rue de Savies. — Rue de la
Mare.
— 16. — Rue des Pyrénées. — Rue de Ménilmontant. —
Rue des Cascades. — Rue de l'Ermitage.
— 17. — Rue de Belleville. — Rue Levert. — Rue des Pyrénées. — Rue des Rigoles.
— 18. — Rue de Belleville. — Rue Pixérécourt. — Rue des
Rigoles. — Rue Levert.
— 19. — Rue des Pyrénées. — Rue Levert. — Rue des
Rigoles. — Rue de l'Ermitage. — Rue des
Pyrénées.
— 20. — Rue des Pyrénées. — Rue de l'Ermitage. — Rue
des Rigoles. — Rue Pixérécourt. — Rue de
Ménilmontant.

PLANTONS

Rue de Ménilmontant, à l'angle du boulevard de
Belleville....................................... 1 gardien.
Rue de Belleville, à l'angle du boulevard de ce
nom... 1 —

MARCHÉ

De Belleville. — Rue des Pyrénées............. 1 —

Quartier Saint-Fargeau. — Poste de police :
Mairie (Poste central)

14 ILOTS

Îlot Nº 1. — Rue Pixérécourt. — Rue de Belleville. — Rue
Pelleport. — Rue des Pavillons.
— 2. — Rue Pelleport. — Rue de Belleville. — Rue du
Télégraphe. — Rue du Borrégo.
— 3. — Rue du Télégraphe. — Rue de Belleville. — Rue
Haxo. — Rue du Borrégo.
— 4. — Rue Haxo. — Rue de Belleville. — Boulevard
Mortier. — Rue des Tourelles.
— 5. — Rue des Tourelles. — Boulevard Mortier. — Rue
Saint-Fargeau. — Rue Haxo.
— 6. — Rue du Borrégo. — Rue Haxo. — Rue Saint-Fargeau. — Rue du Télégraphe.

Îlot N° 7. — Rue du Borrégo. — Rue du Télégraphe. — Rue Saint-Fargeau. — Rue Pelleport.

— 8. — Rue Pixérécourt. — Rue des Pavillons. — Rue Pelleport. — Rue de Ménilmontant.

— 9. — Rue Haxo. — Rue Saint-Fargeau. — Boulevard Mortier. — Rue du Surmelin.

— 10. — Rue Saint-Fargeau. — Rue Haxo. — Rue du Surmelin. — Rue Pelleport.

— 11. — Rue du Surmelin, du n° 4 à l'angle du boulevard Mortier (va-et-vient).

— 12. — Rue Pelleport, du n° 90 à l'angle de la rue des Montibœufs (va-et-vient).

— 13. — Rue de Bagnolet. — Rue Pelleport (va-et-vient).

— 14. — Boulevard Mortier, de l'angle de la rue du Surmelin à l'angle de la rue de Bagnolet (va-et-vient).

Quartier du Père-Lachaise. — Poste de police : Rue des Panoyaux, 56

20 ILOTS

Îlot N° 1. — Rue des Partants. — Rue des Amandiers (va-et-vient).

— 2. — Rue des Amandiers. — Boulevard de Ménilmontant. — Rue de Tlemcen. — Rue Duris.

— 3. — Rue Duris. — Rue des Cendriers. — Rue des Amandiers.

— 4. — Rue de Tlemcen. — Boulevard de Ménilmontant. — Rue des Cendriers. — Rue Duris.

— 5. — Rue des Amandiers. — Rue des Cendriers. — Boulevard de Ménilmontant. — Rue des Panoyaux.

— 6. — Rue des Panoyaux. — Boulevard de Ménilmontant. — Rue de Ménilmontant. — Rue Delaître.

— 7. — Rue des Amandiers. — Rue des Panoyaux. — Rue Delaître. — Rue de Ménilmontant.

— 8. — Rue des Amandiers. — Rue des Partants, du n° 1 à l'angle de la rue des Pyrénées (va-et-vient).

— 9. — Rue de Ménilmontant. — Rue du Ratrait.

— 10. — Rue du Ratrait. — Rue de Ménilmontant. — Rue de la Chine. — Rue des Partants.

— 11. — Rue de la Chine. — Rue de Ménilmontant. — Rue Pelleport. — Rue des Partants.

ILOT No 12. — Rue des Partants. — Rue Pelleport. — Avenue
de la République. — Rue des Pyrénées.

—   13. — Rue des Partants. — Rue des Pyrénées. — Avenue de la République. — Rue des Rondeaux.

—   14. — Rue des Rondeaux. — Avenue de la République.
— Rue des Pyrénées. — Rue Ramus. — Rue
des Rondeaux.

—   15. — Avenue de la République. — Rue Pelleport. —
Rue Sorbier.

—   16. — Rue Belgrand. — Rue Pelleport. — Rue de Bagnolet. — Rue des Prairies. — Rue des Pyrénées.

—   17. — Rue des Prairies. — Rue de Bagnolet. — Rue des
Pyrénées.

—   18. — Rue de Bagnolet. — Boulevard de Charonne du
no 162 au no 204 (va-et-vient).

—   19. — Rue du Repos. — Boulevard de Charonne. —
Boulevard de Ménilmontant.

—   20. — Boulevard de Ménilmontant, de l'angle de la rue
des Amandiers à l'angle de la rue du Repos
(va-et-vient).

PLANTON

A la porte du cimetière du Père-Lachaise........   1 gardien.

STATIONS DE VOITURES

Kiosque no 154. — Boulevard de Ménilmontant
près le cimetière...........   1   —

—   158. — Rue Belgrand, près de la mairie   1   —

Quartier de Charonne. — Poste de police : Rue des Haies, 26

24 ILOTS

ILOT No 1. — Rue de Lagny. — Boulevard Davout. — Cours de
Vincennes. — Rue des Maraîchers.

—   2. — Rue de Lagny. — Rue des Maraîchers. — Boulevard Davout.

—   3. — Rue d'Avron. — Rue des Maraîchers, à l'angle de
la rue de Lagny (va-et-vient).

ILOT N° 4. — Rue d'Avron. — Rue des Maraîchers. — Rue de Lagny. — Rue des Pyrénées.

— 5. — Rue de Lagny. — Rue des Maraîchers. — Cours de Vincennes. — Rue des Pyrénées.

— 6. — Cours de Vincennes. — Boulevard de Charonne. — Rue de Lagny. — Rue des Pyrénées.

— 7. — Rue des Pyrénées. — Rue d'Avron. — Rue de Lagny (va-et-vient).

— 8. — Boulevard de Charonne. — Rue d'Avron (va-et-vient).

— 9. — Rue d'Avron. — Rue des Maraîchers (va-et-vient).

— 10. — Rue Saint-Blaise. — Boulevard Davout (va-et-vient).

— 11. — Rue Saint-Blaise. — Place des Grés. — Rue Vitruve. — Boulevard Davout.

— 12. — Rue Saint-Blaise. — Rue de Bagnolet. — Boulevard Davout. — Rue Vitruve. — Place des Grés.

— 13. — Rue Vitruve. — Rue de Florian. — Rue de Bagnolet. — Place Saint-Blaise. — Rue Saint-Blaise.

— 14. — Rue des Pyrénées. — Rue de Bagnolet. — Rue de Florian. — Rue Vitruve.

— 15. — Rue Vitruve. — Rue Saint-Blaise. — Rue du Clos. — Rue Couret. — Rue des Haies. — Rue des Pyrénées.

— 16. — Rue des Haies. — Rue des Maraîchers. — Rue d'Avron. — Rue des Pyrénées.

— 17. — Place de la Réunion. — Rue de la Réunion. — Rue de Bagnolet. — Rue des Pyrénées. — Rue Vitruve.

— 18. — Rue de la Réunion. — Rue Vitruve. — Rue des Pyrénées. — Rue des Haies.

— 19. — Rue des Haies. — Rue des Pyrénées. — Rue d'Avron. — Rue de la Réunion.

— 20. — Rue des Haies. — Rue de la Réunion. — Rue d'Avron. — Rue Planchat.

— 21. — Rue d'Avron. — Boulevard de Charonne. — Rue Alexandre-Dumas. — Rue Planchat.

— 22. — Rue Planchat. — Rue Alexandre-Dumas. — Rue de la Réunion. — Rue des Haies.

— 23. — Rue de la Réunion. — Rue Alexandre-Dumas. — Rue Planchat. — Rue de Bagnolet.

— 24. — Rue de Bagnolet. — Rue Alexandre-Dumas. — Boulevard de Charonne.

STATIONS DE VOITURES

Kiosque nº 156. —   Boulevard de Charonne, à
    l'angle de la rue de Bagnolet 1 gardien.
 — 173. — Rue des Pyrénées, à l'angle de
    la rue d'Avron............. 1 —

MARCHÉ

De Charonne. — Place de la Réunion (deux jours
 par semaine)................................... 1 —

TABLE DES MATIÈRES

Pages

CONCLUSION

ANNEXES

Paris. — Imprimerie G. PARISET, 101, rue de Richelieu.

SERVICE DES COMMISSARIATS DE POLICE A PARIS

PAR ARRONDISSEMENTS ET PAR QUARTIERS

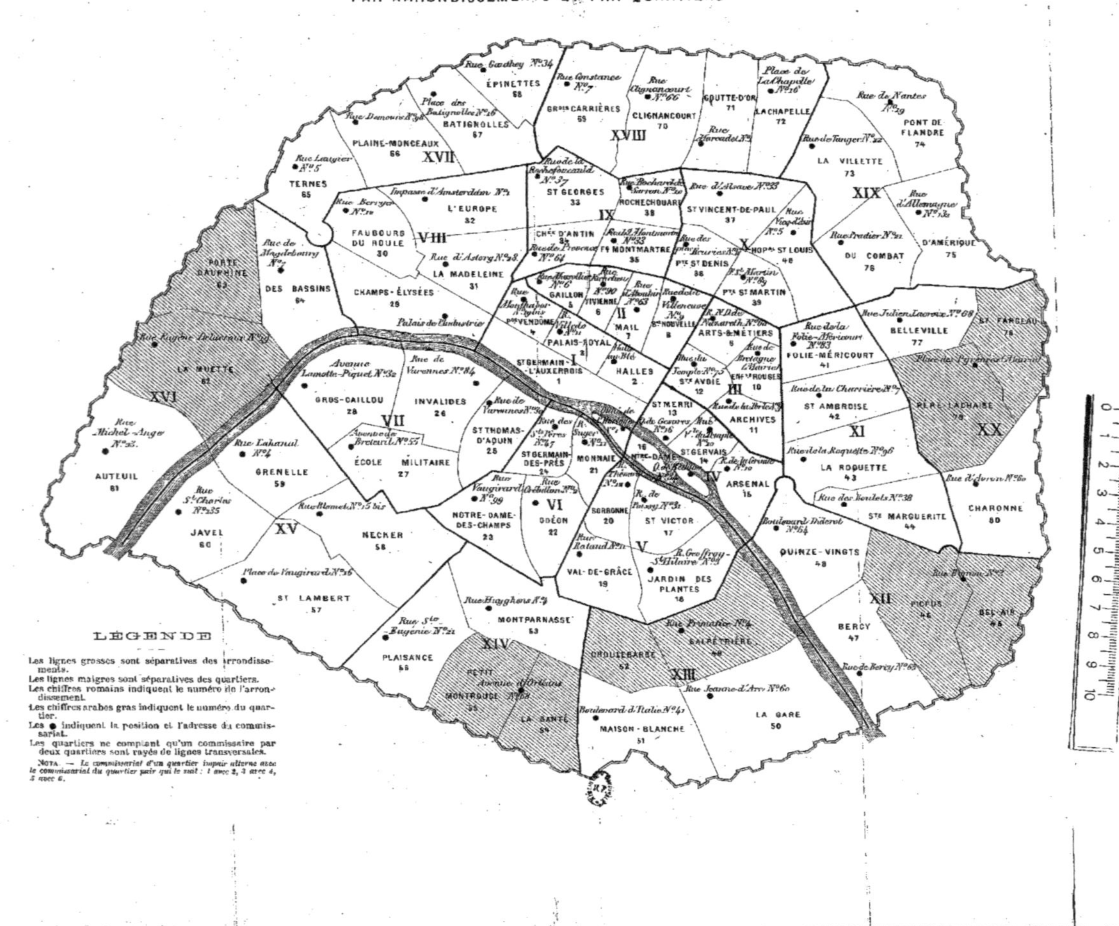

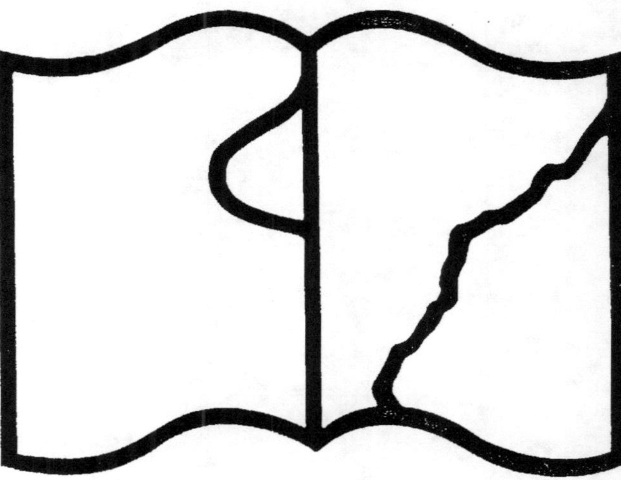

Texte détérioré — reliure défectueuse

NF Z 43-120-11